지식재산 스토리텔링

Intellectual Property Storytelling

지식재산 스토리텔링

| 지식재산스토리텔링 |

지식공감

지식재산 스토리텔링, 대한민국을 넘어 세계로 뻗어나가길

| 이상희 전 과학기술부 장관 |

1970년대 미국 유학 시, 로펌과 특허청 심사원 과정을 거치면서 지식재산(Intellectual Property)이 얼마나 중요한지 알았다. 그때 나는 '미국이 이래서 기회의 나라구나', '창의성이 존중되고 그걸 알아주는 나라구나'하는 것을 느꼈다.

세계는 바야흐로 지식재산 사회가 되었다. 구글, 애플, 페이스북 등 세계적인 기업의 자산 중 80% 이상이 무형의 지식재산이다. 이는 창의적인 두뇌에서 나오는 것이다. 미국 포천지 선정 세계 500대 기업 중 우리나라는 14개에 머물고 있는 반면, 특허·지식재산 출원 2위국으로 급부상한 중국은 61개로 급성장을 과시하고 있다. 중국은 이미 오래전부터 과학기술로 무역을 발전시킨다는 '과기흥무(科技興貿)' 국가전략에 따라 과학기술부와 국가과학기술위원회를 중심으로 정부조직의 60% 이상이 지식재산 창출을 위한 전문두뇌 기능을 수행하고 있다.

우리 정부도 2011년에 지식재산기본법을 제정했고, 이 법에 따라 국가지식재산위원회를 만들었다. 이 법은 지식재산 강국을 만들기 위한 기본법이란 점에서 대한민국 건국 못지않은 역사적 의미를 가지고 있다. 우리는 앞으로 중국의 꼬리가 아니라 머리가 되어야 한다. 때문에 중국이 지식재산의 몸통이라고 한다면, 우리는 지식재산의 두뇌가 되어야 한다.

세계 지식재산 강국 1위인 미국은 고임금 일자리를 만들기 위해 지식재산 정부를 분명하게 지향하고 있다. 특히 오바마 대통령은 고임금 일자리를 마련하기 위해 모든 부처가 지식재산 창출을 독려하도록 백악관에 막강한 지식재산집행조정관을 두었다. 땅덩어리를 빼앗는 영토전쟁이 아니라 지식재산을 선점하는 두뇌전쟁의 신호탄이었다. 삼성과 애플의 분쟁은 특허전쟁의 시작에 불과하다. 특허전쟁에 패배하면 공장은 문을 닫고 근로자는 실직한다. 공장 주변 음식점·술집·가게도 문을 닫으면서 많은 사람이 생존의 일터를 잃게 된다.

일자리 감소는 사회불안 지표, 고임금 일자리 증가는 경제성장 지표이다. 결국, 일자리는 국정지표인 셈이다. 우리나라 대학졸업 인력의 실업률은 OECD 국가 중 세 번째로 높다. 대학 졸업생의 절반이 백수라고 한다. 이런 국가적 상황을 벗어나려면 이제 기업뿐 아니라 정부조직도 지식재산을 창출할 수 있는 창조적 두뇌조직이 되어야 한다. 현재 우리의 지식재산권은 주로 과학기술에 치중되어 있다. 그러나 가수 싸이의 '강남스타일'을 비롯하여 K팝·온라인게임·드라마 등 한국의 무형 지식재산 경쟁력은 단군 이래 최고다. 국가가 이를 지식재산 전쟁의 무기로 활용했다면 더 많은 일자리가 생길 수 있었음을 직시해야 한다.

따라서 우리나라는 과학기술 분야에서 문화예술까지 국민들의 우수한 머리로 창의적 두뇌자원을 적극 활용할 수 있는 지식기반사회로 나아가야 한다. 즉, 지식재산 강국을 향한 국가운영체제의 새 틀을

짜야 한다. 우수한 두뇌와 돈의 물줄기가 지식재산의 창출 분야로 흘러들어 가게 해야 한다.

우리나라는 국제특허출원 세계 5위다. 그럼에도 우수한 특허들이 빛을 보지 못하고 소리 없이 사라지는 경우가 많이 있다. 일부에서는 출원된 특허가 사장되는 비율이 90%에 이른다고도 한다. 정말로 안타까운 현상이다. 어렵게 특허를 받았는데 빛을 보지 못하고 죽는다면 발명가는 물론 국가의 손실도 큰 셈이다. 이렇게 사장되는 원인은 특허가 우수하지 못해서가 아니라 특허를 알리지 못해 발생하는 경우가 더 많다. 잘 알려진다면 사장되는 특허를 줄일 수 있다. 특허에 스토리텔링이 필요한 것이다. 즉, 지식재산 스토리텔링이다.

하나의 지식재산은 아이디어, 연구, 발명, 특허, 사업화 등 여러 단계를 거친다. 피나는 노력과 수많은 애환 등을 통해 눈물을 주는 감동과 웃음을 주는 에피소드를 낳는다. 이러한 지식재산 속에 숨겨진 이야기를 스토리로 만들어 대중들의 가슴에 감동적으로 닿도록 전달하는 것이 지식재산 스토리텔링이다. 이는 기술로 만들어진 발명특허의 몸체에 매력의 향수를 뿌려주는 것과 같다. 즉, 특허의 기술을 논리로 알리는 것이 아니라 특허의 매력을 이야기로 알리는 것이다.

실패는 성공의 어머니도 되지만 스토리의 모태가 된다. 스토리는 실패자도 큰 위로와 용기를 줄 수 있는 값진 것이다. 즉, 지식재산 스토리텔링이 실패자는 물론 청년 창업자에게 다시 도전할 수 있는 힘을 줄 것이다.

지식재산 스토리텔링은 우리 대한민국이 지식재산 강국이 되기 위해 꼭 필요한 학문이며 동력이 될 것이다. 과학기술과 문화예술을 융합시키는 새로운 장르를 탄생시킨 저자들에게 격려와 박수를 보낸다.

아울러 그들이 탄생시킨 지식재산 스토리텔링이 우리 사회에 풍요로운 햇살과 따스한 온기를 불어넣어 대한민국을 넘어 세계로 뻗어나가길 진심으로 고대한다.

지식재산과 스토리텔링이라는
다른 문명과의 교배를 통한 새로운 정의

| 고은 시인 |

시인 이가희는 적극적인 삶을 산다.

허나 그의 삶에는 그 적극성에의 주기적인 성찰도 반드시 뒤따르는 듯하다. 그런 경우 그는 시대의 전위에 속해 있다가 그 후열에 맞닿는 시의 세계를 갈망한다.

이런 복합적인 동력으로 하여금 기어이 그는, 지식과 재산 내지 지식재산의 정보화 그리고 지식재산의 스토리텔링이라는 디지털 생태의 촉수에 동참한다. 무릇 문명행위는 다른 문명에 대한 고착이 아니라 다른 문명과의 거듭된 교배를 통해서 새로운 정의를 요구한다. 여기 이가희의 의지는 먼저 카이스트의 전략학술에서도 그 활동의 입문이 주어질 줄 믿는다. 대성할 것!

과학기술과 문화예술의 동반 성장이다

| 정운찬 전 국무총리 |

우리나라는 그동안 과학기술과 문화예술이 각각 나뉘어 발전해 왔다. 그렇지만 급속한 산업경제를 이루어 오늘날 한강의 기적을 가져온 나라이다. 그러나 이제는 각자의 한계에 부딪혀 수년째 정체상태에 이르러 신음하고 있다. 이러한 한계를 극복할 수 있는 방법은 각자 떨어졌던 과학기술과 문화예술을 다시 하나로 융합하는 것이다. 이러한 측면에서 지식재산과 스토리텔링을 결합한 지식재산 스토리텔링은 좋은 사례라 할 수 있다. 이것은 지식재산과 스토리텔링의 동반성장이며, 과학기술과 문화예술의 동반성장 전략이다.

과학기술 대중화에 스토리텔링을 활용

| 서정욱 전 과학기술부 장관 |

유학시절부터 스토리텔링의 위력을 알고는 있었다. 그래서 장관 시절 스토리텔링 기법을 과감하게 도입하지 못한 아쉬움이 있다. 과학기술 대중화에 스토리텔링을 활용하는 지식재산 스토리텔링 기법을 썼더라면 더 알찬 과학국정을 펼칠 수 있었을 것이다. 그러나 이러한 아쉬움보다는 산업통상자원부나 미래창조과학부 장관들이 지식재산 스토리텔링에 앞장서는 모습을 보인다면 국정을 보는 국민의 신뢰는 더 두텁게 될 것이다. 국가 경제의 핵심 동력인 특허, 상표, 디자인, 저작권 등에 지식재산 스토리텔링을 적극 활용하여 새로운 경제중흥을 이룩하였으면 한다.

시인의 감성과 과학자의 이성과
법률과의 통찰이 어우러진 책

| 한상대 전 검찰총장 |

　지식재산은 대한민국의 미래입니다. 발명이 과학이라면 이야기는 문학이자 예술입니다. 지식재산이 몸통이라면 스토리텔링은 날개입니다. 몸통은 기능이고 날개는 멋입니다. 지식재산 스토리텔링은 과학과 예술의 만남이자 실용성과 아름다움의 조화입니다. 특히 본서는 시인과 과학자와 법률가의 만남입니다. 파격적이며 창의적인 시도이자 도전입니다. 모든 사람들의 우려에도 불구하고 저자들은 해냈습니다. 시인의 감성과 과학자의 이성과 법률가의 통찰이 어우러진 본서는 art science의 신기원을 열 것입니다. 재미있습니다. 감동적입니다. 꼭 읽어 보십시오!

지식재산 분야의 새로운 지령을 여는 혁신

| 김호원 전 특허청장 |

　특허청장 재임 시절에 이 지식재산 스토리텔링을 알았다면 더 좋았을 듯하다. 훌륭한 특허라도 제대로 알려지지 않아 빛을 보지 못하고 사장되는 경우가 많아서 늘 안타까웠다. 이제는 지식재산 스토리텔링으로 우수한 지식재산이 매몰되는 일은 없을 것 같아 안심이다. 지금 이 순간에도 알려지지 못한 많은 발명특허가 즐비하다. 앞으로는 지식재산 속에 내재된 감동 스토리로 특허기술을 알린다면 이런 불행한 경우는 확연히 줄어들 것으로 보인다. 그래서 지식재산 스토리텔링은

특허, 상표, 디자인 등의 지식재산 분야에서 새로운 지평을 여는 혁신이 될 것이라 판단된다.

눈에 보이지 않는 두 분야의 통섭

| 박연수 전 소방방재청장 |

인천국제공항과 송도국제도시를 처음 기획할 때, 대한민국의 지식재산허브국가를 염두에 두었다. 내가 한 일은 눈에 보이는 섬과 바다를 연결하여 새로운 그릇을 만들었다면, 이 지식재산 스토리텔링은 눈에 보이지 않는 지식재산과 스토리텔링을 연결하여 만든 내용이다. 이는 과학기술과 문화예술을 융합한 새로운 장르이다. 즉 지식재산 스토리텔링은 눈에 보이지 않는 두 분야를 통섭한 무형재산을 개척한 것이기에, 눈에 보이는 그릇을 만드는 것보다 더 힘들고 어려운 일이었을 것이다. 이미 잘 만들어진 큰 그릇에 이런 훌륭한 내용이 담긴다면, 앞으로 우리 대한민국은 지식재산허브국가 될 것이라 믿는다.

지식재산에 스토리텔링을 접목한 새로운 장르

| 문휘창 서울대학교 국제대학원 교수 |

남을 설득하기 위해서는 다음과 같은 조건을 갖추어야 한다. 한쪽으로 치우쳐지지 않는 '포괄적인 시각', 현상의 핵심을 보는 '깊이 있는 지식', 그리고 전체와 부분을 함께 아우르는 '체계적인 분석'이다. 그런데 이 세 가지 조건은 모두 필요조건이다. 충분조건은 쉽게 상대

방에게 감동을 주어야 하는 것인데, 이를 위한 가장 효율적인 방법이 '스토리텔링'이다. 이 책에서 다루고 있는 지식재산은 특히 무형재산으로서 실체가 없기 때문에 상대방을 쉽게 감동시킬 수 있는 스토리텔링 기법이 다른 분야보다도 더욱 중요하다. 지식재산 분야에 스토리텔링 기법을 접목하여 '지식재산 스토리텔링'이라는 새로운 장르를 개척한 이 책의 저자들에게 큰 찬사를 보낸다.

어려운 지식재산이 스토리텔링이라는
날개를 달고 훨훨 날길

| KAIST 미래전략대학원장 이광형 |

특허 디자인 상표 저작권 영업비밀 등을 말하는 지식재산은 이해하기 어렵다. 어려운 지식재산이 스토리텔링이라는 날개를 달고 훨훨 날아가는 날이 올 것 같다.

2015 World IP-Day 기념
'대한민국 지식재산의 날'
대한민국 지식재산의 날
WIPA 세계한인지식재산전문가협회
대한민국 세계특허(IP)허브국가 추진위원회

아포리즘

'지식재산의 날'을 맞이하면서*

|고은|

그동안의 경계 안주(安住)를 뒤로하고 여기에 왔다.
믿는 것은 닫히는 것인가.
배우는 것, 아는 것은 활짝 열리는 것인가.

언제 물질이 정신의 어미인 바를 깨닫는가.
언제 정신이 물질의 아비인 것을 깨닫는가.
지식과 재산의 대척은 아무런 이의제기 없이 받아들이는 관습이 아니다.
이런 해묵은 사실에 길들여져서 대척은 언제나 부자연스러운 명분의
한계에 고착되어 왔다. 바로 이를 자연스러운 실재로 역전시킬 뜨거운
의무 앞에서 우리가 모였다.

고립된 가치는 그 가치의 시간을 더 이상 보장할 수 없다. 그러므로 가
치는 그것의 존엄성을 반드시 다른 가치와의 만남을 통해서 지속적으로
교배(交配)시켜야 한다.
인류사가 축적해 온 지식 및 새로 개척할 지식 정보는 반드시 그 발전
단계를 통해서 삶과 문화의 여러 분야와 작용하게 된다.
지식으로서의 산업을 앞 시대의 인식으로 삼은 동시대(同時代)의 경우
이제 지식재산이라는 무거운 명제에 이르렀다.

---

* 이 글은 2015년 4월 23일 2015 World IP – Day기념하기 위해 '대한민국 지식재산의 날'
추진 및 동북아 지식재산권 공동 발전 전략 심포지엄에서 WIPA(시계한인지식재산전문가협
회) 공동회장이신 고은 시인의 아포리즘(Aphorisms)이다.

창작의 밀실이 있었다.

발명의 밀실이 있었다.

불면의 밤 아무도 모르는 연금술이 있었다.

 이것들은 각자의 오묘한 상상력과 영감과 삶의 진지한 경륜으로 이루어진 문화를 쌓아왔다. 그러는 동안 저마다의 비개방적인 집중에 의한 신속효율과 특정의 압축 긴축의 성취를 일삼았다. 이른바 산업사회의 성장주의와 오랜 도제주의로서의 수공업 전 고립작업이 그렇다.

 이런 독자적인 규범이 가로막히고 있다.

 두 밀실의 지혜와 전략이 하나의 소통생명체로 혈연화 되어 마땅하리. 하나는 하나 이상일 때 더 한 층 창조적이다.

 실지로 산업문명 이후의 정보사회에 이르러 과학기술과 문화예술의 상즉(相卽)이라는 고도(高度)의 개척 행위야말로 시대의 사명감을 더해 줄 것이다. 이에 세계의 문화실체로 나아가는 동아시아의 현재적 각성이 문화예술 과학기술의 융합을 앞두고 있게 된다.

 여기에서 우리는 기술에 부여되는 절실한 동양적 인문 윤리를 필수로 삼은 것을 강조한다. 만능으로서의 기술은 그것이 도의 문화로서의 조절 없이는 야만이다. 한편 기술재산의 물리(物理)력이 배제된 문화예술의 화학은 삶의 생동성을 옛 미라로 파묻을 우려와 직면한다.

 지식재산의 날 선포의 의미는 이로부터 더욱 깊어진다.

2015. 4월.

"왜 지식재산 스토리텔링이 필요한가?"

오늘날 많이 회자되고 있는 핵심 키워드는 과학기술 분야에서는 '지식재산(intellectual property)', 문화예술 분야에서는 '스토리텔링(storytelling)'이다. 그러나 과학기술과 문화예술 분야가 오랫동안 따로 떨어져 각각 발전해 왔기 때문에, 지식재산과 스토리텔링도 뚜렷한 상관관계가 없어보였다.

문학을 공부하는 사람은 '이야기'라고 하면 먼저 종이책 속에 포함된 문자를 떠올리곤 한다. 아니면 구전 문학을 생각한다. 그러나 오늘날 미디어의 발전과 정보통신의 발달로 이러한 '이야기'는 더는 종이책 속에만 존재하지 않는다. 즉 이야기는 디지털 공간, 상품이나 제품, 또는 여러 기획결과물에 스며들어 있다. 특히 시나리오를 기반으로 하는 스토리광고나 감성마케팅 또는 컴퓨터 게임이나 인물의 캐릭터 등 여러 분야에 존재한다. 이제는 이야기가 활자 속을 뛰쳐나와 우리 주변에서 살아 숨 쉬고 있다.

왜 이 같은 현상이 일어났을까? 이는 놀라운 정보통신(IT)기술의 발달로 활자 속을 뛰쳐나온 이야기는 우리의 일상생활 깊숙이 들어와 다양하게 결합되었기 때문이다. 즉 이야기는 정보통신(IT)과 결합하여 새로운 트렌드(trend)를 만들어 내면서 차세대 중요한 문화산업으로 부상하고 있다. 이의 핵심이 바로 스토리텔링(storytelling)이다. 그럼에도 이러한 스토리텔링의 분야별 활용이나 기법에 대한 연구는 여전히 걸음마 수준에 불과한 듯 보인다.

오늘날 스토리텔링의 활용은 영화, 방송, 연극, 광고, 강연, 게임, 애니메이션, 교육 등의 많은 분야로 점차 늘어나고 있다. 그런 이유로 문예창작 전공자들도 스토리텔링에 관한 관심이 더욱 높아지고 있어 고무적이다. 그러나 아직도 이 분야에 종사하는 사람들도 스토리텔링이 구체적으로 얼마나 중요한지, 스토리텔링의 효과적인 커뮤니케이션을 위한 핵심적인 본질이 무엇인지 정확히 잘 아는 사람이 그리 많지 않은 듯하다. 이러한 이유는 응용 분야와 목적에 따라 스토리를 만들거나 스토리텔링을 활용하는 방법에 대해 아직 체계적이고 이론적인 정립이 미흡한 때문으로 판단된다.

스토리텔링의 활용 범위에는 경계선이 없다. 모든 곳에서 활용될 수 있다는 의미다. 그러나 스토리텔링에 대한 이론적인 토대를 제공하는 학문은 문학 분야이다. 스토리텔링은 '이야기(story)'를 만들어 '이야기하기(telling)'라는 구전을 기반으로 한다. 이러한 스토리텔링이 정보통신 기술의 발달로 드라마, 영화, 광고 등으로 진화하면서 발전되어 왔다.

최근 서로 다른 매체 사이의 연관성이 높아짐에 따라 스토리텔링은 영상뿐만 아니라 다양한 분야에서도 융합 및 활용되고 있다. 즉 서로 다른 장르의 이질적인 분야가 디지털 매체의 도움을 받아 경계를 초월하여 융합되면서 종합적인 문화산업으로 발전하고 있다. 따라서 스토리텔링은 점차 문화예술 분야의 영역을 넘어 과학기술 분야까지 활용될 수 있는 심층적인 연구 대상이 되었다. 특히 스토리텔링이 과학기술로 만들어진 제품의 감성적인 가치를 높이거나 또는 과학기술자의 독특한 이미지 창출에도 활용되면서 상품의 마케팅 효과를 높이고 소비자의 구매효과를 높이는데 활용될 수 있다.

스토리텔링은 화자의 메시지를 이야기라는 구성과 전개로 청자의 마음을 의도한 대로 설득하는 행위이다. 어떤 사실이나 정보를 전달할 때 이성적인 방법만으로는 인간의 마음을 움직일 정도로 온전하게 전달하는데 한계가 있다. 사람들은 사실적인 정보의 나열이나 도표 또는 그림을 접할 때 보다, 잘 꾸며진 이야기를 통해 감성으로 공감하는 경우에 그 내용을 더 잘 이해하고 더 오래 기억하는 것[1]으로 알려져 있다. 인지과학적인 측면에서도 인간의 지식은 이야기에 바탕을 두고 있고, 인간의 두뇌는 이야기를 통해 이해하고 기억하는 인식장치로 이루어졌다는 것은 주지의 사실이다. 따라서 인간의 감성까지 도달하여 정서

---

1 폴 스미스(Paul Smith), 김용성 역, 『스토리로 리드하라(Lead with a story)』, IGM세계경영연구원, 2013, 32쪽.

적 공감을 이룰 수 있는 새로운 기법으로 등장한 것이 스토리텔링이다. 스토리텔링은 이성을 자극하는 객관적인 사실이나 논리적 설명보다는 감성을 자극하여 주관적인 이야기로 전달하는 기법이라 할 수 있다.

롤프 옌센(Rolf Jensen)은 이야기가 지배하는 미래사회를 예견한 '드림 소사이어티(Dream Society)'에서 "정보사회의 태양은 지고 있다"며, "정보사회의 차가운 논리가 얼마나 지속될 것이며, 기술적이고 합리적인 사고가 언제까지 기초가 될 것인가"라고 의문을 제시하면서, "미래는 이성이 아니라 감성의 시대"라고 단언했다.

스토리텔링은 문예창작 분야에서 주로 활용되던 방법이었으나 점차 다양한 분야로 확산되어 새로운 트렌드(trend)가 되고 있다. 특히 기업에서는 마케팅 분야에서 스토리텔링을 활발하게 활용하는 추세다. 초기에는 제품이나 서비스 등의 기능과 품질로 차별화가 이루어졌으나, 기술의 발달에 따른 평준화로 브랜드 인지도에 의한 차별화가 이루어졌다. 그러나 최근에는 상품의 기능이나 브랜드 인지도를 넘어 색다른 경험과 차별화된 가치를 원하는 소비자들이 점차 늘고 있다. 스토리텔링은 기업이나 상품 등에 내재된 감성적인 이야기를 전달함으로써 소비자의 공감과 호감을 유도하는 좋은 방법이 될 수 있다. 따라서 기업에서 자신들의 제품이나 서비스를 소비자에게 더 잘 알리고 수익을 극대화하기 위한 광고와 홍보 전략의 일환으로 스토리텔링 마케팅에 주목하는 이유가 바로 여기에 있다.

기업에서의 스토리텔링은 주로 기업 이미지, 제품 및 서비스, 브랜드 등의 차별화를 위한 마케팅에 활용된다. 이야기를 통해서 제품이나 서비스 등에 좋은 이미지 또는 훌륭한 가치를 부여하여 소비자와의 긍정적인 관계를 형성함은 물론, 이야기를 통한 광고 또는 구전 효과를 통해 수익을 늘릴 수 있기 때문이다.

21세기에 들어 창의적 사고의 필요성은 그 어느 때보다 높아지고 있다. 지난 반세기 동안 경제의 패러다임은 산업사회에서 정보사회를 거쳐 창의사회로 변화되어 왔다. 창의성은 새로운 것들을 찾아내거나 과거에 존재했던 것들을 융합하여 새롭게 하는 과정이라 할 수 있다. 이러한 창의성은 다양성을 바탕으로 서로 다른 학제 간의 융합을 통해 증진될 수 있다. 경험, 사상, 방법 등의 다양성은 창의성의 기초가 되고, 이러한 바탕에서 서로 다른 사고, 정의, 아이디어, 방법, 사상 등의 융합은 창의성의 원동력[2]이 된다.

창의적인 새로운 아이디어가 과학기술에 접목되면 '발명'이 되고, 문화예술에 접목되면 '창작'이 된다. 발명은 '특허'로, 창작은 '저작권'으로 재산이 될 수 있는 법적인 권리를 갖는다. 이러한 특허권 및 저작권 외에도 실용신안, 상표, 디자인 등을 통칭하여 '지식재산(IP, Intellectual Property)'이라 불리며, 이같이 지식

---

2 최연구, 「과학기술과 인문사회, 문화예술의 소통과 융합」, 『과학기술정책』, 한국과학창의재단, 2009 여름, 41~42쪽.

이 재산이 되는 법적인 권리가 창조경제의 핵심[3]이라고 볼 수 있다.

창조경제 시대는 이질적인 사상과 개념이 서로 어우러져 공존하고 상호 다른 분야들이 소통하고 융합하는 사회라고 할 수 있다. 일례로, 과학기술은 문화예술의 표현과 방법에 있어 다양하고 혁신적인 방편을 제공하고, 문화예술은 과학기술 발전에 필요한 창의적인 상상력을 제공하면서 인간의 삶을 신속하게 변화시킨다.[4] 통섭과 통합이 필요해지는 현대사회 속에서 과학기술과 문화예술의 만남과 융합은 더욱 바람직한 현상이다.

이 책은 문화예술 분야의 스토리텔링과 과학기술 분야의 지식재산을 융합 하는 새로운 장르이다. 즉 '지식재산 스토리텔링'이다. 특히 비즈니스에 활용될 수 있는 지식재산 기반 스토리텔링의 모델을 새롭게 정립하고, 지식재산 속의 스토리를 발굴하여 활용하는 측면에서 기존 일반적인 스토리텔링과 다른 특징을 파악하였다.

세부적으로는, 연구개발을 통해 얻은 지식재산을 상업화할 때 거치는 각 단계별로 설득할 대상과 목적이 다르다는 점에 착안하여, 각 단계 속에 숨겨진 이야기를 발굴하고, 발굴된 이야기를 각 단계별로 활용하는 데 초점을 두었다. 그리고 실제 비

---

3 박진하, "박근혜 정부의 창조경제가 꽃을 피우려면," NewDailyNews, 2014.05.20., http://www.newdaily.co.kr/news/article.html?no=203679, 2014.10.11. 방문.

4 홍우정 외 2인, 앞의 책, 10쪽.

즈니스에 활용될 수 있도록 지식재산 스토리텔링의 방법론을 새롭게 제시했다. 아울러 몇 가지 사례를 통해 그 방법론의 유용성과 효용성에 대해서도 살펴보았다. 이 책에서는 주로 특허를 중심으로 이루어지지만 향후 실용신안, 디자인, 상표, 저작권 등 지식재산 전 분야로 확대하여 적용될 수 있을 것이다. 또한 지식재산 창출과정에서 사업화까지 전 단계에서 활용이 가능하도록 기본적인 토대를 제시하려고 노력했다.

이 책을 통하여 얻을 수 있는 주요 기대효과는 크게 두 가지이다. 한 가지는 기업의 비즈니스에서 지식재산 사업화 및 마케팅에 실질적인 도움이 될 것이다. 또 한 가지는 스토리텔링을 전문으로 하는 문예창작 분야의 인재들이 지식재산 속에 숨겨진 스토리를 발굴하여 스토리텔링을 만들기 위하여 과학기술 분야에 진출하거나 참여할 수 있는 가능성이 커질 것이다. 즉 문예창작 분야의 인재들이 과학기술과 문화예술의 융합에 기반을 둔 지식재산 스토리텔링에 관한 연구를 통해 경제적인 수익을 증대할 수 있는 새로운 일자리를 창출하는 효과를 기대할 수 있을 것이다.

이 책이 나오게 된 배경은 2013년 11월 중순경으로 거슬러 올라간다. 당시 한국과학기술원(KAIST) 지식재산대학원에서 김호원 전 특허청장의 「지식재산입국을 위한 네 가지 조건」이라는 특강이 있었다. 특강이 끝난 후 김호원 전 특허청장과 이광형 KAIST 미래전략대학원 원장, 벤처기업가인 박진하 건국산업 대표와 오찬이 있었는데, 이 자리에서 '지식재산분야에도 발명에 얽힌 많은 이야기가 존재하고 지식재산을 기반으로 하는 비즈니스 분야에서도 스토리텔링이 필요하다'는 이야기가 나왔다. 또한 '문화예술과 과학기술의 융합을 위해서는 사람 뿐 아니라 학문 간의 만남도 일어나야 한다.'며 "특허에도 아름다운 스토리가 있을 때, 그 특허는 더욱 빛난다."는 김호원 전 특허청장의 발언과 "아름다운 스토리를 담고 있는 수많은 특허들은 그 생명력뿐만 아니라 그 기술의 가치도 훨씬 높아진다."는 이광형 원장의 호응이 있었다. 지식재산 스토리텔링의 아이디어가 처음 탄생된 순간이었다. 이 책의 기초가 된 '지식재산 스토리텔링에 관한 연구'의 씨앗이 되었다. 이러한 훌륭한 아이디어를 주신 세 분께 깊이 감사드린다.

  그림으로 본다면 아직은 스케치에 불과하다. 지식재산 스토리텔링에 관한 첫 연구로서 부족한 점이 아직 많이 있다. 앞으로도 많은 후속 연구들이 이어지길 기대하며, 이 책이 국가경제의 기반이 되는 지식재산의 가치증대 및 성공적인 사업화에 작은 주춧돌이 되기를 고대한다. "시작은 미약하지만 끝은 창대하리라"는 성경의 말씀처럼.

2015년 5월에
이가희 · 이상지 · 박성필

• 목 차 •

Chapter_01 지식재산
Intellectual Property

Chapter_02 지식재산 속에 숨어있는 이야기

Chapter_05 지식재산 스토리텔링의 활용사례

Chapter_ 01

지식재산
Intellectual Property

지식재산의 개요

지식재산(知識財産)[5]이란 '지식이 곧 재산이다.'라는 의미이다. 여기서 지식이라는 말은 단순히 지식(knowledge)을 뜻하는 것이 아니라 과학기술 및 문화예술 창조활동의 지적(知的, intellectual)인 산물(또는 결과물)을 의미한다. 이러한 지적인 산물이 재산(property)이라는 법적인 권리를 갖는다는 뜻으로 '지식재산(intellectual property)' 또는 '지식재산권'으로 총칭해서 불린다. 이후에는 '지식재산(知識財産, IP, intellectual property)'이라는 용어로 통일하여 기술한다.

지식재산에는 특허, 실용신안, 디자인, 상표 등의 산업재산권(industrial property)과 문학작품, 음악, 방송, 미술 등 문화예술 분야의 창작을 일컫는 저작권(copyright)이 포함된다. 국내에서는 그동안 산업재산권이 주로 산업경제와 깊은 관련을 맺고 왔지만, 저작권은 그다지 큰 관심을 끌

---

5 종래에는 '지적재산(知的財産)' 또는 '지식재산(知識財産)'으로 혼용되어 쓰이다가, 2011년 '국가지식재산위원회' 출범의 토대가 된 '지식재산기본법'이 제정되고, 이 때부터 정식 법률 용어인 '지식재산'으로 통일되었다. 영문으로는 IP(intellectual property)로 표기한다.

지 못했던 것이 사실이다. 그러다 문화 및 예술 활동이 디지털 기술의 발전과 함께 급속히 산업경제로 진입하면서 산업재산권과 저작권 간의 산업경계가 모호해지기 시작했다. 특히 컴퓨터 프로그램, 지리적 표시, 반도체 배치설계, 캐릭터 등 소위 '신지식 재산권'이 등장하며 기존의 산업재산권 정의만으로는 설명하기 어려운 영역들이 출현하였기 때문이다. 더구나 게임시나리오나 컴퓨터 소프트웨어 등의 지적 창작물들이 특허대상으로 파악되는 등 지식재산의 범위가 지속적으로 확대되고 있는 추세이다.[6]

이러한 지식재산은 그 개념이 고정된 것이 아니라 기술의 발전과 시대의 변화에 따라 그 영역이 점차 확대되고 있다. 농경사회에서 산업사회로 전환되는 시기부터 오늘날 지식사회에 이르는 동안 지식재산은 인간의 정신적 활동의 산물에 대해 그 소유권을 부여하여 온 것이다. 종래 산업사회까지는 눈에 보이는 유형의 재산에 대한 사용, 수익, 판매와 같은 권리의 형태가 주류였다면, 지식재산 시대는 눈에 보이지 않는 무형의 소유권에 대한 동일한 형태의 법적 권리를 뜻한다. 이와 같이 지식재산은 본질적으로 사유재산 및 자본주의에서 그 뿌리를 두고 발전해 왔다. 사유재산 제도가 산업사회의 틀을 마련한 것처럼, 지식재산 제도는 지식사회의 기본 틀로써 작용하고 있다.[7]

6 김철호, 박성필, 고영희 공저 『지식재산전략(Strategic Management of Intellectual Property)』, 발명진흥회, 2011, 20쪽
7 임병웅, 『특허법』, 한빛지적소유권센터, 2010, 3쪽

02

지식재산의 종류

앞서 기술한 바와 같이 지식재산은 크게 산업재산권과 저작권으로 대별할 수 있다. 산업재산권은 발명자가 국가기관에 출원한 후 등록됨으로써 권리가 발생하는데 비하여, 저작권은 창작자가 저작물을 완성하는 것과 동시에 발생한다. 또한, 지식재산 권리의 성격에서도 산업재산권은 한 개의 발명에 대해 한 개의 독점권만을 인정하고 있으나, 저작권은 동일한 창작이라 하더라도 복제를 하지 않았다면 복수의 권리가 인정되는 것이 원칙이다.[8] 이러한 원칙의 차이점을 전제로 하고 각 지식재산의 종류를 간략히 살펴보면 다음과 같다.

1 특허

특허(特許, patent)란 발명을 보호해주는 독점적(獨占的), 배타적(排他的) 권리를 일컫는다. 특허의 보호대상은 발명(發明)이다. 여기서 발명이

8 김철호, 박성필, 고영희 공저 『지식재산전략(Strategic Management of Intellectual Property)』, 발명진흥회, 2011, 20쪽

라 함은 자연법칙을 이용한 기술적 사상의 창작으로서 고도한 것, 소위 '대발명(大發明)'을 의미한다. 독점적 권리는 발명한 권리자만이 갖는 권리를 말하며, 배타적 권리란 발명자 이외의 제삼자는 누구도 실시할 수 없는 권리를 뜻한다. 즉 제삼자가 특허를 발명한 권리자의 동의 없이 무단으로 실시할 경우에는 불법적 특허침해 행위로 처벌받거나 그 불법이익을 권리자에게 손해배상을 하여야 한다.

발명이 특허로 인정받기 위해서는 산업상(産業上) 이용 가능성이 있어야 하며, 또한 신규성(新規性)과 진보성(進步性)을 가져야 한다. 여기서 '산업상 이용 가능성'이란 출원 시점에서 현실적으로 실현 가능한 기술이어야 한다는 의미다. 즉 수학공식 계산방법이나 영구적 무한동력기관 등은 이에 해당하지 않는다. 또한, 신규성이란 출원 시점에서 이와 동일한 기술이 이미 공개 또는 사용되지 않은 기술이어야 한다는 뜻이며, 진보성은 해당 분야 통상의 기술 수준을 가진 자가 쉽게 발명할 수 없을 정도의 더 진보된 기술이어야 한다는 의미이다.

특허의 권리는 등록 시점부터 발생하며, 특허의 기간은 특허를 출원한 날부터 20년까지 존속한다. 이러한 특허제도의 목적은 발명을 보호·장려하고 그 이용을 도모함으로써 기술발전을 촉진하여 산업발전에 이바지함을 그 목적으로 한다(特許法 제1조). 즉 발명의 보호·장려라는 사익적(私益的) 측면과 제삼자의 이용·도모라는 공익적(公益的) 측면을 조화시켜 기술발전이라는 산업발전에 이바지하는 데 그 목적을 두고 있다.

통상 특허출원에서 특허등록까지는 오랫동안 여러 단계를 거쳐 이루어진다. 국내 기준으로 봤을 때 대략 2~3년 정도 걸린다. 특허청에 특허출원 후 간단한 절차상의 방식심사를 거친다. 그런 다음 1년 6개월 후에 발명이 공개된다. 이때까지는 심사대기 기간으로 비공개 상태이다. 출원공개의 의미는 누구나 열람할 수 있다는 뜻이다. 본격적인 발명의 실체심사를 위한 심사청구는 출원일로부터 5년 이내에 할 수 있으나 통상 출원과 동시에 청구하는 것이 통례이다. 실체심사를 통해 거절이유가 없으면 특허결정이 되어 설정등록 및 등록공고가 된다.

만약 거절사유가 존재하면 심사관은 의견제출통지서(거절이유통지)를 출원인에게 보내고, 출원인은 거절이유를 해명하든지 출원서 보정을 통해서 거절이유를 해소할 수 있다. 그래서 거절이유가 해소되면 특허결정이 나고 거절이유가 해소되지 않으면 거절이 결정된다. 그래도 출원인이 그 거절이유에 대해 이해가 되지 않으면 특허청에 재심사청구를 하든지 아니면 특허심판원에 거절 결정불복심판 청구를 할 수 있다. 재심사청구일 경우에는 거절이유가 전부 해소되면 특허결정이 이루어지고, 거절 결정불복심판의 경우에는 출원인과 특허청 심사관이 원고와 피고가 되어 법원의 재판과 같이 심리가 진행된다. 법원소송의 1심과 비슷하다.

특허심판원의 심판에서 출원인이 승리하면 특허청의 거절 결정이 취소되는 심결이 난다. 심결은 특허심판원의 심판관 결정을 의미한다. 특허심판원의 취소심결이 나면 특허출원서가 특허청으로 환송되어 또 다른 특별한 사유가 없는 한 최종적으로 특허등록 결정이 나게 된다. 그러나 특허심판원에서 출원인이 패하면 기각심결이 난다. 이는 특허청의 거절 결정이 타당하다는 심결이기 때문에 특허가 등록되지 못한다. 이 심결에서도 출원인이 기각심결에 대해 타당하지 못하다고 판단되면 다시 특허법원에 항소하게 된다. 특허법원은 2심에 해당한다.

특허법원에서 출원인이 승소하면 특허가 등록 결정이 되고, 만약 출원인이 또 패소 판결을 받으면 특허등록이 거절된다. 그러나 출원인은 이 패소판결에 대해 또 한 번 대법원에 상고할 수 있다. 우리나라도 누구나 세 번을 재판받을 수 있는 3심 제도를 채택하기 때문이다. 법원에서 판사의 결정을 판결이라 한다. 대법원에서도 승소하면 특허는 등록 결정이 되고, 만약 또 패소하면 최종 특허거절로 다시는 등록할 수 없게 된다. 여기까지가 통상 5년 정도 소요된다.

하나의 발명이 최종 특허등록 결정이 되기까지는 수많은 난관과 오랜 시간이 걸린다. 한 개의 발명이 특허로 탄생하는 것은 한 인생의 삶과 비슷하며 한 생명이 탄생하는 것보다 오래 걸린다. 하나의 특허 탄생 과정을 자세히 들여다보면 한 인간의 삶과 같은 수많은 성공과 실패, 시련과 감동적인 이야기가 탄생되기도 한다. 한 송이 국화꽃을 피우기 위해 소쩍새가 그렇게 운 것처럼 한 특허가 탄생되기 위하여 발명자는 소리 없이 울고 있었음을 짐작할 수 있다. 이러한 특허출원 및 심사절차 과정을 간략히 도표로 나타내면 아래 [그림1]과 같다.

[그림1] **특허출원 및 심사절차 흐름도**[9]

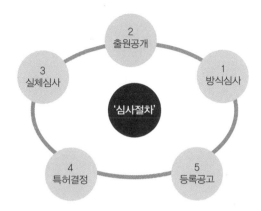

1.방식심사 출원의 주체, 법령이 정한 방식상 요건 등
절차의 흠 · 결 유무를 점검

2.출원공개 특허출원에 대하여 그 출원일로부터 1년 6월이 경과한 때
또는 출원이의 신청이 있는 때는 기술내용을 공개 공보에
개채하여 일반인에게 공개

3.실체심사 발명의 내용파악, 선행기술 조사등을 통해 특허여부를 판단

4.특허결정 심사결과 거절이유가 존재하지 않을시에는
특허결정서를 출원인에게 통지

5.등록공고 특허결정되어 특허권이 설정 등록되면 그 내용을
일반인에게 공개함

---

9 특허출원 및 심사절차 흐름도, 특허청 홈페이지 내(특허마당, 권리별 정보안내, 특허의 이
   해) http://www.kipo.go.kr/kpo/user.tdf?a=user.html.HtmlApp&c=10001&ca
   tmenu=m04_01_01, 2014.9.10. 발췌

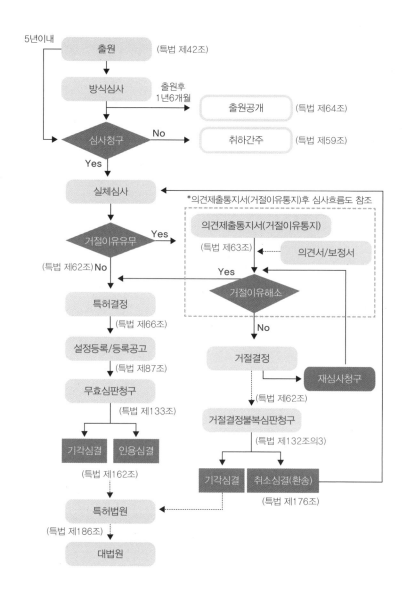

5년이내

출원 (특법 제42조)

방식심사 — 출원후 1년6개월

출원공개 (특법 제64조)

심사청구 — No → 취하간주 (특법 제59조)

Yes

실체심사

*의견제출통지서(거절이유통지)후 심사흐름도 참조

거절이유유무 — Yes → 의견제출통지서(거절이유통지) (특법 제63조) ← 의견서/보정서

(특법 제62조) No

Yes

거절이유해소 — No

특허결정 (특법 제66조)

거절결정

재심사청구

설정등록/등록공고 (특법 제87조)

(특법 제62조)

무효심판청구 (특법 제133조)

거절결정불복심판청구 (특법 제132조의3)

기각심결 / 인용심결 (특법 제162조)

기각심결 / 취소심결(환송) (특법 제176조)

특허법원

(특법 제186조)

대법원

② 실용신안

실용신안(實用新案)은 소발명(小發明)에 해당된다. 즉 물건에 대해 간단한 고안 또는 기존 발명의 개량수준이다. 더욱 편리하고 유용하게 쓸 수 있도록 한 물품에 대한 고안에 대한 권리이다. 특허는 발명, 실용신안은 고안이다. 특허의 보호대상은 물건을 생산하는 방법 및 물질의 발명도 인정하고 있으나, 실용신안의 보호대상은 물건을 생산하는 방법 및 물질은 제외한 물건에 대한 것만 인정하고 있다. 권리의 존속기간은 등록일로부터 유효하며, 출원일로부터 10년으로 특허에 비해 절반이다. 이는 실용신안의 보호대상이 기본적으로 특허보다는 고도한 것이 아니라는 점에 기인한다. 특허는 대발명(大發明), 실용신안은 소발명(小發明)으로 구분될 수 있다.[10] 실용신안의 출원 및 심사절차 과정은 특허와 거의 유사하여 생략한다.

③ 디자인

디자인이라 함은 물품의 형상·모양이나 색채 또는 이들을 결합한 것으로서 시각을 통하여 미감을 일으키게 하는 것을 말한다(디자인 보호법 제2조 1호).

여기서 말하는 물품이란 거래의 대상으로 되어 운반 가능한 것이다. 물건 일부도 이것에 속한다. 형상(形狀)이란 실용신안(實用新案)에서와같이 외관적 형태이며, 평면적인 것도 입체적인 것도 다 포함된다. 모양(模樣)이란 장식용의 형상이며 평면적으로 표시된 점(點), 선(線) 또

---

10 김철호, 박성필, 고영희 공저 『지식재산전략(Strategic Management of Intellectual Property)』, 발명진흥회, 2011, 21~22쪽

는 상(像) 등의 집합이고, 색채(色彩)를 수반하는 것이 많고, 부조모양 (浮彫模樣)과 같이 요철(凹凸)로써 하는 것도 있다. 색채란 1종 또는 2종 이상의 색의 배합이다. 결합이란 여기에서 설명한 형상, 모양, 색채 의 전부 또는 둘 이상이 동일물품에 대하여 동시에 표현되는 경우를 말한다.

디자인의 출원 및 심사절차 과정도 [그림2]에서 보는 바와 같이 특허와 거의 유사 하지만 특허보다는 더욱 신속하고 간결함을 알 수 있다. 출원하면 바로 방식심사를 거쳐 등록요건 심사를 한다. 특허에서는 방식심사를 거쳐 1년 6개월이 경과한 후에 등록심사를 하는 것과 비교된다.

디자인이 등록되기 위해서는 그 디자인이 신규(新規)이고 또한 고안 (考案)으로서 진보성이 있고 공업상(工業上) 이용할 수 있는 것임을 요한 다(디자인 보호법 제5조). 디자인 권리자는 등록된 디자인 또는 이와 유사한 디자인을 시행할 권리를 독점적으로 갖는다. 디자인 권리로 인정받기 위해서는 산업상 이용 가능하여야 하며 신규성 및 창작성 등을 만족하여야 한다는 것은 특허나 실용신안과 동일하다. 디자인 권리의 존속기간은 등록일로부터 20년이다. 이는 특허와 실용신안이 출원일로부터 20년 및 10년의 존속기간과 대비된다.[11]

11 법률 용어사전, 2011.1.15, 법문북스

[그림2] 디자인 출원 및 심사 흐름도[12]

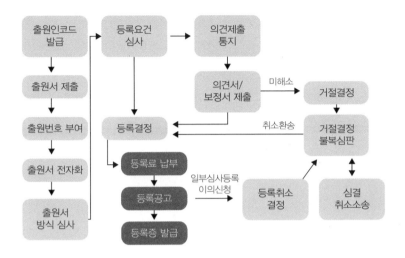

❹ 상표

상표(商標)권이란 지정한 상품류(商品類)에 대하여 등록된 상표를 독점적으로 사용할 권리를 말한다. 즉 상표권은 상품의 표지인 상표를 보호대상으로 한다. 여기서 상표란 상품을 생산, 가공, 증명 또는 판매하는 것을 업으로 영위하는 자가 자기의 업무에 관련된 상품을 타인의 상품과 식별하려고 사용하는 표장으로서, 기호, 문자, 도형, 입체적 형상, 색채, 홀로그램, 동작 또는 이들을 결합한 것 또는 그 밖

---

12 디자인 출원 및 심사절차 흐름도, 특허청 홈페이지 내(특허마당, 권리별 정보안의 이해)
http://www.kipo.go.kr/kpo/user.tdf?a=user.html.HtmlApp&c=10004&cat
menu=m04_01_06, 2014.9.10. 발췌

에 시각적으로 인식할 수 있는 것을 말한다. 출원된 상표가 등록을 받기 위해서는 우선 자타(自他)상품식별력이 있어야 한다.

상표 권리는 설정등록으로 발생하며 그 존속기간은 등록일로부터 10년이다. 특이한 점은 다른 산업재산권과는 달리 10년간씩 계속하여 존속기간을 갱신할 수 있다.[13] 즉 권리자가 상표권 지속을 희망할 경우에는 그 존속기간을 10년 단위로 계속 갱신하여 영구히 가질 수 있다.

상표출원 및 심사절차 과정은 [그림3]에서 보는 바와 같이 전체적인 과정은 특허, 실용신안, 디자인과 유사하지만, 방식심사 없이 바로 실체심사에 들어가 거절이유가 없으면 바로 출원공고 된다. 출원공고가 된다는 것은 누구나 열람 가능하다는 의미이며, 출원공고 후 2개월 동안 제삼자의 이의신청이 없으면 바로 등록 결정이 나고, 만약 제삼자의 이의신청이 들어오면 재심사하여 등록 결정 또는 거절 결정을 하게 된다. 만약 거절 결정을 받으면 특허에서의 거절 결정과 동일한 절차로 특허심판원, 특허법원과 대법원으로 이어진다.

---

13 김철호, 박성필, 고영희 공저 『지식재산전략(Strategic Management of Intellectual Property)』, 발명진흥회, 2011, 22쪽

[그림3] 상표 출원 및 심사 흐름도[14]

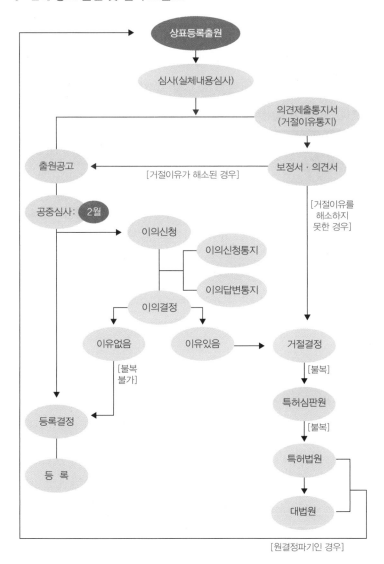

14 상표 출원 및 심사절차 흐름도, 특허청 홈페이지 내(특허마당, 권리별 정보안내, 상표의
    이해) http://www.kipo.go.kr/kpo/user.tdf?a=user.html.HtmlApp&c=10003
    &catmenu=m04_01_04, 2014.9.10. 발췌

5 저작권

저작권(著作權)이란 인간의 사상 또는 감정을 표현한 창작물에 대하여 창작자에게 주어진 독점적 권리를 말한다. 저작권의 보호대상은 저작물이다. 보호되는 저작물은 창작된 표현에 한정된다. 즉 저작물에 의하여 전달되는 사상, 감정 및 정보는 그 보호대상에 포함되지 않으며, 또한 타인의 작품을 단순히 모방한 것까지 보호하지는 않는다. 특히 저작권의 발생요건에는 신규성 및 진보성이 요구되지 않으며 오로지 창작성만 가지고 있으면 충분하다. 또한, 저작권은 저작물을 창작한 때부터 발생하며, 어떠한 절차나 형식을 이행해야 하는 것은 아니다. 이것이 특허, 디자인, 상표 등의 다른 지식재산 권리와 다른 점이다. 또 다른 특징으로는, 저작권은 저작인격권과 저작재산권을 모두 갖는다. 저작재산권의 권리는 특별한 규정이 있는 경우를 제외하고는 저작자의 생존기간뿐만 아니라 저작자의 사후 70년간 존속한다.[15]

지식재산 제도에서 창작을 보호하는 커다란 2가지 축으로 작용하고 있는 특허권과 저작권을 대비하여 살펴보면 제도의 전반에 대한 이해가 좀 더 용이할 것이다. 표현(expression)과 아이디어(idea) 이분법(dichotomy)으로, 아이디어는 특허권에 의해 보호가 되는 반면, 표현은 저작권에 의해 보호된다. 여기서 주목해야 할 사항은 아이디어가 동일하더라도 그 표현은 다양하게 이루어질 수 있다는 것이다. 보호의 범위만 따진다면 특허권이 저작권을 능가한다고 볼 수 있다. 그러나 권리의 발생 측면에서 보면 저작권이 훨씬 용이하다고 볼 수 있다.

---

15 김철호, 박성필, 고영희 공저 『지식재산전략(Strategic Management of Intellectual Property)』, 발명진흥회, 2011, 23쪽

왜냐하면, 저작권은 창작과 동시에 어떠한 형식이나 절차를 요구하지 않는 무방식(無方式)주의인 데 비하여 특허권은 엄격한 방식(方式)주의가 적용되어 법에서 정한 절차를 밟아야만 할 뿐만 아니라 심사를 통과하고 등록을 완료하여야만 비로소 그 권리가 주어진다.

또한, 특허권은 신규성(novelty)을 충족하여야 함에 반하여, 저작권은 독창성(originality)을 충족하기만 하면 된다. 즉 신규성이란 발명자가 무엇으로부터 복제한 것인가를 묻는 것이 아니라 동일성 여부만을 판단하는 것임에 비하여, 독창성은 비록 동일하다고 하더라도 복제한 것만 아니라면 인정되는 것이다. 같은 맥락에서 독립적 발명 및 창작에 대한 침해 여부에 대해서도 특허권과 저작권은 서로 상반된다. 즉 특허권은 독립적 발명인지의 여부와 관계없이 그 발명이 특허의 청구범위의 보호범위에 속하는지에 따라 침해 여부가 판가름 나지만, 저작권은 독립된 창작인 경우에는 저작권 침해가 아니라고 보는 것이다.[16]

저작권의 권리 발생은 전술한 바와 같이 어떠한 방식이나 절차 없이 창작과 동시에 이루어진다. 그러나 저작물을 정식절차를 거쳐 등록할 경우와는 차이가 있다. 바로 저작권 침해가 발생했을 경우이다. 저작자가 자신의 창작인 저작물을 정식으로 등록한 경우에는 저작권 침해의 입증은 저작자가 아니라 침해자에게 있게 된다. 왜냐하면, 저작물이 이미 공개되었기 때문에 침해자가 공개된 저작물을 복제하지 않았다는 것을 입증해야 하기 때문이다. 이는 침해소송에서 저작자에게 매우 유리하다. 그러나 저작물을 등록하지 않았을 경우에는 저작

---

16 임병웅, 「특허법」, 한빛지적소유권센터, 2010, 12~13쪽

권 침해의 입증은 침해자가 아니라 저작자에게 있게 된다. 왜냐하면, 저작물이 공개되어 있지 않았기 때문에 침해자가 저작물을 복제하였다는 사실을 저작자가 입증해야 하기 때문이다.

지식재산의 중요성[17]

2011년 9월 미국은 선발명주의(First-to-Invent)를 포기하고 선출원주의(First-to-File)로 전환했다. 발명을 먼저 하는 자가 아니라 출원을 먼저 하는 자가 특허권을 갖는다는 것이다. 200년 넘게 고수했던 특허법의 기본골격을 완전히 바꾼 것이다. 또한, 60년 만에 혁명적 특허행정과 법 개정을 단행해서 특허의 생산효율을 3배 이상 높였다. 마치 자동차의 생산수율을 높여 경쟁력을 강화하는 것처럼 미국은 특허의 생산수율을 높여서 품질은 높이고 단가는 낮추어 새로운 일자리와 국가 경제를 촉진하겠다는 것이다. 오바마 대통령은 이 특허법 개정안을 미국 최고의 공립학교인 토머스 제퍼슨 과학기술고등학교에서 서명했다. 서명 전 연설에서 오바마 대통령은 "앞으로 학생들의 머리가 특허를 생산하는 두뇌 공장이 돼야 하고, 학생들이 과학기술과 지재권에 대한 전문가가 돼야 세계 특허전쟁에서 승리할 수 있다."고 강

---

17 박진하, "대한민국 개조는 세계특허(IP) 허브 국가 건설로 이뤄야!" NewDailyNews, 2014년 6월 6일, http://www.newdaily.co.kr/news/article.html?no=206760, 2014.09.13. 방문

조했다. 미래의 주인공인 학생들에게 '미래는 영토전쟁이 아니라 특허전쟁'임을 선포한 것이다.

우리나라의 경우는 구한말(舊韓末)에는 중국, 일본, 러시아가 총칼을 무기로 내세워 한반도를 에워쌌다. 오늘날에는 한반도를 둘러싼 전쟁은 영토 전쟁이 아니라 무형자산을 둘러싼 총성 없는 전쟁이 벌어지고 있다. 특허권, 상표권, 디자인권 등의 지식재산(Intellectual Property) 전쟁은 눈에 보이는 유형재산인 영토전쟁과 달리 합법적인 보호 아래 치르는 전쟁이다. 삼성과 애플 간에 스마트폰을 둘러싼 소송을 통해 알 수 있듯이 지금 전 세계는 특허권과 저작권 등을 경제의 무기로 싸우는 소위 지식재산 전쟁의 시대다. 영토전쟁은 UN이나 평화를 구축하는 국가들이 연합해서 중재하기도 하지만, 지식재산 전쟁은 오로지 당사자들끼리의 법적인 싸움이다. 시장에서 벌어지는 마케팅 전쟁에서는 1, 2, 3위가 공존할 수 있지만, 법정에서 벌어지는 지식재산 전쟁에서는 1위만이 살아남아 시장을 독점하는 권리를 갖는 승자독식이다.[18]

특허제도의 뿌리는 르네상스 시대로 거슬러 올라간다. 1450년대 유럽은 동로마가 오스만 제국에 함락된 직후 극심한 혼란을 겪고 있을 때, 베네치아는 작은 국가로서 안전과 번영을 꾀하기 위하여 과학기술 분야의 재능을 보유한 인재들을 끌어들이기 위한 묘책이 필요했다. 각국 인재들이 스스로 모일 방법을 찾았다. 그게 바로 오늘날 '특허제도'였다. 당시 천문학자 갈릴레오 갈릴레이 등 수많은 과학기술자가 베네치아로 모여들어 새로운 이론과 기술을 잇달아 개발하고 발명해 내었다. 그래서 중세 1000년의 암흑기를 끝내고 찬란한 르네상

---

18 박진하, 앞의 글, 2014.09.13. 방문.

스 시대를 열었다. 르네상스 혁명의 원인이 특허제도였다.

1623년 당시 유럽 대륙에 비해 가장 뒤처져 있던 영국은 대륙의 과학 기술자들을 유치하고자 묘책을 찾았다. 종래의 특허제도를 성문법으로 제정했다. 그때 영국으로 몰려든 유럽 대륙의 과학기술자들이 바로 산 업혁명을 일으킨 주역들이었다. 누구든 자기가 개발한 발명에 대해 독 점권과 배타권을 보장했다. 그 특허법이 산업혁명의 원인이었다.

구한말(舊韓末) 제국주의 시대에는 중국, 일본, 러시아가 총칼을 무 기로 한반도를 에워쌌다. 약 100년이 지난 지금은 러시아가 미국으 로 대체되고, 총칼이 특허로, 영토전쟁에서 특허전쟁으로, 그리고 유 형재산이 무형재산으로 바뀌었을 뿐 한반도를 둘러싼 총성 없는 전쟁 은 계속되고 있다. 바로 특허, 상표, 디자인 등의 지식재산(Intellectual Property) 전쟁이다. 눈에 보이는 유형재산이 아니라 눈에 보이지 않는 무형재산의 전쟁이다. 지금 세계는 특허권, 저작권 등을 무기로 싸우 는 지식재산 전쟁이다. 이는 영토전쟁과는 달리 합법적인 보호 아래 벌어지는 전쟁이다. 영토전쟁은 UN이나 각국에서 중재하기도 하지 만 지식재산 전쟁은 오로지 당사자들만의 치열한 싸움이다.

오늘날 세계 최강국인 미국의 상위 500대 기업은 이미 2008년도에 무형재산의 비율이 80%를 넘어섰다. 무형재산이 기업의 가치를 좌우 한다는 의미다. 무형재산의 핵심은 바로 지식재산이다. 지식재산이 기업의 경쟁력을 결정하는 시대다. 이 경쟁에서 승리한 기업은 시장 을 독점하지만, 패배한 기업은 퇴출당할 수밖에 없다. 지식재산을 확 보하기 위한 전쟁은 국가간, 지역간, 산업간, 기술간 모든 경계가 허 물어지고, 한 치 앞도 내다보기 어려울 정도이다. 즉 치열한 글로벌 지식재산 전쟁이다. 이러한 새로운 경쟁 환경의 변화에 적절히 대응

하지 않는 국가는 도태될 수밖에 없다. 이제, 특허권, 저작권 등의 지식재산 확보는 선택이 아닌 필수이며 생존의 핵심이다. 즉, "특허 없는 미래 없다(No Patent No Future)." 그대로다. 한 국가의 경쟁력 또한 마찬가지다. 이러한 관점에서 선진국인 미국과 일본, 후발국인 중국 그리고 한국을 차례로 살펴본다.

1 미국

1980년대 미국은 엄청난 무역적자와 재정적자에 시달렸다. 산업경쟁력이 바닥을 벗어나지 못하고, 세계 경제의 주도권을 일본에 내줘야 할 형편이었다. 당시 일본의 주요 대기업들이나 자본가들이 미국의 주요 대기업들뿐만 아니라 미국의 상징적인 대형 빌딩들조차 무차별 인수하는 등 최고의 호황을 누리고 있었다. 미국이 힘없이 무너지고 있는 상황이었다. 이때 미국의 경쟁력을 특허에서 찾은 휴렛팩커드의 존 영 사장이 당시 로널드 레이건 대통령에게 건의하여 제안한 것이 '특허 중시 정책(Pro-Patent Act)'이었다. 그동안 경원시했던 특허를 국가경쟁력의 원천으로 재평가하면서 모든 미국 정부의 정책과 제도를 이에 맞춰 개조했다.

때문에 미국은 자유와 창의가 넘치는 기회의 땅이 되었고 세계의 인재를 빨아들이는 블랙홀이 되었다. 해외 인재들이 쏟아내는 발명들은 고스란히 미국의 특허자산으로 남게 됐다. 미국인들이 창출한 특허까지 더해져 거대한 특허자산을 구축했다. 미국은 경쟁패턴을 유형재산에서 무형재산으로 이동하면서 특허를 무기로 경쟁력을 회복하려는 '특허 중시 정책'을 채택하였다. 그래서 미국은 세계 최고의 특허 강국이 되었다. 양적으로나 질적으로나 세계 1위다. 세계지식재산권기구(WIPO)가 발표한 2010년 PCT국제출원 건수를 보면 미국이 확고부동한 1위를 차지하고 있다. 미국은 자신들의 특허 등 지식재산을 범세계적인 무기로 만들어 세계 경제를 지배하기 위하여, 개발도상국들의 강력한 반대에도 불구하고 WTO트립스(Trips)를 창설하고 세계특허법(PLT) 제정을 주도해 갔다. 나아가 특허에 관한 세계 공통의 회계언어를 구축하려고 국제회계기준(IFRS)을 관철했다.

2009년 8월 오바마 미국 대통령은 IBM에서 특허 포트폴리오 총괄 및 지식재산 정책을 담당하던 데이비드 카포스 부사장을 상무부 지식재산담당 차관 겸 특허청(USPTO) 장관으로 임명했다. 상원 본회의에서도 카포스 부사장을 만장일치로 통과시켰다. 이러한 지식재산전략으로 2012년 4월 미국 상무부 보고서를 보면 미국의 지식재산 관련 일자리는 4천만 개로 전체 일자리의 25%를 차지하고, 지식재산이 국내 총자산의 35%를 차치한다고 밝히면서, 지식재산이 일자리 창출의 지름길이라고 밝혔다.

미국은 오래전부터 추진해온 친(親)지식재산(Pro-Intellectual Property Act) 정책이 미국의 신패권주의 경제정책의 핵심이다. 1999년 미국은 연방정부에서 추진되고 있는 지식재산 집행활동을 조율하기 위해 부처 간 협의체 형태로 출범한 상무부 소속의 국가지식재산집행조정위원회(NIPLECC)를 2008년 10월 대통령 소속의 지식재산집행조정관(IPEC)으로 격상시켰다. 대통령이 사령탑을 맡아 상무부, 법무부, 국무부, 무역대표부 등 5개 부처가 똘똘 뭉쳐 지식재산을 신무기로 하는 신 패권정책을 펼치고 있다. 지식재산의 외연이 확장되어 상무부 관할 업무만으로 다룰 수 없다는 위기의식이 발동한 결과이다. 미국 백악관은 2013년 2월 20일 발표한 '전략보고서'에서 지식재산 보호를 위해 미국의 관련 법규를 검토하고 법 집행을 강화하는 것은 물론, 고위 관리를 통한 외교적 압력도 행사하겠다고 강조했다.

이 보고서에 함께 첨부된 미국 법무부의 사례 모음집의 첫 페이지에 한국의 코오롱과 미국의 듀폰 간의 첨단섬유 기술 분쟁 사례가 올라가 있다. 또한, 한국 기업이나 한국계 미국인이 연관된 침해 사례가 6건이나 기록되어 있다. '케블라' 상표의 고강도 아라미드 섬유를 판매하는 듀폰은 후발 주자인 코오롱이 2005년 '헤라크론'이라는 아라미드 섬유를 선보이자 자사의 기술을 코오롱에서 빼돌렸다며 2009년 소송을 제기했다. 이에 미국 법원은 2011년 11월 코오롱에 9억 1,990만 달러(약 1조 원)를 배상하라고 판결했다. 삼성은 애플과의 소송에서 10억 5,000만 달러의 배상판결을 받은 것은 널리 알려진 사실이다. 미국 백악관은 이 보고서를 통해 "미국 기업을 목표로 삼은 지식재산 절취 행위는 미국 경제의 안전을 위협하는 것은 물론, 미국의 수출 전망을 어둡게 함으로써 미국 내 일자리에도 악영향을 준다."고 분명히 경고하고 있다.

또한, 백악관은 미국 무역대표부(USTR)가 주요 교역국의 지식재산 보호 현황을 검토해 발표하는 '스페셜 301조 보고서' 등의 수단을 강화하겠다고 밝혔다. 아울러 환태평양경제동반자협정(TPPA)과 같은 USTR 주도 협상에서 지식재산 보호 강화 방안을 추진하겠다고 말했다. 미국의 지식재산전쟁 사령관에 해당하는 백악관의 지식재산집행조정관(IPEC) 빅토리아 에스피넬(Victoria Espinel)은 2012년 3월 30일에 「2011 미국 지식재산 집행보고서」를 발표했다. 이는 2010년 6월에 공표한 「2010 지식재산집행 공동 전략계획」에 따른 두 번째 보고서다. 이 보고서는 지식재산 침해 물품의 미국 내 유통망 진입 차단, 지식재산 및 저작권 침해 물품의 공급망 근절, 위조 의약품의 온라인 유통 차단, 경제 스파이 및 영업비밀 침해와 같은 미국 내외에서의 지식재산 관련 범죄에 대응한 2011년도 미국 정부의 활동을 소개했다. 이 계획의 수립에는 미국 농무부(USDA), 상무부(DOC), 보건복지부(HHS), 국토안보부(DHS), 법무부(DOJ), 국무부(DOS), 무역대표부(USTR) 기타 연방기관과 저작권청(USCO)이 참여했다.

오바마 대통령은 2011년 2월 대통령령(Executive Order) 13565를 공표하여 백악관 IPEC가 주관하고 미국 농무부, 상무부, 보건복지부, 국토안보부, 법무부, 각 주, 미국 무역대표부, 재무부 및 행정관리예산국의 수장들이 참여하는 내각 수준의 자문위원회를 구성하도록 했다. 2011년 최초로 전 세계 17개 주요 국가에 위치한 미국 대사관들이 공식적인 관계부처 합동부서를 설립하고, 미국 정부 인력을 해외에 파견하여 각 국가의 지식재산 보호 및 집행력을 강화하고 있다. 이에 백악관 IPEC는 지식재산 침해 방지, 소비자의 안전성 확보, 혁신적 기술 보호를 우선으로 추진한다고 밝혔다. 연방 법률을 지속해서 검토하고, 의회와의 협력을 통해 연방 기관들이 효과적으로 지식재산 침해에 대응할 수 있도록 필요한 집행방안을 갖고, 국제 협력 강화 및 교육을 통한 능력 향상과 미국 인력의 해외 파견 및 외교적 공조에 주력하고 있다. 지식재산 전쟁에서 우리 대한민국의 주적이 누구인지를 가늠할 수 있다. 미국의 뒤를 이은 일본은 어떠한가.

2 일본

앞서 언급한 바와 같이, 1980년대만 해도 일본의 주요 대기업들이
나 자본가들이 미국의 주요 대기업들뿐만 아니라 미국의 상징적인 대
형 빌딩들조차 무차별 인수하는 등 최고의 호황을 누리고 있었다. 그
러나 1990년대부터 일본은 침몰하기 시작했다. 소위 일본의 '잃어버
린 10년'이 시작되었다. 1980년대부터 시작된 미국의 '특허 중시 전략'
의 결과였다. 일본의 '잃어버린 10년' 끝 무렵인 2000년을 전후해 일
본은 자국의 경쟁력에 대한 통렬한 자성과 비판이 내부적으로 일어났
다. 미국이 1980년대의 막대한 무역·재정적자를 극복하고 1990년대
들어 서서히 경쟁력을 회복하고 다시금 세계 경제의 리더로 자리매
김하는 데는 미국의 '특허 중시 전략'이 주효했다는 것을 일본이 눈치
챈 것이다.

일본도 이 점에 착안하여 세계 최고의 제조기술을 기반으로 특허
등 지식재산 전략으로 국가를 다시 부흥시킬 수 있다는 결론에 도달
했다. 당시 총리였던 고이즈미 준이치로는 '지적재산입국 전략'을 선
포하고, 이를 일본 정부정책의 핵심 근간으로 삼았다. 일본의 '지적재
산입국' 전략은 한마디로 특허 등 지식재산의 창출과 권리 확보, 사업
화를 통해 일본 경제의 국제경쟁력을 회복해 세계 경제대국으로 다시
돌아가자는 것이다. 이를 효과적으로 추진하기 위해 전체 국가조직
및 공공단체, 대학, 민간 기업 등이 모두 적극적으로 참여케 하고 그
실천에 필요한 인재 육성, 제도 및 법률 정비 등의 인프라를 구축해
국가 발전의 기틀로 삼자는 것이다. 총리가 본부장을 맡고 관련 장관
들이 모두 위원이었다. 이후 고이즈미 정권이 끝나고 민주당으로 이

양되면서 대부분 정부정책이 없어지거나 수정되었지만, 지식재산 전략은 그대로 승계되었다. 이를 타산지석으로 삼아야 할 것이다.

일본 기업의 해외 진출을 지원할 특허제도 신설, 국제표준특허전략 확대, 동남아 국가에 대한 특허 인프라 구축 확대 등 일본 특허전략의 국제화가 점점 늘고 있다. 동시에 기업들도 국제 특허전략을 강화하고 있다. 일본은 특허전략을 일본 기업들의 해외 진출의 방패와 무기로 활용하려는 것이다.

일본은 지적재산입국(知的財産立國) 정책을 기반으로 2002년 11월 '지식재산기본법'을 제정하였다. 2003년에는 모든 행정부의 장이 위원이며 총리가 위원장인 '지적재산전략본부'를 설치하였다. 범정부차원의 지식재산 정책을 강력히 추진하고 있다. 2008년에는 '지식재산 경쟁력 강화 태스크포스', '콘텐츠와 일본 브랜드 태스크포스', '디지털 네트워크 시대 IP 시스템 태스크포스' 등의 특별팀을 지식재산전략본부에 결성하였다. 지적재산입국 실현을 위해 과학기술의 진흥을 위한 지식재산권 강화뿐 아니라, 게임, 애니메이션 및 캐릭터 등의 콘텐츠 문화를 세계에 알리고 관광 면에서도 매력 있는 일본을 만들기 위한 '미디어 예술'까지 아우르는 국제경쟁력 강화를 지향하고 있다. 우리 한국보다 후발국인 중국은 어떠한가.

3 중국

중국의 특허 출원은 가히 폭발적이다. 2004년 기준으로 이공계 대학의 석·박사 재학생 숫자만도 40만 명이 넘는다. 해외 유학생 출신 과학기술자까지 합하면 엄청난 숫자가 될 것이다. 이들이 발명품을 쏟아내고 있다. WIPO 발표에 따르면 2012년 PCT국제특허출원 기업 랭킹에서 중국의 중흥통신(ZTE)이 세계 2위, 화웨이기술유한공사가 세계 4위를 차지했다.

중국은 미국, 일본, 유럽(EU), 한국 등과 함께 세계 특허 5강에 속해 있다. 이런 추세라면 조만간 미국에 이어 세계 2위로 부상할 것이다. 중국이 '세계의 공장'에서 '세계의 연구소' '두뇌의 공장'으로 변모할 것이라고 예상하는 이유다. 이런 분위기와 연구·개발 과학자의 인해전술로 세계 특허를 싹쓸이하는 날이 멀지 않았다. 그때 우리는 어떻게 살아갈 것인가? 특허는 국제적으로 공인되는 무기이기 때문에 비난할 수도 없다. 중국이 두려운 이유가 바로 이 '특허 인해전술'이다.

중국은 특허, 상표, 저작권 등 지식재산의 불법적인 모방 및 침해로 악명이 높다. 이 때문에 미국, 일본 등 피해 국가로부터 많은 항의와 수모에 가까운 조사와 비난을 받았다. 그러나 중국은 수출을 위해 또 자국의 미비한 지식재산 제도 및 정책, 낮은 수준의 인식 때문에 그동안 참아왔다. 그러나 중국은 경쟁력의 패러다임을 바꾸고 특허 등을 무기로 지식재산 전쟁에 정면 승부하기로 작심했다.

이것이 2008년 6월 발표한 '국가 지식재산권 전략 강요'에 담겨 있다. 2020년까지 중국의 지식재산 창출, 활용, 보호 및 관리 능력을 고도의 국제적 수준을 갖춘 지식재산 강국으로 끌어올린다는 목표를 천명했다. 이 요강은 전략목표, 지도방침, 전략중점, 전략임무, 중점조치 등으로 구성되는 방대한 국가 정책이다. 일본의 지식재산입국 전략을 우리보다 먼저 벤치마킹한 것이다.

지식재산을 통한 과학기술흥국 실현을 위한 국가 지식재산권 전략 제정위원회가 그 역할을 하고 있다. 2005년 출범한 이 위원회는 부총리를 위원장으로 지식재산 관련 28개 부처의 장이 참여하는 거대 정부조직이다. 지식재산 전략을 국가생존전략으로 삼고 있다. 우리나라의 국가지식재산위원회를 운영하는 국가지식재산전략기획단은 미래창조과학부 1차관 산하의 일 개 부서로 있어 우리 국민들은 그 존재감마저 잘 알지 못한다.

중국 국무원이 2008년 7월 개정 공포한 규정에는 "지식재산 보호업무체계 건립을 추진하고 관련 부서와 지식재산 집행 협력체계를 구축해 관련 행정집행 업무를 전개하며 지식재산 보호 홍보 업무를 전개한다."는 내용이 포함되어 있다. 이는 중국 정부가 직접 주도해 지식재산 보호주의에 나서겠다는 것으로 2020년까지 지식재산 강국 진입을 꾀하고 있다. 우리보다 훨씬 후발국이었던 중국조차 우리를 앞서고 있다. 우리 한국은 어떠한가.

④ 한국

2011년 4월 국회에서 지식재산기본법이 마련되었고, 지식재산 분야의 컨트롤타워 역할을 수행하는 국가지식재산위원회가 국무총리와 민간 공동위원장 체제로 발족하였다. 그해 11월에는 산업시대의 '경제개발 5개년 계획'과 같은 '지식재산 5개년 계획'을 수립하여 공표하였다. 이듬해 2012년 1월에는 '지식재산 강국 원년 선포식'을 가졌다. 일본은 이미 2002년도에 지식재산기본법이 제정되었다는 점에서 참으로 만시지탄이다.

18대 박근혜 정부는 대통령 직속의 국가지식재산위원회를 주관하는 지식재산전략기획단을 국무총리실 산하에서 미래창조과학부 밑으로 이동시켰다. 이는 미래창조과학부의 위상이 일개 부처에 국한하는 것이 아니라 지식재산이라는 씨앗을 전 부처에 보급하여 창조경제를 실현하는 컨트롤타워의 위상과 역할을 부여한 것이다. 창조경제의 핵심은 지식재산이다. 상상력과 창의성을 바탕으로 하는 과학기술과 문화예술의 진흥이다. ICT는 과학기술의 한 분야일 뿐이다. 특허권, 저작권 등 지식재산권을 갖는 과학기술과 문화예술이 창조경제를 실현할 수 있는 무기이다. 달리 표현하면, 지식재산권이 없는 과학기술이나 문화예술은 창조경제의 무기가 될 수 없다는 의미이다.

이러한 창조경제의 핵심인 지식재산 전략은 미래창조과학부 뿐만 아니라 산업통상자원부, 문화관광체육부, 교육부, 환경부, 해양부, 중소기업청, 특허청 등 전 부처를 커버해야 한다. 국가지식재산위원회가 대통령 직속으로 둔 의의가 여기에 있다. 그런데 우리의 현실은 어떠한가? 특허로 등록되어도 무효가 될 확률이 70%에 육박한다. 소송을 걸어오면 10건의 특허 중 7건이 죽고 3건 만이 살아남는다는 것이다. 특허무용론이 나오는 이유가 여기에 있다. 국가가 심사하여 등록해 준 특허가 죽을 확률이 70%에 가깝다면 어느 누가 특허를 인정해 주겠는가? 금융에서도 투자에서도 시장에서도 무용지물에 가깝다. 그뿐만 아니라 특허를 내 준 정부도 믿지 못하는 국가가 된 것이다. 미국 일본 중국 등은 '특허 무기론'을 펼치고 있는데, 대한민국은 '특허무용론'이 파다하다.

2008년 기준으로 우리나라가 특허침해 등으로 지불한 지식재산 피해액이 235억 달러(약 32조 원)다. 이는 2008년 한국 수출액(4,224억 달러)의 6%에 해당하는 수치이다. 한국은행 자료에 의하면 2008년도 우리나라 전체 상장기업 매출액 대비 평균 이익률이 3%임을 감안하면,

우리 한국이 한 해 수출해서 번 이익의 두 배를 지식재산 피해액으로 해외에 지불하고 있는 셈이다. 이 수치는 2010년 '세종시' 예산(6,962억 원)의 약 45배, '4대강 살리기' 예산(8조6,000억 원)의 약 4배에 해당하는 큰 금액이다. 더구나 이러한 지식재산 피해액은 세종시나 4대강과 달리 그 흔적조차 없이 사라진다. 우리 대한민국이 2007년 이후 오랫동안 1인당 국민소득 2만 불을 넘지 못한 이유가 바로 여기에 있다.

우리나라의 기술무역수지는 어떠한가? 2008년도 기술무역수지 적자가 30억 달러를 넘었다. 이러한 적자가 해마다 늘어나고 있다. 각 나라의 기술수출액을 기술수입액으로 나눈 '기술무역수지 배율'을 비교해 보면, 2007년 기준으로 일본(3.49), 미국(2.12), 영국(1.97), 캐나다(1.76), 프랑스(1.60), 핀란드(1.28), 이탈리아(1.24), 독일(1.07) 등에 비해 우리나라는 0.43에 불과하다. 삼성전자조차 2015년을 기술무역수지 흑자의 원년으로 삼겠다는 목표를 세울 정도이다.

한국의 해외특허등록은 어떠한가? 2008년 기준으로 미국에 등록된 특허 건수를 살펴보면, 1위 미국과 2위 일본이 미국특허 전체의 73%를 차지한다. 한국은 고작 2%에 불과하다. 세계 총 국제특허의 수는 2008년 기준으로 미국과 일본이 전체의 50%를 차지했지만 한국은 5%에 불과하다. 우리나라의 현주소다.

한국 공공연구기관의 기술료는 어떠한가? 2008년 기준으로 우리나라 전체 공공연구기관의 기술료(687억 원)는 미국의 퀄컴이 벌어들이는 기술료(약 5,000억 원)의 1/7에 불과하다. 미국의 한 개 기업이 벌어들이는 기술료가 우리나라 전체 공공연구기관이 벌어들이는 총 기술료의 7배라는 의미다. 국내 전체 공공연구기관이 30년간 벌어들인 전체 기술료(5,650억 원)는 미국의 한 기업이 벌어들이는 한 해 기술료에 불과하다.

한국의 대학들은 어떠한가? 2008년 기준으로 국내 전체 145개 대학이 한 해 벌어들인 기술료는 년 69억 원이다. 이는 미국의 컬럼비아 대학의 한 해 기술료(1,700억 원)의 4%에 불과하다. 실로 안타까운 우리 대한민국의 현주소다.

지식재산의 창출과정

　발명(發明)이란 자연법칙(自然法則)을 이용한 기술적 사상(技術的 思想)의 창작(創作)으로서 고도(高度)의 것을 말한다.[19] 이러한 발명을 포함하는 지식재산 창출은 연구개발의 결과이자 꽃이라 할 수 있다. 연구개발의 대상은 과학기술이기 때문에 과학과 기술에 대한 이해에 바탕을 두고 출발해야 한다. 과학에도 기술적 측면이 포함되어 있고, 기술에도 과학적 측면이 존재하여, 과학과 기술은 분리할 수 없기에 통상 과학기술이라 칭한다. 과학기술은 연구개발의 대상이다. 연구개발의 대상은 주로 기초연구, 응용연구, 개발연구 등으로 구분할 수 있다. 또한, 과학기술 분야를 자연과학과 공학으로 분류한다면, 자연과학과 공학에도 각각 기초연구, 응용연구, 개발연구가 있을 수 있다.

　과학은 라틴어로 지식(knowledge)을 뜻한다. 오늘날에도 사용되는 과학에 대해 아리스토텔레스는 "과학은 논리적이며 분명하게 설명할 수 있는 확실한(reliable) 지식이다."라고 주장하였다. 초기에는 지식을 추

19　특허법 제2조 1호.

구한다는 점에서 과학과 철학이 혼용되어 오다가 17세기에 자연철학과 자연과학으로 구분되었다. 이때부터 과학은 자연과학의 의미로 축소되었다. 19세기부터는 물리, 화학, 지구학, 생물학 등과 같이 자연을 대상으로 한 보다 구체적인 학문을 의미하게 되었다.[20]

기술은 여러 가지로 정의 될 수 있지만, 그 어원은 라틴어로 art, skill, kraft를 뜻하는 techne와 지식의 분야를 나타내는 logia가 합쳐져 오늘날 technology가 되었다. 기술의 발전을 살펴보면 다음과 같다. 선사시대 이래 도구, 불, 그리고 바퀴의 사용은 인간의 삶에 큰 영향을 끼쳤다. 중세시대에는 간단한 기계장치와 인쇄술이 발전하였다. 산업혁명을 거쳐 20세기 후반에는 원자력, 반도체, 컴퓨터, 인공위성, 인터넷 등의 분야로 발전해 왔다. 이처럼 기술이란 주로 산업에 관련된 art(기예)에 관한 지식분야였다. 기술은 인간에게 유익하거나 상업적 이익이 부합될 때 실험생산 과정을 거쳐 대량생산에 많이 적용되었다.[21]

과학과 기술의 관계는 21세기에 들어서면서 더욱 밀접해 지고 있다. 과학·기술 분야는 예술, 사회과학과 더불어 현대사회의 성공적인 인류문명을 대표하고 있다. 과학과 기술은 서로 상보적인 관계를 유지할 때 가장 성공적일 수 있다. 과학은 우리가 사는 이 세상에 무엇이 어떻게 존재하는지를 이해한다면, 기술은 지식을 어떻게 정의하고 사용하는지에 중점을 둔다. 즉 과학이란 관찰하고, 해석하고, 규칙을 이해하고, 다시 자연을 반복적으로 설명하는 과정이다. 이는 자연에 존재하는 것을 있는 그대로 이해하는 것이다. 한편 기술이란 현

---

20 권욱현, "연구개발 단계별 개념 정립에 관한 연구" 한국과학기술한림원, 2010, 23쪽.
21 권욱현, 앞의 글, 22쪽.

재 존재하는 것에서 새로운 것을 창출하는 행위이다. 반복적이고 지성적으로 설계되어야 한다. 과학적 지식이나 방법론은 기술의 실행이나 결과물에 큰 영향을 준다. 그리고 기술의 성공 여부를 판단하는 도구로 과학이 사용될 수 있다. 그러므로 과학은 기술의 원천 개념이 될 수 있고 평가수단이 될 수도 있다.

■ 기초연구

기초연구란 자연현상에 대해 새로운 이론과 지식을 정립하기 위하여 행하여지는 기초적인 연구의 활동을 뜻한다. 특정한 응용 또는 사용을 목표로 하지 않고 자연현상 및 관찰 가능한 사물의 기초가 되는 새로운 과학적 지식을 획득하기 위하여 주로 행하여지는 실험적 또는 이론적 연구라 할 수 있다. 기초연구는 과학뿐만 아니라 공학을 포함하는 개념으로 정의하고 공학의 경우 기초과학과의 융합을 조건으로 제시한다는 측면에서는 기초연구를 "기초과학, 또는 기초과학과 공학과의 융합을 통해 새로운 이론과 지식을 창출하는 연구 활동"을 말한다.[22]

② 응용연구

응용연구란 주로 특수한 실용적인 목적과 목표 하에 새로운 과학적 지식을 획득하기 위하여 행해지는 독창적인 연구를 뜻한다. 즉 기초

---

22 권욱현, 앞의 글, 3~4쪽.

연구의 결과로 얻어진 지식을 이용하여 주로 실용적인 목표 하에 새로운 과학적 지식을 획득하기 위한 독창적인 연구라는 의미이다. 또한, 이미 알려진 지식을 심화·발전시켜 특정 문제를 해결하거나 특정 상황에 적용하여 활용하는 연구로서 연구가 성공적으로 이루어져 기대하는 결과를 얻을 경우, 그 결과가 적용될 분야가 확실하고 특정 응용 목표가 있는 연구 활동을 말한다.[23]

③ 개발연구

개발연구는 연구와 실험적 경험에 의해 획득된 지식을 활용하여 새로운 재료 및 제품과 장치의 생산, 새로운 공정 및 시스템 또는 서비스의 설치, 기타 이미 생산되었거나 설치된 것을 실질적으로 개선하기 위한 체계적인 활동을 뜻한다. 즉 기초·응용 연구 및 실제 경험으로부터 얻어진 지식을 이용하여 새로운 재료 및 장치를 생산하거나, 이미 생산 또는 설치된 것을 실질적으로 개선하기 위한 체계적인 연구를 의미한다. 한 마디로, 실용적이고 유통 가능한 제품, 물질, 장치 또는 제품의 공정 과정을 개발하기 위한 연구라 정의할 수 있다.[24]

④ 원천연구

원천연구란 제품이나 서비스를 개발하는데 필수불가결한 독창적

---

23 권욱현, 앞의 글, 4쪽.
24 권욱현, 앞의 글, 4~5쪽.

기술로서, 지속해서 부가가치를 창출하고 다양한 기술 분야에 응용이 가능한 기술을 개발하는 연구 활동을 뜻한다. 즉 기초연구, 응용연구 및 실제 경험으로부터 얻어진 지식을 이용하여 새로운 제품과 장비를 생산하거나, 새로운 공정, 시스템 및 서비스를 설치하거나, 이미 생산 또는 설치된 것을 실질적으로 개선하기 위하여 행하여지는 체계적인 연구 활동이다. 이는 제품이나 서비스를 개발하는데 필수불가결한 독창적인 기술로서 지속해서 부가가치를 창출하고 다양한 기술 분야에 응용이 가능한 기술을 개발하는 연구를 의미한다.[25]

---

25 권욱현, 앞의 글, 5쪽.

지식재산의 사업화

　전술한 바와 같이 세계 각국은 지식재산을 창출하고 보호하기 위한 정책을 국가의 생존전략으로 인식하고 추진하고 있다. 이러한 지식재산을 강화하기 위한 글로벌 동향은 앞으로도 더욱 강화될 것이다. 우리 한국의 지식재산은 양적으로는 세계 5위인 'IP5'에 속하지만, 질적인 측면에서 보면 상대적으로 부족함이 많음은 널리 알려진 사실이다. 이는 지식재산의 창출에 비해 지식재산의 사업화가 미약하기 때문으로 볼 수 있다.

　2014년 OECD가 발표한 한국의 산업기술정책 보고서를 보면 우리나라는 국내총생산(GDP)대비 연구개발(R&D) 투자율은 세계 2위이며, 연구개발 투자액은 세계 6위다. 그러나 연구개발 투자규모 대비 지식재산의 성과는 미약한 편이다. 이는 우리 대한민국 지식재산의 경제성을 알아보면 좀 더 분명해진다. 2007~2011년 한국의 특허와 미국의 특허 한 건당 창출된 경제적 이익을 살펴보면, 미국을 100%로 가정했을 때 우리 한국은 28%에 불과하다. 이를 도표로 보면 아래 [표 1]과 같다.

[표1] 특허 1건당 경제적 이윤 비교[26]

구분	GDP(100만$)/특허				
	2007년	2008년	2009년	2010년	2011년
미국	30.6	31.2	30.5	29.4	29.8
일본	10.8	11.0	11.6	12.5	12.6
한국	7.7	7.7	8.0	8.3	8.3

상기 [표1]는 2011년 미국은 특허 한 건당 29.8백만 달러, 일본은 12.6백만 달러, 한국은 8.3백만 달러이다. 즉 미국에 비해 일본은 42.3%, 한국은 27.9에 그친다. 이는 지식재산의 성과를 창출하는 사업화 측면에서 우리 한국이 미국과 일본보다 월등히 낮다는 것을 알 수 있다. 지식재산 사업화는 일반적으로 크게 두 가지로 분류된다. 하나는 지식재산 자체를 제삼자에게 이전하는 방법과 또 하나는 지식재산을 직접 생산으로 사업화하는 방법이다. 통상 전자를 '기술이전'이라 하고, 후자를 '기술사업화'라 칭한다.

■ 기술이전

기술이전 방식에 따라 지식재산의 거래 유형을 살펴보면 크게 5가지로 나눌 수 있다. 즉 기술양도, 공동연구, 라이센싱, 합작벤처, 그리고 인수합병이다.

이를 좀 더 자세히 살펴보면 다음과 같다. ①기술양도(assignment)란 제삼자에게 기술의 권리를 판매하는 것으로, 매각을 의미한다. 기술

---

26 2013 산업기술백서, KOTRA

매각에 따른 거래금액은 사전에 측정하기가 쉽지 않기 때문에 통상적으로 매매 당사자들의 협상으로 결정되는데, 수의계약 또는 공개입찰을 통해 이루어진다. ②공동연구(cooperative research)는 기업이 자신이 보유하고 있는 기술을 제공하여 대학이나 연구기관과 함께 신기술 또는 신제품을 개발하는 것을 뜻한다. 통상 공동연구를 통해 창출된 지식재산의 소유권은 사전 계약서에 의해 명시된다. ③라이센싱(licensing)은 기술양도와 함께 가장 흔히 하고 있는 기술이전으로, 기술제공자(licensor)가 기술사용자(licensee)에게 기술료를 받고 지식재산 권리를 일정기간 사용을 허여하는 계약을 말한다. 기술사용자 입장에서는 로열티를 지불하고 실시 권리를 획득하는 것이다. ④합작벤처(joint venture)는 공동연구 수준에서 더 나아가 연구개발뿐만 아니라 사업 영역에서의 협력을 포괄한다. 한쪽은 연구개발 영역을 담당하고, 다른 한쪽은 제조, 마케팅, 판매 및 유통을 담당한다. 그리고 ⑤인수합병(M&A)은 기술양도나 라이센싱 등을 통해 기술을 개별적으로 획득하는 것이 아니라, 기술을 보유한 기업 자체를 인수하여 기술 및 관련 설비 모두를 획득하는 방법이다. 기술 중심의 벤처기업들이 이러한 주요 대상이다.[27]

---

27 최석봉, "기술거래 및 사업화에 이르게 하는 지식재산 창출전략에 관한 연구," 석사논문, 홍익대학교, 2014, 12~18쪽

[표2] 2011년 기술무역액 비교[28]

(단위 : 100만 달러)

구분	한국	미국	독일	영국	일본
기술수출	4,032	113,057	61,110	49,175	29,887
기술수입	9,900	77,286	53,080	27,223	5,197
기술무역 규모	13,933	190,343	114,190	76,398	35,084
기술무역 수지	−5,868	35,771	8,031	21,952	24,690
기술무역 수지비	0.41	1.46	1.15	1.81	5.75

　해외로 기술이전 하는 기술무역을 위의 [표2]에서 살펴보면, 기술 수출의 경우 미국은 우리나라의 28배, 독일은 15배, 영국은 12배, 일본은 7배 정도이며, 기술수입의 경우에는 미국은 우리나라의 8배, 독일은 5배, 영국은 3배, 일본은 0.5배 정도이다. 이러한 기술무역수지 는 미국, 독일, 영국, 일본 등은 흑자를 이루고 있지만 우리나라는 여전히 적자를 면치 못하고 있다. 기술무역 규모는 미국이 약 1,900억 달러, 독일은 약 1,140억 달러, 영국은 약 760억 달러, 일본은 350억 달러이며, 우리나라는 140억 달러 수준이다.[29]

28　Main Science and Technology Indicators, 2013, OECD
29　최석봉, 앞의 글, 22~23쪽

② 기술사업화

기술사업화는 사업화 주체(대학, 기업, 연구기관 등)에 따라 다소 차이를 보일 수 있지만, 통상 기업이 기술을 이용하여 제품을 개발·생산 또는 판매하거나 관련 기술 및 제품을 향상시키는 과정을 뜻한다. 기술사업화의 성공이란 개발기술의 사업화를 통해 경제적 부가가치를 창출하여 기술개발과 생산투자 및 판매를 위한 비용보다 더 많은 이익을 내는 손익분기점을 초과했을 경우를 의미한다.

이러한 기술사업화를 추진하는 데 있어서 3가지의 핵심요소는 기술성, 시장성 및 사업성이다. 첫째 기술사업화를 위해서는 먼저 기술성이 확보되어야 한다. 기술에 대한 우수성은 기술 수준, 지식재산 확보, 제품의 완성도 등에 따라 결정된다. 둘째 시장성이 확보되어야 한다. 기술이 우수하더라도 그 기술을 활용할 시장이 없으면 무용지물이다. 셋째 기술성과 시장성이 있다고 하더라도 어떻게 사업화를 할 것인가에 따라 달라진다. 즉 대체기술, 경쟁관계 등을 고려한 생산, 마케팅, 판매 등의 전략에 따라 사업의 성패가 좌우된다.

[표3] 공공연구기관의 기술창업 건수 비교[30]

국가	기관	기술창업건수	평균창업건수
한국	대학	97	0.89
	연구소	36	0.51
미국	대학	606	4.21
	연구소	37	1.54
EU	대학/연구소	473	1.54

---

30 기술이전 사업화 조사 분석, KOTRA, 2012

우리나라의 사업화 현황을 살펴보면 대학, 연구기관 등이 보유한 기술을 바탕으로 새로운 기업을 설립하는 기술창업 활동은 미국이나 유럽보다 저조하다. 미국과 유럽 지역 대학의 경우에는 보유한 기술을 바탕으로 기술창업이 많이 활용되고 있다. 특히 우리나라 공공 연구기관 당 기술창업 건수는 0.70으로 미국의 3.83, EU의 1.54에 비해 낮은 수준이다.[31]

③ 지식재산 사업화 실패 요인

특허청이 조사한 '지식재산(특허)사업화 실태조사결과'에 따르면, 사업화 자금 부족이 37.8%, 마케팅 및 영업능력 부족이 19.5%, 위조 및 특허 모방상품 유통이 15.5%, 그리고 기술연구인력 부족 및 과도한 심사처리 기간이 22.0%로 조사되었다.

특히 중소기업의 신기술사업화에서 애로사항으로는 기술, 생산, 시장, 및 마케팅이 주요 항목인데 좀 더 자세히 기술하면 다음과 같다.

①기술요인은 기술 진부화, 차별성 부족, 특허분쟁 소지 및 기술정보 부족 등 ②생산요인은 원부자재의 안정적 확보 곤란, 생산인력의 부족 등 ③시장요인은 수요부진, 치열한 경쟁, 선진국 기업의 덤핑공세 등 그리고 ④마케팅은 시장수요의 예측 실패, 부적합한 제품출시 시기, 판촉활동 부진, 유통기능 마비, 가격정책 실패 등으로 분석되었다.

그러나 무엇보다도 개발된 지식재산을 이용하여 사업화할 것인가

---

31 최석봉, 앞의 글, 23~24쪽

의 결정에서 중요한 고려사항은 우선 그 지식재산을 이용한 제품의 시장성과 경제성에 대한 평가일 것이고, 다음으로는 지식재산을 상품화할 때 연구개발과 생산 활동에 미치는 요인들을 분석하는 것이라 할 수 있다.[32]

---

32 최석봉, 앞의 글, 26쪽.

지식재산 분쟁

앞서 기술한 바와 같이 지식재산은 크게 산업재산권과 저작권으로 나뉘며 산업재산권은 특허, 실용신안, 상표 및 디자인 등으로 나뉜다. 지식재산 분쟁이라 함은 이러한 산업재산권 분쟁과 저작권 분쟁을 모두 포괄하는 개념이다. 지식재산 분쟁에서 특허소송이라고 하면 우리나라에서는 통상 산업재산권에 관한 소송을 의미한다. 특허소송의 종류에는 여러 가지가 있으나 심판과 소송으로 구분할 수 있다.

심판은 특허심판원에서 하고 소송은 법원에서 하는 것을 뜻한다. 심판에는 무효심판, 거절불복심판, 권리 범위확인심판 등이 있으며 소송에는 침해금지가처분소송, 침해금지소송, 침해손해배상소송 등이 있다.

[그림4] 우리나라의 특허소송체계[33]

통상적으로 특허소송이라 함은 무효심판과 특허침해소송을 뜻한다. 현행 우리나라의 특허소송체계는 위 [그림4]과 같다. 이것을 특허를 중심으로 살펴보면, 특허소송은 ①특허심판원의 심결에 대한 취소소송 ②민사소송으로서 특허법 제126조의 침해금지청구소송, 특허법 제131조의 신용회복조치청구소송, 민법 제741조의 부당이득반환청구소송 등의 특허침해소송 ③특허침해에 대한 형사소송 등으로 나뉜다.[34] 여기서 상기 ①은 행정소송 ②는 민사소송 ③형사소송으로 구별된다. 특허소송에서 대표적인 몇 가지를 자세히 살펴보면 다음과 같다.

1 특허 행정소송

특허거절 불복심판

특허거절불복심판은 특허출원에 대한 특허청 심사관의 거절 결정에 대하여 출원인이 특허심판원에 불복하는 심판을 말한다. 특허심판원의 심결에 불복하고자 하는 경우에 특허법원에 심결취소소송을 제기할 수 있고, 특허법원의 판결에 대해서는 다시 대법원에 상고할 수

---

33 최희경, "특허침해소송에서 특허무효 판단"석사논문, 충남대학교, 2014, 6쪽.
34 최희경, 위의 글, 6쪽.

있다.

이 부분은 앞서 3.2.1에서 자세히 기술하였기 때문에 생략한다.

특허무효심판

이해관계인 또는 심사관은 상호주의가 인정되지 않는 외국인에 의한 경우·특허요건에 어긋난 경우·특허를 받을 수 없는 발명인 경우·타인이 동일한 발명에 대해 선출원한 경우 발명의 상세한 설명 규정에 어긋난 경우 등 특허를 받을 수 없는 경우에는 특허의 무효심판을 청구할 수 있다.[35] 다만, 특허권의 설정등록이 있는 날부터 등록 공고일 후 3개월 이내에는 누구든지 무효심판을 청구할 수 있으며,[36] 이러한 특허무효심판은 특허권이 소멸한 뒤에도 이를 청구할 수 있다.[37] 특허의 무효심결이 확정된 때에는 그 특허권은 처음부터 없었던 것으로 본다.[38] 심판은 구술심리 또는 서면심리로 한다.[39]

특허무효심판은 유효하게 등록된 특허에 대하여 어떠한 사유가 있어 무효임을 주장하여 제기되는 심판으로써, 특허심판원의 심결에 의하여 그 등록의 효력을 소급하여 또는 장래에 향하여 상실시키든지 아니면 그 등록이 유효하다는 결론을 내리는 심판을 말한다. 이 제도의 목적은 심사관의 착오 등으로 허여된 특허권이 계속 유지될 경우에는 특허권리자에 대한 부당한 보호가 될 뿐만 아니라 국가산업발전에도 유익하지 못하기 때문에 부실한 특허를 정리하기 위함에 있다.

---

35 특허법 133조 1항.
36 특허법 133조 1항 단서조항.
37 특허법 133조 2항.
38 특허법 133조 3항.
39 특허법 154조.

무효심판을 청구할 수 있는 자는 원칙적으로 이해관계인 또는 공익의 대표자로서의 심사관이며, 다만 특허가 등록된 날로부터 3개월 이내에는 누구든지 무효심판을 청구할 수 있다. 무효심결이 확정되면 그 권리는 처음부터 없었던 것으로 간주하지만, 권리 발생 이후에 생긴 후발적인 무효사유에 의하여 무효가 된 경우에는 그 무효사유에 해당하게 된 때부터 없었던 것으로 본다.[40]

특허심판원의 심결에 불복하고자 하는 경우에 특허법원에 심결취소소송을 제기할 수 있고, 특허법원의 판결에 대해서는 다시 대법원에 상고할 수 있음은 전술한 거절불복심판에서의 경우와 동일하다.

권리범위확인심판

권리범위확인심판은 특허권의 권리 범위 해석을 통하여 어떠한 상품이나 기술이 해당 특허권의 권리 범위 내에 있는 것인지를 확인하는 심판이다. 이 제도의 본질적인 목적은 침해 여부를 판단하는 것이지만 특허가 갖는 기술적인 전문성을 전문기관인 특허심판원이 그 권리 범위를 명확히 해석하여 줌으로써 특허분쟁을 사전에 차단 또는 해결하기 위함도 있다. 특허권자가 시장에서 유통되고 있는 제삼자의 상품이 자신의 특허권리 범위에 속하는지, 즉 특허침해 여부를 판단하기 위하여 제기하는 것을 적극적 권리 범위확인심판이라고 하고, 반면에 제삼자가 자신의 특허 또는 제품이 어떠한 선행 특허의 권리 범위에 속하는지 아닌지를 확인하기 위하여 제기하는 것을 소극적 권

---

40 최희경, 위의 글, 9쪽.

리범위확인심판이라고 한다.[41]

권리범위확인심판은 특허침해 여부를 확인하기 위한 중요한 판단이기는 하지만, 특허침해소송에서 실질적인 침해 여부의 판단은 판사가 최종 판단하기 때문에, 실제 특허침해 관련한 민·형 소송에서 참고는 되지만 구속력을 갖지는 않는다.

정정심판

정정심판은 특허가 등록된 이후에 특허무효의 염려가 있어 청구범위를 줄이거나 청구범위에 잘못된 기재가 발견되어 이를 정정하거나 분명하지 않은 기재를 명확히 하고자 할 때, 특허권자가 특허발명의 명세서 또는 도면에 대하여 특허심판원에 청구하는 심판이다.

다만, 정정심판은 당해 특허에 대하여 특허무효심판이 계속 중인 경우에는 그 절차에서만 정정을 청구할 수 있고 별도의 정정심판을 청구할 수 없다.[42]

2 특허 민사소송

특허침해소송의 종류는 특허침해금지청구소송, 손해배상청구소송, 부당이득반환청구소송, 신용회복청구소송 등이 있다. 특허권자는 업으로서 그 특허발명을 시행할 권리를 독점한다. 따라서 정당한 권한

---

41 최희경, 위의 글, 10쪽.
42 최희경, 위의 글, 11쪽.

이 없는 자가 특허발명을 업으로서 실시하는 경우에는 특허권리의 침해에 해당하므로, 특허권자는 침해자에 대하여 특허침해금지의 청구, 손해배상의 청구, 부당이득반환청구, 신용회복청구 등의 민사적 구제와 '특허침해죄'의 형사적 구제를 청구할 수 있다.

특허발명의 보호범위는 청구범위 내에 기재된 사항에 의하여 정하여지기 때문에, 침해여부를 판단하는 것은 결국 청구범위에 기재된 보호범위의 해석을 통해 결정된다. 인간의 창의적인 결과인 발명을 문자로써 명확하게 표현하는 것은 용이하지 않지만, 발명특허의 권리범위 내지는 실질적 보호범위는 특허명세서의 청구범위에 기재된 사항에 의하여 정해지는 것이 원칙이다. 특허침해소송의 대표적인 특허침해금지청구 소송과 손해배상청구 소송에 대해서만 간략히 기술하면 다음과 같다.

특허침해금지 소송

특허권자 또는 전용실시권자는 자기의 권리를 침해한 자 또는 침해할 우려가 있는 자에 대하여 그 침해의 금지 또는 예방을 청구할 수 있다.[43] 또한, 침해행위를 조성한 물건의 폐기, 침해행위에 제공된 설비의 제거 및 침해의 예방에 필요한 행위를 청구할 수 있다.[44]

특허침해금지청구 소송은 특허권의 침해에 대한 가장 유효한 구제수단으로서 이미 행해진 침해에 대한 예방을 목적으로 한다.

---

43 특허법 제126조 제1항.
44 특허법 제126조 제2항.

손해배상청구 소송

특허법 제128조에서는 특허권 침해로 인한 손해액의 추정에 관해 규정하고 있는데, 특허권자는 고의 또는 과실로 인하여 자기의 특허권을 침해한 자에 대하여 손해배상을 청구할 수 있도록 하고 있다. 특허권 침해로 인한 손해배상청구는 민법 제750조에 규정된 불법행위로 인한 손해배상청구의 하나로 볼 수 있다.

Chapter 02

지식재산 속에
숨어있는 이야기

재미있는 지식재산 탄생 이야기

지식재산, 발명은 우리들의 일상속에서 많이 찾아 볼 수 있는데 그 중에서 대표적인 몇 가지를 소개해본다.

■ 때밀이 수건

때(각질) 벗기기 문화를 지식재산 창출로 승화 시킨 발명가 이야기가 전해 오고 있다. 반세기 동안 우리 국민의 사랑 을 받아온 "이탈리아 타 올"에 얽힌 이야기다.

논란이 있으나 언론에 소개된 바로는 2001년 작고한 김필곤 씨가 그 발명자다. 1960년대 부산의 한일직물이 새로운 타월 개발을 위해 이태리에서 비스코스 레이온(viscose rayon) 원단을 수입했으나, 원단 질감이 너무 까칠해서 타월을 만들기 힘들었다. 그런데 그 까칠함이 뜻밖에도 목욕탕에서 진가를 드러냈다. 레이온 원단 표면의 요철이 십 년 묵은 때라도 시원하게 벗겨내는 이태리타올의 위력이었다.

요즘 eBay에서 3장에 14달러 정도에 판매되고 있는 "Korean Bath Massage Italy Towel"이 바로 그 제품이다. 우리나라에서 널리 알려진 상품명은 물론 "이태리타올"이다. 국어사전에는 "이태리타월"로 나온다. 현재까지도 김필곤 씨가 다른 3인과 공동으로 등록한 4개의 "이태리타올" 상표가 유지되고 있다. 원단을 수출한 까닭에 이태리는 부지불식 중에 유명해졌지만, 발명은 순전히 대한민국에서 된 것이다. 2000년대 애플 iPod의 성공요인에 대해 많은 경영학자들이 기술과 문화의 결합을 들었지만, 몇 그램 되지 않는 촌스런 천 조각을 문화와 융합한 발명품 사례가 1960년대 우리나라에 있었던 것이다.

"순수한" 이태리타올 자체는 특허 또는 실용신안으로 등록된 적이 없는 것 같다. 특허청의 KIPRIS 검색 결과로는 1966년 이후 1969년까지 김필곤 씨가 실용신안 출원등록한 목욕용품이 총 9종이다. 물론 현재는 모두 권리가 소멸된 상태이다. 이들 실용신안권 중에서 "목욕용접찰장갑(1968.10.31등록)", "다중접찰포(1968.09.28등록)", "목욕장갑(1968.10.16 등록. 스폰지 내장)" 등이 통상 알려진 이태리타올 제품과 가장 가까운 것들이다. 다만 장갑 형태로 만들거나 때 미는 강도가 다른 섬유를 안팎으로 붙이는 식으로 조금 더 진보한 고안들이다. 세간에 알려진 것과는 달리 "순수한" 사각형 비스코스 레이온 두 조각을 붙여 만든 이태리타월 제품은 위 실용신안권들로는 보호할 수 없었던 것 같다.

특허나 실용신안 등록이 마케팅에 큰 도움이 되는 것은 일반적인 현상이다. 심지어 음식점에 붙어 있는 "원조 XXX 특허출원 제XXX호" 같은 문구를 접하는 것도 어렵지 않다. 어떤 경우는 등록거절이 된 음식 레시피인데 여전히 "특허출원" 광고로 매출을 톡톡히 올리는 업체들도 있는 것 같다. 여기서의 "특허"가 사실은 "실용신안"인 경우들도 있다. 장롱에 간직하고 있는 운전면허증처럼 사업화되지 못한 채 시간만 보내는 지식재산권이 부지기수인 걸 감안하면 그 사장님들의 장사 수완은 칭찬받을 만하다. 출원과 등록을 구별하지 못하는 많은 고객들의 기여 또한 크다. 아무튼 몸에 좋고 맛 좋은 음식이라면 굳이 따질 필요는 없을 것이다. 이태리타월도 어느 수완 좋은 사업가가 해외 온라인 쇼핑몰에서 고가품으로 브랜딩하여 국내보다 수십 배 가격에 팔았다는 말도 있다. 때밀이 수건이라 좀 멋쩍기는 하지만 한국을 대표하는 문화상품으로 외국인들이 자주 찾는다고 한다. 이태리 타올 발명가인 김필곤 씨는 이 사업의 큰 성공으로 부산의 한 호텔도 인수하였다는 이야기가 있다.

지금은 중국 업체들도 좀 더 싼 값에 이태리타월을 팔고 있다. Alibaba 같은 사이트에 보니 "Korea Italy Towel massage Gloves"라는 제품이 10장에 4달러, 대량으로는 1000장에 0.25−0.33 달러에 팔리고 있다. 이름에는 "이태리"를 붙이고, 물량의 상당 부분은 중국에서 만들지만, 이 위대한 때밀이 수건을 발명한 나라가 대한민국인 것을 지구 반대편까지 알려지길 함께 기대해 본다.

② 삼각팬티

많은 사람들이 속옷으로 삼각팬티를 입고 있다. 세계인들이 즐겨 입는 '삼각팬티'는 지금으로부터 50여 년 전, 한 일본 할머니의 지극한 손자 사랑으로 탄생한 것이다.

서양 문물이 들어오면서 일본에도 서양 속옷인 반바지 모양의 팬티가 소개되었다. 옷 가게를 하던 사쿠라이 여사는 손자에게 팬티를 만들어 주었다. 전통 속옷인 '훈도시'는 아이들이 입고 벗기에 번거로웠기 때문이다. 이를 본 사람들이 하나둘씩 헌옷을 가져와 팬티 제작을 부탁해서, 사쿠라이 여사는 부업으로 팬티를 만들기 시작하였다. 더운 어느 여름날, 사쿠라이 여사는 손자의 팬티가 땀에 젖은 것을 보았다. 습기가 많은 일본에서 사각팬티는 너무 덥고 거추장스러웠던 것이다. 게다가 일본은 2차 세계대전에 져서 경제도 어려운 때였다. 사쿠라이 여사는 주저 없이 팬티의 다리 부분을 잘라냈다. 시원하고 옷감도 절약되는 '삼각팬티'가 탄생한 것이다. 사쿠라이 여사의 삼각팬티는 입에서 입으로 소문이 퍼져 최고의 내의가 됐고, 실용성과 합리성을 추구하는 서구 사람들에게도 환영을 받게 되었다. 그녀는 삼각팬티의 발명에 만족하지 않고 '타이즈 팬티', 기저귀를 겸한 '아톰 팬티' 등의 히트 작품들을 계속 만들어냈다. 이 기발한 아이디어는 손자를 너무나 사랑했던 할

머니를 억만장자로 만들어주었고, 오늘날 많은 사람들은 삼각팬티를 즐겨 입게 되었다.

오줌 구멍이 있는 팬티의 발명자도 역시 일본의 한 여성이다. 남자들이 화장실에서 소변을 볼 때 바지 내리고 속옷 벗어야하는 번거러움을 개선한 것이 이 발명품이다. 신랑의 불편함을 덜어 주기 위해 아내가 고안한 이 팬티는 특허를 통해 큰 부를 불러왔다. 생활 속에 있는 간단한 불편함이, 손주를 사랑하는 할머니의 사랑이, 남편을 사랑하는 아내의 사랑이 바로 이런 무에서 유를 창조하는 발명으로 이어진 것이다.

사연이 없는 발명은 없으며 그 스토리의 감동이 진하면 진할수록 널리 알려지고 회자되어 그 발명의 가치가 더욱 높아지는 것이다. '원단을 절감하여 원가를 줄이기 위해 그냥 긴 바지를 잘라 삼각형의 팬티가 생산되었다'라는 것보다 무더운 여름날 할머니가 손주를 돌보면서 손주의 긴 바지가 가랑이 사이에 땀이 많이 나서 더울 것이란 스토리가 더 관심을 끈다. 손주를 위하는 마음으로 긴바지를 자르고 자르다 보니까 정말 필요한 부분만 남아 삼각팬티를 만들었다. 사쿠라이 여사의 삼각팬티는 할머니의 정성스런 스토리가 담긴 팬티가 된 것이었다. 이 삼각팬티는 땀띠가 나지 않도록 발명되어, 그 할머니의 손주 사랑 스토리까지 판매가격에 포함되었다 해도 무방할 것이다.

이야기를 품은 삼각팬티라는 특허발명을 대중들에게 알리거나 소비자에게 홍보했을 때, 전달되는 과정에서 감동이나 영향력이 훨씬 더 강해진다고 할 수 있다. 그러므로 삼각팬티 제품에 대한 재질이나 제조회사에 대한 이야기를 들었을 때와 달리, 손주를 사랑하는 할머니의 아름다운 이야기를 곁들여서 나온 삼각팬티는 매력적인 제품으로 새로운 에너지를 주게 된다.

3 클립

세상에 가장 위대한 발명 중 하나를 꼽으라 하면 클립을 빼놓지 않는다. 어떤 사무실 직원이 책상 위에 있는 서류 뭉치를 떨어뜨려 그만 온갖 서류가 다 순서 없이 섞여버리게 되었다. 그래서 서류들을 모두 주워서 각각의 분류에 맞게 맞추려 하다 보니 너무 힘들어 고민하던 중에 이를 서류별로 묶어놓았더라면 뭉치 채 떨어뜨리더라도 그대로 올리면 되었을 걸 하는 생각에 이르렀다. 이런 생각 끝에 옆에 있는 철사를 잘라 휘어서 서류별로 묶고 끼웠더니 서류들이 섞이지 않는 편리함을 느끼게 되었다. 이렇게 클립이 탄생이 되었고 이 서류를 분류할 때 끼우는 철사를 특허로 낸 것이다. 이 아이디어는 철사를 휘어놓은 단순한 기술밖에 없다. 철사의 금속재질을 변경했다든지 열처리를 하는 등의 기술은 없었다. 오로지 일반 철사를 두 바퀴 정도 휘게 한 것이 전부였다. 그런데 이것의 효용성은 모든 서류를 깨끗하게 분류하고 결집하는 데 아주 유용했다. 아무런 기술이 들어가지 않은, 순수한 아이디어로 생활의 획기적인 편리성을 가져다준 결과였다.

분명 이 클립을 발명한 직원은 특허를 냈을 것이다. 그것은 우리 생활을 바꾼 위대한 발명과 관련된 단어들을 중심으로 검색해보면 쉽게 알 수 있을 것이다. 만약 이런 특허가 없다면 이런 스토리가 없을 것이다. 그렇기에 이 클립 발명이 회사를 설립하고 사업화로 이어질 수 있었을 것이다. 그러니까 모든 발명은 회자되어야 한다. 회자되려면 그 안에 스토리가 담겨있어야 한다. 한마디로 IP에 스토리텔링이 결합된 것과 기술만 있는 것은 새로운 가치창출에 있어 큰 차이를 가진다.

④ 십자드라이버

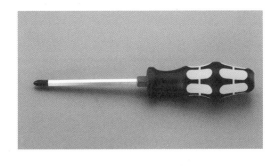

유명한 글로벌 기업을 예로 들어보면 십자드라이버를 빼놓을 수 없다. 독일의 한 젊은 수리공이 나사를 풀려고 하는데 나사가 너무 오래 된 것이라 아예 망가져 버렸다. 당시엔 요즘처럼 십자드라이버가 없고, 일자로 된 드라이버만 있던 때였다. 풀 수 있는 방법을 고민하던 청년은 나사에 십자 형태가 되도록 못으로 홈을 파기 시작했다. 힘들게 홈을 판 뒤 수리를 마친 청년은 갑자기 이런 생각을 하였다. '왜 나사의 머리 부분에 홈이 한쪽으로만 파놓았을까? 십자로 해놓으면 한쪽이 망가지더라도 다른 쪽을 사용할 수 있을 것이란 발상으로 십자나사가 개발되었다. 한편 생각해보니 나사를 푸는 드라이버도 십자로 만들면 힘을 적게 들이고도 나사를 풀 수 있겠다는 생각이 들었

던 것이다. 이걸 만들어 특허를 낸 것이 십자나사와 십자드라이버의
발명인 것이다.

당시 모든 나사, 드라이버가 일자형이었기 때문에 십자형 나사, 십
자형 드라이버를 특허 내니 폭발적인 인기와 함께 전 산업체를 독식
하게 되었다. 이 십자나사와 십자드라이버 특허기술은 독일을 넘어
세계적인 기업으로 성장하게 된 것이다. 바로 독일 '필립스'다. 이십
대 젊은 청년이 특별한 과학 지식을 가진 것도 아니고, 그냥 전기 수
리공으로서 간단한 아이디어를 착안한 특허로 세계적인 기업을 만든
스토리이다. 이런 것은 십자드라이버를 볼 때마다 같이 따라다니는
너무나 유명한 스토리로 대중에게 각인시키는 효과를 가져왔다.

5 한경희 스팀청소기

불편함이 발명을 만든다. 바로 한경희
스팀청소기다. 한경희라는 한 평범한
주부는 침대를 진공청소기로 청소할 때
마다 세균과 곰팡이가 말끔하게 제거되
지 않아 늘 찝찝하였다. "TV를 보면 침
대시트에 세균이 많이 산다는데, 침대
를 매번 빨 수도 없고, 이걸 청소기로
살균할 수는 없을까"라고 착안한 것이
한경희 스팀청소기다. 그녀는 일상 생
활에서의 간단한 아이디어를 특허로 승
화시키기 위해서 전문가의 조언을 구했

다. 좋은 평가에 힘입어 특허를 내고 한경희 스팀청소기라는 회사를 만들었다. 한경희라는 평범한 주부와 진공청소기 만드는 기술과는 전혀 관계가 없었다. 스팀 만드는 기술은 이미 다 나와 있었고, 청소기도 이미 나와 있었다. 그녀가 한 일은 뜨거운 스팀이 나오는 기술과 진공청소기를 합치는 아이디어만 낸 것이다. 아이디어를 내고 특허를 등록하니, 아이디어를 제품으로 만들어 주겠다는 사람들이 많이 나타나 스팀청소기가 출시되었던 것이다. 당시 진공청소기는 많이 사용 중이었던 너무나 평범한 기술이었고, 스팀도 이미 알려진 기술이었지만 이 두 개를 결합한 아이디어나 상품이 없었던 것이다. 즉 '융합'이 새로운 상품을 탄생시킨 것이다.

이처럼 융합을 해야 혁신이 나오고 이 혁신의 결과물은 지식재산의 가치를 가진다. 한경희의 스토리도 특허 기술의 새로운 가치창출에 기여하였다. 많은 사람들은 그녀의 아이디어에 얽힌 스토리를 알고 있고 회자되고 있다. 스팀 진공청소기라고만 했으면 이런 결과가 있었을까? 과학적 지식을 지니지 못한 평범한 주부가 침대를 청소하다가 침대 속 버글버글 거리는 세균들을 제거할 방법을 고민하였고, 그 고민의 결과로 스팀청소기를 발명하였다는 스토리는 주부들의 뜨거운 반응을 가져왔던 것이다. 아울러 스팀청소기의 새로운 가치 창출을 지속 가능하게 만드는 것은 바로 지적재산권이다.

제품의 형태만 바꿔도 훌륭한 발명품이 된다. 산업재산권은 특허권, 실용신안권, 의장권, 상표권으로 구분되는데, 이 중에서 형태를 독창적으로 만드는 모양은 디자인권에 해당된다. 따라서 차별화된 형태도 발명에 포함되며, 강력한 산업재산권의 위력을 가진다.

백화점의 전화기 코너에 가보면, 다채로운 디자인에 놀라게 된다.

피아노 형태로 고안된 전화, 오리 형상과 자동차 형태, 속이 들여다 보이는 것 등 여러 가지의 형태로 디자인된 전화기를 볼 수 있다. 이렇게 제품으로 출시된 전화기들은 디자인등록을 마친 것들이다. 차별화된 디자인도 특허청에 산업재산권으로 등록을 마치면, 독점적 권리를 가지게 되는 것이다.

6 워터맨과 파커

때로는 사소한 실수 때문에 뛰어난 성과를 얻기도 한다. 불행 중에 큰 행운이 생기기도 한다. 채플린의 말처럼 비극적인 사건이 오히려 행운이 되기도 한다.

1883년 워터맨(Lewis Edson Waterman)은 필기구의 역사를 바꾸어 놓았다. 당시 보험회사원 워터맨은 잉크가 떨어지는 바람에 매우 중요한 계약 한 건을 놓치고 말았다. 다시는 그런 일 때문에 계약을 놓치지 않기 위해서, 펜의 모체가 되는 만년필을 고안하게 된 것이다. 공기가 들어가고 잉크가 흘러내려 오게 하는 가느다란 관이 들어있는 간편한 펜이었다. 글씨가 잘 써지고 잉크도 잘 떨어지지 않아, 이 만년필은 신뢰와 안전성을 보장받게 되어 날개 돋친 듯 팔려 나갔다. 당시 대통령의 이름을 모르는 사람은 있어도 워터맨을 모르는 사람이 없을 정도로 유명해졌다.

당시 이 발명이야기는 1883년으로 거슬러 올라간다. 미국 뉴욕의 어느 보험회사의 말단 영업사원으로 근무하던 워터맨은 보험실적이 부진하여 좀처럼 가난에서 벗어날 수 없었다. 한 달에 한 두 건의 계약이 고작이었기 때문이었다. 그러던 어느 날 몇 명의 경쟁자를 물리치고 중요한 계약을 따냈다. 워터맨은 고객에게 훌륭한 깃털 펜과 잉크병을 내주고 계약서에 서명하도록 했다. 그런데 서명하려는 순간 잉크 한 방울이 펜에서 떨어져 계약서류를 망치고 말았다. 워터맨은 고객에게 죄송하다며 다른 종이를 가져오려고 급히 자리를 떴다. 그러나 고객은 불길한 징조라면서 계약을 취소하고 다른 경쟁 보험회사와 계약을 맺고 말았다. 워터맨은 화가 머리끝까지 났지만 소용이 없었다. 그는 이 사건을 계기로 잉크가 떨어지지 않는 펜을 만들어야겠다고 결심했다.

워터맨은 '어떡하면 잉크가 떨어지지 않는 펜을 만들 수 있을까'를 늘 생각하였다. 그러던 어느 날 워터맨은 사무실에 있는 꽃을 보고 뇌리를 스치는 아이디어를 떠올렸다. 식물들이 뿌리로부터 물을 빨아들여 높은 곳까지 물을 실어 나르는 통로가 모세관이라는 것을 알았다. 그는 이 착상을 잉크가 떨어지지 않는 펜에 적용할 수 있을 것이라 생각했다. 잉크 저장실과 펜촉을 연결하는 딱딱한 고무조각에다 머리카락같이 가는 통로를 내고 펜촉 중간에 작은 구멍을 뚫었다. 이 통로로 소량의 공기가 잉크저장실로 들어가서 내부기압의 균형을 유지시킴으로써 펜촉의 압력이 가해질 때에만 잉크가 새어 나오게 한 것이다. 흐르는 잉크를 가는 구멍을 뚫어 막았던 것이다. 워터맨이 처음 만든 모델은 안약을 넣는 고무관에 잉크를 채워 넣은 것으로 잉크가 계속 적당히 흘러내리게 하는 장치가 되어 있었다. 이후 말랑말

랑한 고무주머니가 개발되어 고무를 늘려 공기를 뽑아낸 다음에 잉크를 빨아들일 수 있게 되었다. 이 새로운 펜촉을 단 펜은 생각했던 것보다 글씨가 잘 써지고 잉크도 떨어지지 않았다. 즉시 그는 특허 신청을 하였고, 불행한 계약 사건을 자신만의 아이디어로 승화시켜 부를 축적하게 되었다.

대개 훌륭한 발명은 양과 질에서 상승작용을 일으킨다. 불편함을 없애기 위한 한 사람의 단순한 아이디어나 간단한 기지가 많은 이들에게 그 혜택을 주기 때문이다.

오늘날 '만년필의 제왕'으로 불리는 파커의 이야기는 많이 알려진 스토리다. 만년필 가게 수리공이었던 그는 각진 만년필대를 유선형으로 바꾼 디자인 하나로 회사의 반석을 다졌다. 파커가 만년필 가게에 취업한 것은 14세 때. 초등학교를 졸업하고 채 철이 들기도 전에 생활 전선에 뛰어든 그는 열심히 일했다. 4년 뒤에는 경쟁자가 없을 정도로 이 방면에서 돋보이는 숙련 기술자로 발돋움했다. 당연히 월급도 많이 받게 되었고, 자신의 직업에 대한 긍지도 대단했다. 그러던 어느 날 여자 친구의 말 한마디가 도화선이 되어 파커는 깊은 회의에 빠진다.

"네가 아무리 만년필 수리를 잘해도 높은 사람이나 부자가 될 수는 없을 거야."

파커는 이날부터 출근조차 하지 않고 방황하기 시작한다. 파커의 결근으로 가장 큰 손해를 본 사람은 만년필 가게주인. 몸이 바싹 달아오른 주인은 파커를 찾아가 워터맨의 펜촉 발명이야기를 들려주었다. 그동안 절망에 찼던 파커의 얼굴에 순간 활기가 넘쳤다. 다시 출근한 그의 하루하루는 즐거움으로 가득 찼다. 파커의 머릿속에는 이미 '유선형 만년필대'라는 아이디어가 자리 잡고 있었던 것이다. 그 무렵은 자동차나 비행기도 모두 유선형이었고, 각종 생활용품도 유선형으로 바뀌는 '유선형의 전성시대'였다.

'만년필대도 유선형으로 만들면 틀림없이 성공할 수 있을 거야'

서둘러 디자인출원을 마친 그는 밤마다 날렵한 유선형 만년필대를 만들었다. 첫 판매처는 자신이 일하는 만년필 가게였다. 밤새워 만든 유선형 만년필대는 아침에 가게에 내놓으면 한 시간도 못돼 동이 났다. 파커는 이내 만년필가게를 그만두고 자신의 회사를 차렸다. 오로지 유선형이라는 한 가지 특징밖에 없었으나, 대기업의 제품들을 체치고 그해 시장점유율 1위에 당당히 올라섰던 것이다. 돌풍 같이 파커만년필이 등장한 것이다. 당황한 대기업들은 이를 모방해 만들려 해도 의장권, 즉 디자인 특허에 꽁꽁 묶여 전혀 손을 쓸 수가 없었다. 파커만년필의 인기는 하늘 높을 줄 몰랐고, 매상고는 매년 두 배 이상 쑥쑥 늘어났으며, 세계 각국으로 수출하게 된 것이다.

7 안나/산드로 와인 병따개

'와인 병따개'의 가격이 아주 비쌌음에도 불구하고, 1분에 한 개씩 팔렸다는 아이디어 제품이 있다. 바로 안나와 산드로 와인 병따개다. 알레산드로 멘디니(Alessandro Mendini)가 디자인한 제품이다. 발레리나였던 자신의 아내(제품명 : Anna G)와 그녀를 사랑한 자신(제품명 : Alessandro M)을 모티브로 제작하였다. 발레리나였던 자신의 애인을 표현했던 Anna G 제품이 세계적으로 알려지고 그 후 짓궂은 그의 친구(건축가, 디자이너)들이 발레리나 안나의 병따개가 홀로 있어 외로워 보인다고 안나의 남자친구를 만들어 줄 수 없느냐는 요구했다. 결국 알렉산드로는 자신의 모습을 거울로 들여다보고 수많은 스케치를 통해 디자인을 진행하였던 것이다.

그래서 Alessandro M은 1994년 기자들을 위해 홍보용으로 만들었는데, 구입할 수 없냐는 주문이 쇄도하자 제품화 단계까지 이르렀다.

[그림5] 안나(좌)와 산드로(우) 와인 병따개[45]

이 제품은 디자이너였던 알레산드로 멘디니(Alessandro Mendini)는 자신과 자신의 아내라는 실존 인물을 소재로 만들었다. 발레리나였던 아내의 모습과, 짧은 스포츠머리와 작은 키를 가진 자신의 모습을 모티브로 하여 외형 디자인이 진행되었다. 그리고 남자와 여자라는 성별적인 특성을 감안하여 병따개의 사용 방법을 달리하여 기능의 차별화를 주었다. 이것 역시 시장의 반응은 뜨거웠다. 또한 자신과 아내를 모티

---

45 안나와 산드로 와인 병따개는 다양한 색상으로 출시되어 사랑을 받았다.
   http://pds.joinsmsn.com/news/component/htmlphoto_mmdata/201109/19/
   htm_20110919153152I000I800-002.JPG 2014.5.10. 방문

브로 개발했다는 제품 개발 스토리를 마케팅으로 활용하였다. 먼저 출시됐던 '안나'를 외롭지 않게 하기 위해 '산드로'를 만들었다는 사랑의 의미를 제품에 부여함으로서 마케팅에 성공했다. 이러한 스토리텔링 기법을 통해 알레산드로 멘디니(Alessandro Mendini)의 와인 병따개는 전 세계에서 1분에 하나씩 판매된다고 할 정도로 베스트 상품이 되었던 것이다.

8 나이키

나이키의 핵심 스토리는 스포츠 정신이다. 나이키의 공동창업자인 육상 코치 바워만은 아침식사로 먹으려던 와플의 무늬를 보고, 선수들의 농구화 바닥무늬를 떠올렸다. 자신의 선수들에게 좀 더 좋은 기록이 이루어지기를 간절히 바라는 마음이 들었다. 이러한 바워만의 마음이 곧 나이키의 기업 신념이 된 것이다. 즉 '전 세계 운동선수들의 의욕을 높이고 더 없이 뛰어난 제품을 제공하는 것', '육체가 있는 사람이면 누구나 운동선수다.'라는 나이키 창업 스토리에 근간이 되었다. 이것이 나이키의 핵심 스토리가 되었고, 이후 여러 제품에 그 스토리를 입힌 제품들을 출시하게 되었다.

'에어(Air)시리즈' 농구화는 나이키(Nike)의 대표 상품이다.

나이키의 '도전적'이고 '승리를 향해 노력한다'는 브랜드 스토리에 맞춰, 농구선수 마이클 조단을 통해 제품 기획을 진행하여 에어조단 (Air Jordan) 농구화를 개발하였다. 조단은 본인이 원하는 기능과 형태를 나이키에 요구하였으며, 나이키는 그의 요구사항을 제품에 담아 만들었다. 조단을 통한 제품 개발과 마케팅을 진행한 나이키는, 조단과는 다른 여러 가지 형태의 농구 스타일이 있음을 파악하여, 농구 경기의 포지션별 특징과 기능에 맞춰, 2가지 종류의 에어시리즈 제품을 개발하였다.

조단이라는 농구 선수의 이미지를 제품 기획에 적용함으로써, 그 선수가 갖는 농구 스타일과 성향 등의 이야기를 제품 개발의 컨셉으로 반영한 것이다. 이 같은 컨셉을 디자인 개발에 적용하여, 농구라는 스포츠와 운동성향이라는 요소를 형태와 기능, 칼라 등의 디자인으로 활용하여 차별화된 제품을 개발하였다. 다시 말해서, 제품 기획에서 제품 개발 전 과정에 특정 인물의 이미지와 성향, 특징 등을 부가함으로써 독보적인 제품 개발에 성공한 것이다.

[그림6] 나이키의 '에어조단' 농구화[46]

나이키 제품 중 '에어조단' 농구화는 마이클 조단의 특성이 제일 잘 나타나있다. 농구화의 제품 기획에 적용한 컨셉을 디자인과 마케팅 개발에 활용하여 성공한 것이라 할 수 있다.

당시 MBA 경기는 운동선수의 신발이 검정색과 흰색으로 통일해야 했다. 하지만 나이키는 그 규칙을 위반하고 조던이 속했던 시카고 블스의 상징이었던 검정색과 빨간색이 조합된 농구화를 착용하고 경기장에 내보냈다. 당연히 조던의 농구화는 사람들의 주목을 받았고 그

46 http://infodot.tistory.com/103 2014.5.10 방문

결과는 엄청난 반응과 광고효과로 이어져, 농구화하면 나이키의 에어조던을 떠올리게 되었다. 하지만 조던은 MBA로부터 매 경기 때마다 500만원씩 벌금을 물게 되었다. 그렇지만 마이클 조단이 지닌 놀라운 점프력이 컨셉이 되어 '공기로 쿠션을 준 농구화'라는 제품 개발로 이어졌다. '에어조단' 제품은 조단의 중력을 거부하는 듯한 점프력을 제공했다. 공기로 쿠션을 준, 일명 에어(Air) 기술과 연결하여 디자인을 만들어냈다. 운동화의 블랙(Black)과 레드(Red) 색상 역시 마이클 조단 팀이었던 시카고불스의 색상에 맞췄다. 마케팅 역시 에어조단을 신은 조단의 덩크슛 장면을 느린 흑백화면과 장엄한 음악으로 연출해 조단의 특성을 광고에 적극 활용하였다.

그리고 조던은 좋은 기록을 위해 끊임없는 노력을 하는 선수였다.

"나는 슛을 9,000번 넘게 실패했고, 게임에서는 300번 가량 졌다. 나의 삶은 실패의 연속이었다. 그것이 바로 내가 성공한 이유였다."

마이클 조던

지식재산에 얽힌 소송이야기[47]

지식재산 소송이야기는 어려운 법률적 용어와 난해한 해석 등으로 과학기술 분야에서도 이해하는 것이 쉽지 않기에 문화예술 분야에서는 더 어려울 것이다. 본 서에 지식재산에 얽힌 소송이야기를 몇 개 소개한다.

1 디즈니 이야기

저작권이 만료되면 "공공영역(public domain)"에 들어간다. 즉 누구나 마음껏 쓸 수 있는 인류의 공유재산이 되는 것이다. 예술가에게 창작의 대가로 일정 기간 독점권을 주

---

47 김철호 외 2인, 「지식재산전략」, 발명진흥회, 2011
    여기 소개되는 지식재산 소송이야기는 「지식재산전략」에 소개된 사례를 재해석 한 것이다.

는 저작권 제도는 사회 전체에 기여한다.

　에릭 엘드레드(Eric Eldred)는 1995년 엘드리치 출판사(Eldritch Press)를 설립하여 나다니엘 호오돈(Nathaniel Hawthorne)이나 헨리 제임스(Henry James) 등 저작권이 만료된 작품을 온라인에 공개하는 사업을 해 왔다. 저자 사후 50년까지인 미국의 저작권 보호기간이 만료된 작품들이 이곳을 통해 계속 공급되었다. 그 중에 1966년 타개한 월트 디즈니(Walt Disney)의 작품들도 있었다. 2016년이면 이들의 보호기간은 만료된다. 하지만 1998년 10월 미국 연방의회가 "미키마우스법"이라고 알려진 "Copyright Term Extension Act(CTEA)"를 통과시키자 엘드레드를 비롯한 공공영역 사업자들은 분노를 표출했다. 이 법이 저작권 보호기간을 기존보다 20년 더 연장했기 때문이다. 엘드레드는 이 법이 결국 저작권자의 상속인들과 출판업자들에게 좋을 뿐 공익을 해치는 것이라고 비판했다.

　CTEA를 발의했던 하원의원 Sonny Bono는 유명한 가수이자 프로듀서 출신이다. 배경 자체가 "친 저작권" 진영에 속한 사람이었다. 그래서 CTEA를 일명 Sonny Bono Act라고도 부른다. 실제로 그는 이 법이 통과되는 것을 못 보고 세상을 떠났다. 그의 네 번째 아내인 Mary Bono가 Sonny Bono의 빈자리를 채우는 하원의원이 되었고, 그 후 일곱 차례나 하원의원에 당선되었다. CTEA는 Sonny Bono의 아내를 비롯한 다른 의원들의 입법노력으로 그가 세상을 떠난 해 가을에 통과되었다. 저작권 보호기간에 기업의 수익성이 직결되어 있는 거대 기업들이 의회에 영향력을 행사했음은 주지의 사실이다. 마이클 아이즈너(Michael Eisner)가 이끌던 디즈니가 대표적인 기업이다. 오죽했으면 CTEA가 "미키마우스법"으로 통용되었겠는가?

이에 대해 반저작권 진영은 헌법소송으로 맞섰다. 엘드레드를 중심으로 뭉친 개인과 단체, 학자들은 저작권 보호기간이 곧 만료되어 공공영역에 들어갈 저작물 보호기간을 연장하는 것은 위헌적인 소급입법이며, 연방헌법 수정 제1조의 표현의 자유를 부당하게 제한한다는 주장을 폈다. 한정된 기간만 저작권을 보호한다는 헌법 조항에도 위반된다고 하였다. 그러나 연방대법원의 판단은 엘드레드의 생각과 달랐다. 궁색하게 들리지만 평균수명이 늘어난 것이 가장 중요한 근거였다.

연방대법원의 논리를 이해하자면 저작권의 역사를 살펴보아야 한다. 전통적으로 저작권은 가난한 예술가의 권리로 이해됐다. 생전에는 그 작품의 진가를 인정받지 못한 위대한 예술가들이 많은데, 예술혼을 발휘하려면 아무래도 가족들을 돌볼 겨를도 없기 마련이다. 혼자만의 예술 세계에 몰두하여 작품활동을 하던 가장의 죽음 이후 미망인이나 자녀들의 생계는 대부분 막막해진다. 밀레의 유명 작품이 고물장수에게 헐값으로 팔렸다는 이야기가 거짓이 아니다. 작품에 대한 저작권은 사실상 유족이 의지할 수 있는 최후의 보루인 셈이다. 지식재산의 다른 영역에는 존재하지 않는 "저자 사후 XX년까지 보호"라는 개념이 저작권법에 들어간 이유이다. 저작권은 권리자 중에 경제적 약자가 많은 생계형 지식재산권이었던 것이다.

비단 예술가뿐 아니라 저작권 소송을 전문으로 하는 변호사나 로스쿨에서 저작권을 가르치는 교수들도 그리 잘 나가는 사람들이 아니다. 규모가 큰 소송도 별로 없고, 관심을 가지는 학생들도 별로 없다. 대학에서는 과목이 개설되지도 않는 곳이 부지기수이다. 그러나 과학기술의 발전, 그 중에서도 소위 디지털 혁명이 모든 상황을 바꾸어 놓았다. 음원과 영상, 소프트웨어 등이 대량으로 복제되어 유통되는 시대에 접어들면서 저작권 관련 산업이 부상하기 시작했다. 이에 따라 음반사, 영화사, 방송사, IT 업체들은 저작권을 통한 권리보호에 주목하게 된다. 저작권을 전문으로 다루는 법조인들이 등장하고, 로스쿨은 물론 다른 분야에서도 저작권 과목들이 개설되기 시작하였다.

미국의 제조업 기반이 약화되면서 헐리우드 영화산업은 세계 시장에서 변함없이 수익을 올리는 국가경제를 뒷받침하는 주축으로 재조명되었다. CTEA는 사실 이러한 시대적 변화를 배경으로 도입된 것이다. 연방대법원은 이뿐 아니라 헌법상 "한정된 기간 동안" 보호한다는 취지가 "저자 사후 70년까지"라 개정한다고 달라지는 것은 아니라고 판단했다. 물론 소급 입법도 아니라는 것이다. 엘드레드와 여러 반저작권 진영의 헌법소송은 이렇게 허무한 시도로 끝나게 된다. 사실 이것은 옳고 그름의 문제이기보다는 그야말로 정책의 영역이다.

자유경쟁을 해치는 것으로 보이는 독점을 인정하는 저작권법 제도는 왜 존재하는 것일까? 우선 CTEA를 통과시킨 미국 연방의회의 의중만 생각해보자. 캘리포니아 주 재정이 너무 어려워 "터미네이터" 출신의 아놀드 슈왈츠제네거 전 주지사가 우리나라를 방문하여 관광, 무역 증진을 위해 힘쓰자며 많은 사람들과 악수를 하고 돌아간 것이 2010년의 일이다. 현실에서 그는 재정위기를 "끝장내지" 못하고 다음 해인 2011년 주지사 직에서 물러났다. 캘리포니아의 여러 도시가 파산보호를 받는 상황이라 "캘리포니아를 파산시킨 주지사"라는 오명도 얻게 되었다.

캘리포니아는 원래 경제력이 웬만한 나라를 능가하는 주이다. 실리콘밸리와 헐리우드는 자동차로 5시간 거리에 불과하다. 지식재산으로 말하자면 세계 최대의 특허 및 저작권 공장을 이토록 근접한 거리에 두고 있는 막강한 지역이다. 2011년 기준으로 헐리우드가 미국 전체 경제의 3%-4%를 담당한다. 계산하면 $504 billion 수준이다. 우리나라 2012년 GDP가 IMF 기준으로 $1,163 billion이었는데, 이 영화마을이 두 개만 있으면 우리나라의 GDP 규모다.

더 놀랄만한 숫자 하나면 더 말하자면, 미키마우스 캐릭터 라이센싱 수입은 한 해에 $10 billion 규모이다. SEC 연차보고서를 보면 수익율은 대개 40% 내외이다. 미국 의회는 왜 CTEA를 통과시켰는가? 로비나 정경유착 같은 음모론에서 답을 찾을 수도 있겠지만, 지식재산은 글로벌 경제전쟁에서 미국이 사용하는 중요한 무기라는 관점이 핵심이다. 단순한 재래식 전술무기가 아니라, 경제 전반에 영향을 미치는 전략 핵무기가 지식재산이라 할 수 있다.

② WMS 게임 슬롯머신 이야기

슬롯머신이 처음 등장했을 때, 카지노의 슬롯머신에서 잭팟이 터질 비율을 통제해야 할 숨은 이유가 있었다. 카지노 업자들은 승률을 적절히 통제하는데 많은 시간과 노력을 쏟았다. 승률이 지나치게 낮은 경우, 고객들을 카지노로 끌어들일 유인이 적어질 뿐 아니라, 찾아온 고객들도 장시간 게임에 흥미를 못 느끼고 몰두하는 것도 어렵게 된다. 반면 지나치게 높은 승률은 비용대비 수익 측면에서 결코 바람직하지 못했다.

　초기의 기계식 슬롯머신의 승률을 어떻게 조절할 수 있었을까? 정답은 단순하다. 릴의 개수를 늘리거나, 각각의 릴에 있는 정지점(stop position)의 숫자를 늘리는 것이다. 슬롯머신의 각 릴에는 체리나 자두 같은 과일의 심벌과 숫자 '7', 그리고 'BAR'라는 단어(1줄부터 3줄까지 3종류) 등이 각 정지점에 적절히 배치되었다. 가령 3개의 릴을 가진 슬롯머신이 각 릴마다 10개의 정지점을 가지고 있으며, 그 10개 중 하나가 '7'이라고 한다면, 세 개의 릴에서 모두 '7'이 나올 확률은 1,000분의 1이 될 것이다. 여기서 각 릴의 정지점을 20개씩으로 늘린다면 어떻게 되겠는가? 승률이 8,000분의 1로 현저히 떨어지게 될 것이다. 하지만 물리적으로 릴의 개수나 각 릴의 정지점의 숫자를 늘리려면 슬롯머신의 크기가 커질 수밖에 없기 때문에, 카지노에 몇 번 출입해 본 사람들은 금세 큰 슬롯머신을 멀리하게 된다. 1984년 Inge S. Telnaes의 슬롯머신 특허기술이 등장하기 전까지 카지노 업자들의 승률조절에 대한 고민은 계속 되었다.

　1984년 Telnaes가 출원한 'Electronic Gaming Device Utilizing a Random Number Generator for Selecting the Reel stop Position'이라는 특허(US 4,448,419)는 외관상 기존의 슬롯머신과 다를 바가 없어 보였다. 하지만 크기를 바꾸지 않으면서도 승률을 조절할 수 있는 혁신적인 슬롯머신에 대한 것이었다. Telnaes의 발명은 가상 릴(Virtual Reel) 기술과 결부된 난수 생성기(Random Number Generator, "RNG")에 의해 가능해졌다. 경기자가 레버를 당기면 먼저 수학적으로 프로그래밍 된 공식에 따라 각 가상 릴에 임의의 숫자가 할당된다. 이 기계는 다음 단계로 각 가상 릴에 나온 기호를 경기자가 바라보고 있는 현실의 릴에 그대로 옮겨서 동일한 기호의 조합이 보이게 하는 것이다. 이 가상 릴 기술은 카지노 업체들의 고민을 속 시원하게 해결해 주었다. 카지노를 찾는 사람들은 이제 슬롯머신의 크기로 그날 자신의 운을 예측할 수 없게 된 것이다.

당시 슬롯머신 시장을 장악하고 있던 IGT(International Game Technology)는 1988년 Telnaes로부터 특허권을 양수한 후 그의 기술을 채용한 슬롯머신을 출시하여 시장을 장악했다. 많은 경쟁 회사들이 IGT와 라이센스 계약을 체결하고 상당한 로열티를 지불하기에 이르렀다.

WMS는 스탠포드 출신인 Harry Williams가 1943년 시카고에서 설립한 회사이다. Williams는 한때 핀볼기계에서 'tilt' 메커니즘을 개발하여 성공을 거둔 재기 넘치는 발명가였다. WMS는 1980년대 홈비디오 시장과 1990년대 카지노 스타일의 게임 시장에 진출함으로써 사업을 확대해 나갔으며, 1993년에는 모델-400 슬롯머신을 시장에 출시했다. WMS-400은 Durham의 특허인 'Method for Determining Payoffs in Reel-Type Slot Machines'(US Patent 5,456,465)를 구현한 슬롯머신으로 Talnaes의 특허와 약간 다른 방식으로 승률이 결정되었다. Talnaes의 특허에서는 릴의 정지점이 먼저 결정되고 이에 따라 정해진 공식에 의해 당첨금(payoff)이 계산되었다. 기계적인 릴의 회전 이전에 프로그래밍 된 가상 릴에 의한 기호 조합의 결정이 이루어진다는 점을 제외한다면, 전통적인 슬롯머신의 당첨금 계산 방식과 별반 차이가 없었다. 반면 Durham의 기술은 일단 수익이 먼저 계산되고 선택된 수익에 맞는 정지점이 할당되는 방식을 채택하였다. 이 경우 가령 수익이 100이라 가정하면, 이 수익을 낼 수 있는 각 릴의 정지점

조합은 하나가 아니라 여러 개 존재하게 되며, 슬롯머신은 사전에 입력된 프로그램에 따라 그 수익을 낼 수 있는 기호들의 여러 조합 중에서 하나를 선택하여 보여주는 것이다. 이러한 WMS의 혁신적 기술 개발은 IGT가 시장에서 구축해 온 기반을 흔들어 놓을 수 있는 위협적인 요소였다. 이에 대해 IGT는 WMS 400 슬롯머신이 Telnaes의 특허를 침해했다고 주장하며 소송을 제기했다.

③ 아마존닷컴의 One – click 특허 이야기

　　직접 서점을 가지 않고 클릭 한 번으로 책이 집으로 배달되어 온다는 사실에 사람들은 감탄했다. "세상에, 그때가 벌써 몇 년 전이지?" 인터넷 서적 쇼핑몰인 아마존(Amazon.com)에서 정말 어쩌다가 한 번씩 책을 구입한 경험이 있는 사람이라면 이런 감탄사를 쏟아냈다. 더군다나 자신이 구매했던 책의 제목과 가격, 날짜와 시간, 신용카드 번호 등이 모두 나타나 신기하기만 했다. 이것은 고객과의 제한 없는 커뮤니케이션을 갈망하는 아마존의 철학 때문이기도 하지만, 기술적으로는 이른바 원 클릭 특허(one–click patent)라는 특별한 특허 기술 덕분에 가능했다.

　　그러나 이 방식은 처음부터 특허로 인정받았던 건 아니다. 미국 특허법은 전통적으로 영업방법은 특정한 기계나 도구와 결합한 것이라

기보다 단순한 개념이나 아이디어로 보았기에 특허의 대상으로 보지 않았던 것이다. 일반적으로 아이디어에는 특허를 부여하지 않는다는 원칙에 따른 것이다. 하지만 1998년 연방 항소심은 State Street Bank & Trust Co. v. Signature Financ al Group Inc. 사건에서 영업방법에 대한 특허인정의 단초를 제공하였다. Signature사는 뮤추얼펀드에 관하여 담당 직원이 사용하는 Data Processing System으로 특허를 받았다. 이 Data Processing System은 Partnership으로 설립된 포트폴리오의 재정적인 서비스를 구성하고 운영하기 위한 것이었다. 이 판결이 사실상 BM 특허의 선구자 역할을 하였다.

이 판결 이후에 아마존의 통신네트워크에 의해 구입 주문을 하는 방법 및 시스템 특허로서 "원 클릭 서비스(One Click Service)"라는 영업방법에 대한 특허가 허용되었다. 아마존은 온라인과 오프라인을 어디에서나 고객에 대한 서비스 강화에 초점을 맞춘 회사가 되기 위해 애쓰고 있는데, 전 세계 어디든지 신속한 배달을 위한 물류센터를 곳곳에 구축하고, 온라인으로 물품을 구매하는데 일어날 수 있는 모든 불편과 중복의 가능성을 제거한 웹페이지 개발에 많은 투자를 한 결과 one-Click 방식(미국 특허 제5,960,411호)을 개발하였던 것이다. 이는 첫 구매 시 구매자의 신용카드와 주소 등 고객의 정보를 모두 기억하고 있다가 그 고객이 아마존을 다시 찾으면 고객 이름과 과거에 샀던 물품, 이와 관련된 다른 상품의 정보를 화면에 띄워 주는 것이다. 아마존은 이 특허를 인정받은 이후 곧바로 미국 최대의 서점업체인 반스앤노블(Barnesandnoble.com)이 one Click 방식으로 인터넷 쇼핑 서비스를 제공하는 것은 자신의 특허권 침해라며 제소했다. 반스앤노블은 one-Click 특허 자체가 무효라는 입장에서 응소하였지만, 결과는 아마존의 승리였다. 불과 40일 만에 반스앤노블은 아마존이 보유한 특허와 관련된 판매방법을 사용하지 못하게 된 것이다.

한 기업의 명운이 걸린 일들이 BM 특허의 등장에 따라 얼마든지 발생할 수 있게 되었다. 특히 영업모델(BM Business Model) 특허는 과거에 특허기술이 집중되었던 IT, BT 등 일부 산업을 초월하여 모든 산업에 적용될 수 있다는 놀라운 확장성과 적응성을 가지게 되었다. 기존에 관행적으로 이루어지던 사업방식에 대해서도 특허침해 제소의 가능성이 존재한다는 사실은 경영자들에게 큰 교훈을 주었다.

４ 청색 발광 LED 특허 이야기

"전자공학이 전공인 나로서는 그 공장 냄새와 송림 안의 가건물 오두막이 직장이 된다는 사실에 망설였습니다만, 어쨌든 일을 할 수 있으면 좋다는 생각에 취직했습니다."

청색 '발광 다이오드'(LED Light-emitting diode)를 개발하여 해당 분야 기술의 획기적인 진보를 이룬 장본인 나카무라 슈지가 처음 니치아화학에 입사하던 당시를 회고하며 한 말이다. 그는 학생 때 결혼하여 가정을 꾸려야 했기 때문에 대학에서 연구하려던 꿈을 포기하고 직장인

으로서의 길을 걸었다. 첫 직장인 니치아화학은 입사 초기에 이름 없는 벤처기업으로서 연구를 위한 변변한 장비 하나 없었다. 그러나 그의 젊음과 정열이 바쳐진 니치아화학에서의 연구는 청색 LED 기술 특허로 결실을 맺었고 니치아화학과 일본 경제에까지 영향을 미칠 수 있는 획기적인 연구 성과로 기록되었다.

1979년 나카무라 슈지가 입사하기 전 니치아화학은 개인 소유의 화학 회사로서 레이저 분야에서는 규모가 작은 후발 업체에 불과했다. 이미 레이저 분야에 투자하고 있던 대기업과 똑같은 제품을 가지고 경쟁하면 실패할 것이 자명한 일이었다. 이런 상황 속에서 1980년 후반 슈지는 누구도 생각하지 못했던 미개척 분야인 청색 LED 개발에 뛰어들었다. 슈지는 먼저 그 당시 별로 주목을 받지 못하던 물질인 넓은 대역폭을 갖고 있는 III-V 질화물(nitride)을 선택했다. 다른 연구원들은 아연-셀렌(zinc-selenide) 및 실리콘 카바이드(silicon carbide)가 더 가능성이 있다고 보고 이에 대한 연구를 선호하던 때였다. 슈지는 금속 유기 화학 기화 침적(MOCVD: Metal Organic Chemical Vapor Deposition) 반응장치를 사용 및 개량하는 방법을 배웠는데, 그 이유는 이 방법이 질화물 필름을 대량으로 생성하는데 적합하다고 생각했기 때문이다.

1990년에 하나는 수평, 다른 하나는 수직으로 위에서부터 흘러내려오는 두 가지 가스 흐름이 특징인 반응장치를 개발한 후부터, 그는 해오던 일에서 열매를 맺기 시작했다. 그는 몇 개월마다 '세계 최초의 장치'라는 말을 듣는 장치들을 개발했다. 1992년 그는 동일한 구조를 가지고도 청색 레이저를 개발할 수 있도록 서로 다른 이중 구조를 자신의 LED에 적용했다. 이러한 방식으로 밝은 청색을 방출하는 LED

원형(prototype)이 1992년 후반에 완성되었으며, 1993년 샘플링이 시작되었다.

1995년 3월, 그는 GaN 화합물을 사용하는 청색 레이저 쪽으로 시선을 돌렸다. 당시 대부분 연구진들은 셀렌(selenide) 화합물을 연구하고 있었다. 마쓰시다(Matsushita) 및 소니(Sony)와 같은 회사들이나 연구소에서는 그 당시 상용레이저의 첫 단계인, 연속 파장 작동 때문에 실온에서 광선을 방출할 수 있는 레이저의 완성을 놓고서 서로 치열한 경쟁을 하던 상황이었다. 그로부터 불과 9개월 후에, 슈지는 실온에서 펄스 작용에 의한 410nm의 자색 레이저 광선을 방출하는 장치 개발에 성공했다. 이는 그가 연속 파장 작동을 이루어 낸 것으로서, 이 연속 파장 작동은 1996년 당시 레이저 장치 생산의 기본적인 요건이었다. 그 해 후반 그는 400nm를 약간 상회하는 파장에서 광을 방출하는 레이저의 수명을 35시간까지, 그리고 계속하여 1,150시간에서 다시 10,000시간까지 확대했다. 이 시간 수치는 1997년도 가속 시뮬레이션 때문에 측정된 것이다. 1997년 당시에는, GaN은 단파장 레이저 개발에 가장 흔히 사용되던 물질이었다. 니치아화학은 1998년 말에 5mW 출력의 405nm 자색 레이저의 샘플을 출하하기 시작했으며, 이후 그 제품을 판매하기 시작했다. 다음 단계는 다시 쓸 수 있는 (rewritable) 용도의 고출력 파워 레이저이다. 슈지 자신이 EE Times잡지에서 20mW 레이저 포인터를 이미 시범 보였었다.

나카무라 슈지의 획기적인 발명에 힘입어 니치아화학은 1998은 약 3억 8,300만 달러의 수익을 거두는 기업으로 성장했고 무엇보다 청색 LED와 자색 레이저에 대한 특허를 보유하게 되었다. 나카무라 슈지의 성공 요인을 기술적 측면에서 찾는다면 반응장치 때문이었다. 반응장치 외의 다른 부분에서는 전통적인 레이저와 다를 바가 없었기 때문이다. 그는 독자적으로 반응장치를 개발 및 제조할 수밖에 없었다. 입사 후 첫 10년간의 직장 생활에서 그는 각종 장비를 스스로 만들어 냈는데, 이는 니치아화학이 그때까지 축적해 둔 기술이 사실상 아무 것도 없었기 때문이다. 니치아화학이 그를 LED 부서의 책임자로 임명했을 당시, 그는 백지에서 시작해야 했다.

'그래, 나는 배웠다. 적색 LED를 만드는 것을……재료, 그리고 결정을 키우는 일에서부터 LED 구조에 이르기까지 배웠다. 나는 전기 반응장치를 나 스스로 조립했다. 이렇게, 나는 모든 것을 나 스스로 해냈다. 그랬기 때문에 나는 적색 LED의 공정 전체를 배울 수 있었다. 이러한 경험을 갖고 나는 청색 LED의 개발을 시작했었다. 따라서 나는 언제든지 전체의 윤곽을 파악하고 있었다. 나는 학술회의에 참석하더라도 전체 윤곽을 파악하려고 했지, 다른 연구원들처럼 각각의 현상을 자세히 알아보려고 하지 않았다. 나는 제품을 만들기 위해서 재료에서부터 장치에 이르기까지 공부했다.'

물론, 1988년부터 약 1년 동안 슈지는 니치아화학의 지원을 받아 미국 플로리다(Florida)주립대학에서 유기금속기상성장법(MOCVD)을 공부하는 기회를 얻긴 했지만, 연구 테마의 선정이나 거기서 배운 지식을 청색 LED 개발에 활용하고자 한 생각 자체는 순전히 슈지 자신에게서 나온 것이었다. 또한 개발 초기에 니치아화학에는 관련 기술이 축적되어 있지 않았으며, 슈지가 생각하는 것과 반대 방향의 연구를 계속 지시했다. 슈지는 이러한 회사의 방침을 위반하여 연구를 계속한 끝에 청색 LED를 개발한 것이다.

이렇게 각고의 노력을 기울인 끝에 나카무라 슈지는 청색 LED와 자색 레이저를 개발하는 데 성공하였고, 그 결과 니치아화학은 지금까지 청색 LED와 자색 레이저 관련하여 약 80개의 특허를 일본과 미국에서 출원하였다. 이들 중 미국 특허 5건과 일본 특허 20건은 원천기술과 관련한 것이어서 청색 LED와 자색 레이저는 어떤 종류이든 이 특허들을 침해하게 되어 있다. 결과적으로 니치아화학이 관련 시장을 지배할 수 있게 된 것이다. 결국 니치아화학은 슈지의 연구로 말미암아 지금의 위치에 오른 것이다. 또한, 애초에 니치아화학이 이 기술을 사내의 노하우 내지 영업비밀로서 보호하기만 했고 특허를 출원할 생각은 전혀 하지 않고 있다가 슈지의 강력한 주장에 따라 특허를 출원하게 된 과정을 감안하면 슈지의 역할은 단순히 발명에만 머무르지 않는 것이었다.

그러나 니치아화학은 LED와 레이저 사업을 일으키며 회사의 성장을 주도한 슈지에게 연봉 서열의 기준에 따라 터무니없이 낮은 대우를 해 주었다. 보상금 2만 엔(약 20만 원)과 과장 승진의 혜택만 제공했을 뿐이었다. 실망감과 배신감에 힘들어하던 슈지에게 2000년 초 미국 캘리포니아대학교 산타바바라 대학(UC Santa Barbara)이 매력적인 조건으로 교수직을 제안했고, 슈지는 이를 흔쾌히 받아들였다. 그가 일본을 떠나며 남긴 말은 일본과 주변 나라들에 적지 않은 파문을 일으켰다. 그는 "나는 일본을 사랑했지만, 일본의 시스템에는 실망했다"고 했고, "기술자들이여, 일본을 떠나라"고 했다. 슈지의 말은 언론에 대대적으로 보도되며 직무발명보상에 대해 새로운 입법정책을 도입하는 계기가 되었다.

슈지가 미국으로 떠난 2000년 말, 니치아화학은 오히려 슈지가 회사의 영업비밀을 유출했다며 법원에 소장을 제출했다. 슈지는 이 소식에

격분했고, 급기야 2004년 1월 도쿄 지방법원에 청색 LED 발명과 관련한 직무발명보상 청구소송을 시작했다. 이를 계기로 일본 내에서 직무발명 소송이 봇물이 터지게 되었다. 슈지는 자신이 발명한 특허의 대가를 604억 엔으로 보고, 그중 200억 엔을 지급해 줄 것을 청구했다. 도쿄지방법원은 니치아화학이 발명자가 요구한 대가 200억 엔을 지급하라고 판결했는데, 이 판결은 비록 항소심에서 보상액이 감액되긴 하였지만 일본 사회와 우리나라를 비롯한 주변국들에 엄청난 파장을 불러일으켰다. 한동안 일본에서는 직무발명 대가를 청구하는 소송이 매월 수십 건씩 제기되었다. 법원은 "특허법 35조는 종업원의 직무상 발명을 회사에 양도하면 상당의 대가를 청구할 수 있다고 규정하고 있다"는 이유를 들어 나카무라의 주장을 전면 인정한 것이다. 하지만 이 판결은 장기 불황으로 고통 받던 일본 경제를 부흥시키기 위해서는 과학기술자들을 보호할 필요가 있었고, 이를 위해서는 파격적인 직무발명 보상액 산정이 필수적이었기 때문에 가능했다는 분석도 있다. 2003년 체결된 크로스 라이센싱 계약은 상대방의 예상매출액과 가정실시료의 금액을 구하기 어려웠기 때문이다.

결과적으로 말하자면, 소송이 금전적인 측면에서는 나카무라 슈지에게 충분한 만족을 주지 못했지만, 피고용자의 직무발명으로 회사가 이익을 얻었을 경우, 일정한 비율을 보상해야 한다는 법 원칙이 확립되고, 사회 전반적으로 인식의 전환의 계기가 되었다. 그 이후 일본 법원은 이와 유사한 판결을 연이어 내렸다. 2007년 10월에는 해외 특허를 통해 기업이 얻은 수익도 직무상 발명을 한 직원에게 보상해야 한다는 판결도 나왔다.

5 애플의 아이팟 디자인 이야기

　애플(Apple)은 1976년 4월 캘리포니아에서 스티브 잡스와 스티브 워즈니악에 의해 공동 설립되었다. 당시 워즈니악은 26세, 스티브 잡스는 21세로 그들은 차고를 작업실로 고쳐 새로운 개념의 개인용 컴퓨터를 만드는데 몰두, 같은 해 3월 이 두 사람은 개인용 컴퓨터 프로토타입을 완성할 수 있었는데, 이를 애플(Apple)이라고 명명하였다. 두 사람은 애플을 워즈니악이 몸담고 있는 휴렛팩커드(HP)사에 보여주고 생산을 의뢰했으나 별다른 반응을 보이지 않자 워즈니악과 그는 700달러도 채 안 되는 돈으로 만우절인 4월 1일 애플 컴퓨터를 설립하고 애플을 컴퓨터클럽에 최초로 선보였다. 방 하나를 가득 채울 정도의 대형 컴퓨터 일색이던 당시, 컴퓨터가 이렇게 작아질 수 있다는 것은 혁명적인 변화였다.

세계 최초로 개인용 컴퓨터 시대를 연 스티브 잡스는 1980년대 빌 게이츠의 마이크로소프트에 밀리면서 1980년대 중반 이후엔 마이너로 전락하고 1986년, 결국 그는 분열주의자로 몰리면서 자신이 만들고 키웠던 애플에서 비참하게 쫓겨났다. 그의 나이 30살에 불과했다. 1986년 애플에서 쫓겨난 그는 이후 넥스트와 픽사를 설립했다. 넥스트와 픽사가 세계 최초로 컴퓨터 3D로 제작한 장편 애니메이션인 토이스토리는 세계적인 히트를 기록하였다. 그리고 이어서 벅스 라이프, 토이 스토리 2, 인크레더블, 몬스터주식회사, 니모를 찾아서 연이어 흥행에 성공하면서 그는 단숨에 할리우드의 막후 실력자 반열에 올라섰다.

스티브 잡스가 떠난 애플사는 이후 쿼드라, 클래식 등 다양한 개인용 컴퓨터를 선보였지만, 추락을 거듭했다. 추락에 추락을 거듭하던 애플은 1996년 자신들이 쫓아냈던 스티브 잡스에게 다시 한 번 구원의 손길을 뻗쳤다. 1997년 여름, 스티브 잡스가 애플에 복귀한 후부터 디자인 경영은 애플의 중요한 요소가 되고 있었다. 그는 애플에 복귀하자 디자인에 의한 혁신(Innovation)을 가치관으로 내세우면서 경영하기 시작했다. 얼마 지나지 않아, 툭 치면 굴러갈 것 같은 디자인에 반투명한 푸른색 플라스틱 재질의 아이맥이 출시되어 눈길을 끌었다. 1998년에 선보인 아이맥의 혁신적인 디자인이었던 반투명의 본체는 디자인 경영의 모범사례로, 2002년에는 이를 발전시켜 조그마한 반구형 본제를 가진 아이맥을 출시하였다. 아이맥의 혁신적인 디자인은 애플을 기사회생하게 했다. 2007년 4분기까지 총 수익은 약 241억 달러, 이 중 순이익은 35억 달러이다. 직원 수는 2006년 9월 기준으로 정규직이 1만 7,787명, 비정규직이 2,399명이다. 이중 특히 '연구 개발(R&D)' 부서 인원은 2003년을 기준으로 했을 때, 약 2,500명이며 여기에 회사가 투자하는 돈은 약 7,500만 달러이다.

"Designed by Apple in Cupertino."

이 문장은 애플의 새 제품 iPod shuffle mp3 플레이어의 뒷면에 인쇄된 것이다. 다른 기업들이 비용을 될 수 있는 한 줄이기 위해 디자인까지 ODM(Outsourcing Design Manufacturing)으로 외부조달(Outsourcing)하는데, 애플만은 제품 제조를 절대로 포기하지 않는 진정한 디자인 제조업체로 남아 있다. 애플도 일부 디자인은 ODM에 의존하는 측면이 없지는 않지만, 핵심적인 결정 사항은 모두 쿠퍼티노 캠퍼스 안의 애플 본사에서 일어난다. 스티브 잡스는 디자인 공정에까지 그의 영향력을 행사하기 때문에 다른 하드웨어 업체의 CEO와는 경영방식이 달랐다. 스티브 잡스에게 '디자인형 CEO'가 된다는 것은 단순히 디자인을 이해하는 수준을 넘어서 경영 프로세스, 조직 운영, 자원 배분, 디자인 마인드에 있어서 디자인을 경영의 핵심 수단으로 사용한다는 의미를 가진다.

"사람들은 대부분 디자인을 겉포장쯤으로 생각한다. 하지만 이는 디자인의 진정한 의미와는 거리가 멀다. 디자인은 인간이 만든 창조물의 중심에 있는 영혼이다."

스티브 잡스

스티브 잡스는 디자인을 단순히 제품의 외양을 만드는 것으로 생각하지 않고, 소비자가 원하는 기능과 가치를 집약시켜 하나의 아이콘(icon)으로 표시하는 것을 목표로 삼았다. 스티브 잡스는 '혁신'을 애플의 최고 가치로 삼았다. 그는 미래를 내다보는 기술을 선보임으로써 애플을 '앞서가는 기업'으로 변화시켰다. 이 같은 혁신의 핵심에는 '디자인형(形) CEO'로서의 지도력이 있다. 스티브 잡스의 '디자인'에 대한 정확한 이해와 강력한 의지가 애플을 오늘날 '디자인 경영'의 선두주자로 만들었던 것이다.

6 초코파이 이야기

Me Too 전략. 이른바 동종 업계에서 기존 상표와 발음 및 형태가 유사한 상표나 디자인, 포장 등을 사용하는 닮은꼴 제품 전략이다. 선발 주자의 후광 효과 아래 상대적으로 적은 마케팅 비용으로 후발 제품을 홍보할 수 있다는 점에서 선호된다. 이 전략은 제과, 주류, 유제품 업계에서 적용 사례를 쉽게 찾아볼 수 있다.

가장 유명한 사례는 1974년 오리온이 출시한 '초코파이' 제품이 판매 호조를 띠자 1979년 롯데제과가 동일한 상품명을 사용한 '롯데 초코파이' 제품을 모방 출시한 것이다. 당시에는 브랜드 보호에 대한 인식이 전무한 상태였기 때문에 카피 제품의 판매는 용인되었다. 1997년이 되어서야 오리온 측은 롯데제과의 '롯데 초코파이'에 대한 등록 무효 소송을 제기하고 대법원까지 소송을 진행하였다. 하지만 이미 '초코파이'가 보통명칭으로 시장에서 인식된 상태에서 상품 식별력을 상실했다는 패소 판결(대법원 99후 2327)로 종료되었다. 경쟁사가 유사상표를 등록하고 18년이 지난 상태에서 자사의 상표권을 보호받으려는 행위는 '법은 권리 위에 잠자고 있는 사람까지 보호할 필요가 없다.'라는 근거 아래 불리하게 작용했던 것이다.

초코파이 분쟁에서 보이듯이 후발주자인 롯데제과의 미투(Me Too) 전략을 순순히 허용함으로써 오리온은 초코파이 시장에서 누릴 수 있었던 독점적 지위와 그에 따른 이익을 잃은 반면, 롯데제과는 선발주자 오리온이 개척한 초코파이 시장에 쉽게 침투하여 상대적으로 적은 마케팅 비용을 사용하고도 소비자에게 '롯데 초코파이'를 인지시키는 데 성공할 수 있었다. 롯데제과는 시장 진입에 필요한 비용을 절감했기 때문에 판매 경로 확충과 소비자 대응 강화에 집중할 수 있었고 결과적으로 매출 신장에 더욱 박차를 가할 수 있었다.

이와 같이 미투 상품의 전략은 마케팅 비용 절감과 함께 소송에 따른 노이즈 마케팅 형식을 빌어 광고 효과를 높일 수 있는 수단으로 사용될 수 있다. 해당 전략 상품에 대한 권리 침해의 판단은 법적 기준의 모호성과 미투 전략에 대한 업계의 관대한 인식 때문에 법원의 판결이 엇갈리기도 하므로, 시장에 뒤늦게 뛰어드는 후발 주자 입장에서는 쉽게 미투 전략을 택하게 된다. 특히 특정 시장의 성장성이 매우 높은 경우, 소송에 드는 비용 대비 미투 전략 상품의 예상 매출액이 높아져 후발주자는 선발주자를 따라잡기 위해 소송을 감수한다. 반대로 선발주자가 후발주자를 따돌리기 위해 유사 상표권에 대한 소송을 추진하는 행위로 이어질 수 있다. 마케팅 측면에서 보면 소비자는 선발주자나 후발주자의 정당성을 판단하기보다는 수요자의 요구에 맞는 상품을 선택하게 된다. 이는 소송의 승패와는 별개이기 때문이다. 하지만 감성 스토리텔링 마케팅으로 소비자의 마음을 사로잡은 쪽은 오리온제과였다.

나는 1974년 대한민국에서 태어났습니다. 나는 사람들 속에서 큰 사랑을 받으며, 그 사랑을 더 많은 사람들과 나누고 싶었습니다. 나는 지구를 25바퀴째 돌았습니다. 영하 40도 추위가 두렵지 않았고, 높은 낭떠러지가 두렵지 않았으며 열대의 태양이 두렵지 않았습니다. 내가 유일하게 두려운 것은 나를 기다리는 사람에게 가지 못하는 일입니다. 나는 수많은 사람들을 만나며, 사람의 속은 참 닮았다는 생각을 했습니다. 말하지 않아도 마음을 전할 수 있는 엄마의 초능력을 배웠고, 세상에 온갖 근심도 제 자식 미소 하나로 까맣게 잊는 아버지의 마음을 배웠으며, 나를 닮은 둥근 얼굴의 천사들에게 진짜 우정을 배웠습니다. 나는 세계 60개국에서 그곳의 전통을 존중하고, 그곳의 믿음을 존중하며, 그곳에 취향을 존중합니다. 그래서 나는 나라마다 새롭게 태어납니다. 그곳에서 최고로 사랑받기 위해 매일 대한민국을 잊는 연습을 합니다. 고국을 돌아보면 마음이 약해지기 때문입니다. 대한민국의 정이 만든 길, 파이로드. 오늘도 그 길 위에서 지구촌 사람들과 마음을 나누는 나는 초코파이입니다.

초코파이 CF '지구와 정을 맺다' 편

[그림7] 초코파이 파이로드[48]

48 http://www.tvcf.co.kr/AdZine/View.asp?Idx=6210 2014.5.12 방문

오리온제과 초코파이 CF '지구와 정을 맺다' 편은 초코파이를 의인화시켜 탄생의 모습부터 살아가며 성장하는 모습을 마치 전기처럼 담아내고 있다. 처음 어린아이 손에 들려있는 초코파이로 출발하여 노인의 손에 담긴 초코파이의 모습까지 긴 여정을 마치 한편의 전기처럼 보여 주고 있다. 이 스토리는 진실된 내용을 바탕으로 은유화된 모습으로 소비자에게 다가갔다. 초코파이 마음을 스토리로 풀어낸 것이다.

　만약 이것을 사실로만 표현한다면 어떻게 될까? '초코파이는 1974년 생산을 시작하여 국내 최초로 출시되었으며, 매출은 매년 700억 원 이상을 기록하고 총생산량은 00톤이며 이를 중국, 베트남, 러시아, 아프리카 등 세계 60개국에 수출하고 있습니다.' 이와 같은 표현은 사실에 해당한다. 바로 이 사실은 초코파이의 매출, 생산량, 해외 진출 실적 등을 잘 표현하여 보여주는 것에 불과하다. 이런 사실로 제품 소개 마케팅을 했다면 미투 전략으로 따라온 후발 경쟁업체와 차별하는데 실패할지도 모른다. 그것은 스토리가 아니기 때문이다. 그리고 광고를 이와 같은 수치로만 이야기로 한다면 얼마나 재미없고 건조하겠는가! 누가 초코파이를 사 먹고 싶다는 생각을 하겠는가! 고객의 마음을 움직이는데, 소비자의 구매 욕구를 자극하기엔 이런 사실적 수치는 도움을 주기 어렵다. 그렇다고 전혀 근거가 없는 스토리를 꾸며내서는 안 된다. 명심해야 할 것은 사실을 토대로 진실을 추출하여야 하는 것이지 거짓말을 꾸며 내서는 안된다. 스토리텔링은 진실 텔링이지 거짓말 텔링이 되어서는 절대로 안 된다. 거짓말이 담긴 스토리는 고객에게 전달되지도 않고, 혹 전달된다고 하더라도 고객은 그 스토리에 감동하지 못하고 외면할 것이기 때문이다.

Chapter_ 03

스토리텔링
Storytelling

01

스토리텔링의 개요

▣ 스토리텔링의 정의

오늘날 문화산업의 영역에서 문화콘텐츠(culture contents)와 함께 흔히 등장하는 용어가 스토리텔링(storytelling)[49]이다. 스토리텔링은 글자 그대로 이야기(story)와 말하기(telling)의 합성어다. 즉 '이야기(story)+말하기(telling)'인 '이야기하기(storytelling)'이다. 이는 어떠한 사건에 내포된 '이야기'와 그 이야기를 말하는 행위를 표현하는 '말하기'가 결합하여 일방 또는 상호 소통을 목적으로 하는 특징을 가진다.

일반적으로 '이야기'를 나타내는 영어 단어는 'story'다. 스토리(story)는 서구의 '소설' 개념에서 비롯되었다. 즉 시간의 순서에 중점을 둔 서사(narrative)를 지칭한 것이다. 이는 사건의 인과성에 중점을 둔 플롯(plot)과

---

49 스토리텔링(Storytelling)은 '스토리(story) + 텔링(telling)'의 합성어로서 말 그대로 '이야기하다'라는 의미를 지닌다. 즉 상대방에게 알리고자 하는 바를 재미있고 생생한 이야기로 설득력 있게 전달하는 행위이다. (문학비평 용어사전, 2006.1.30, 국학자료원)

는 대비되는 개념이다.[50] 이러한 관점에서 보면 스토리텔링(storytelling)은 인류의 가장 오래된 소통을 위한 기법의 하나로 볼 수 있다.

그러나 '이야기하기'의 범위를 말하기(telling)로만 묶기에는 그 폭이 너무 넓다. 전통적 이야기 장르인 설화는 말하기(telling)의 영역에 포함될 수 있지만, 서사시(epic, 敍事詩)만 보더라도 언어와 음악이 결합된 노래하기(singing)의 영역이다. 소설은 문자로만 이루어진 쓰기(writing)의 영역이고, 영화와 연극은 언어와 영상 및 연기가 결합된 보여주기(showing)의 영역이라는 것을 알 수 있다. 이를 정리해 보면 아래 [표3]과 같다.

[표3] 장르별 이야기하기의 방식 및 매체

장르	이야기하기 방식	이야기하기 매체
설화	story + telling	음성언어
서사시	story + singing	음악 + 음성언어
영화·연극	story + showing	영상·행위 + 음성언어
소설	story + writing	문자언어

위 [표3]에서 보는 바와 같이, 모든 장르를 말하기(telling)로만 포괄한다면 다소 혼돈이 예상된다. 즉 'telling'의 뜻은 '드러내다, 나타내다'의 의미도 있으며, 'storytelling'의 뜻은 이야기를 쓰거나 말하는 행위를 모두 포괄한다. 때문에 'storytelling'은 이야기하기의 매체와 방식들을 포함하는 의미로 해석하여 소통을 위한 기법으로 보는 것이 더

---

50 김광욱, 「스토리텔링의 개념」, 『겨레어문학』 겨레어문학회, 제41집, 2008, 257쪽.

적절할 것이다.[51]

특히 소통을 목적으로 한다는 측면에서 보면 스토리텔링(storytelling)에서의 말하기(telling)는 '이야기를 전달하다'라는 의미로 '이야기하다'가 더 타당해 보인다. 사전적 의미로 보더라도 '좁은 의미로 말하다'는 say이고 '넓은 의미로 말하다'는 speak이며, '좁은 의미로 이야기하다'는 talk이고 '넓은 의미로 이야기하다'는 tell 이기 때문이다. 이를 정리하면 아래 [표2]와 같다. 이러한 이유로 telling은 '말하기'보다는 '이야기하기'로 정의하는 것이 더 정확할 것으로 보인다. 즉 상대방에게 전하고자 하는 내용(massage)을 재미있고 생생한 '이야기로' 설득력 있게 전달하는 '이야기하기(telling)' 행위를 뜻한다.

[표4] 말하다와 이야기하다의 용어 구분

구분	의미의 범위	행위	강조
saying	좁은 의미	말하다	말(words)
speaking	넓은 의미		
talking	좁은 의미	이야기하기	이야기(story)
telling	넓은 의미		

또한 '이야기로' 설득력 있게 전달한다는 측면에서 보면 스토리텔링(storytelling)에서의 스토리(story)는 '이야기' 그 자체가 아니라 '이야기로' 또는 '이야기 방식으로'가 더 타당해 보인다. 즉 스토리텔링의 "스토리는 텍스트(text)와 같은 정태적인(static) 개념이 아니라" 텍스트를 재

---

51 김광욱, 앞의 글, 262쪽.

미있고 생생한 이야기 방식으로 전달하는 "동태적인(dynamic) 개념"[52]으로 이해하는 것이 더 정확할 것이다. 이러한 이유로 스토리텔링(storytelling)은 화자가 청자에게 전하려는 '어떠한 내용(massage)을 이야기 방식으로 전달하기'로 정의하는 것이 더욱 타당해 보인다.

스토리텔링은 일상생활에서나 여러 전문분야에서 설득력 있는 수단으로 유익하게 이용되고 있다. 인류가 등장한 이래 스토리텔링은 인간끼리의 의사소통에 있어 늘 중심적인 역할을 해왔기 때문이다. 오늘날 교육, 비즈니스, 대인관계 등 여러 분야에서 응용되고 있다. 특히 스토리텔링은 매체의 특성에 따라 다양하게 발현되고 있는데, 영화·드라마·애니메이션·게임·광고 등의 원천적인 콘텐츠(contents)로 활용된다.

아울러 스토리텔링은 현대 조직사회에서는 효과적인 커뮤니케이션 방법으로 활용되기도 한다. 이때 스토리텔링은 기존의 텍스트(text) 중심의 서사학(敍事學, Narratology)[53]에서 정의되어 온 개념들과는 조금 다른 성격을 띤다. 이러한 차이를 구체적으로 확인하기 위하여 스토리텔링과 서사의 차이를 살펴볼 필요가 있다.

---

52 김광욱, 앞의 글, 262쪽.

53 서사학(敍事學, narratology)은 narrative+ology로 서사 양식을 대상으로 한 학문이라는 뜻을 지닌다. 이따금 이야기학이라는 용어가 사용되고는 있으나 서사학이라는 용어가 보편화 되었다. 서사학은 소설연구로 축소해서 부를 수도 있다. 소설연구의 출발점을 아리스토텔레스의 『시학』에서 잡을 수 있는 것처럼 서사학은 동서를 막론하고 오래전부터 있어 온 것이라고 할 수 있다. 그러나 내러톨로지란 말은 1970년대 이후로 일반화되었다. (문학비평 용어사전, 2006.1.30, 국학자료원)

② 서사와 스토리텔링의 관계

"서사학(Narratology)에서는 스토리(story)를 주요 대상으로 다루면서 학문체계를 수립하였다."[54] 서사(敍事, narrative)[55]는 스토리(story)와 담화(discourse)로 나누어 설명한다. 서사의 내용부분을 스토리(story)로, 표현부분을 담화(discourse)로 구분한다.[56] 즉 '서사(narrative)=스토리(story)+담화(discourse)'로 해석된다. 그러나 여기서 말하는 스토리(story)는 담화(discourse)를 통해 전달되는 텍스트(text)이다. 따라서 서사(narrative)는 텍스트(text)를 담화(discourse)로 기술한 이야기(story)이다. 이를 도표로 표시하면 [표5]와 같다.

[표5] 서사의 스토리(story)와 스토리텔링의 이야기(story)의 차이

구분	이야기	이야기하기
서사(narrative)	스토리(story)+담화(discourse)	–
스토리텔링(storytelling)	이야기(story)	이야기하기(telling)

위 [표5]에서 보는 바와 같이, 서사(narrative)는 곧 스토리텔링(storytelling)에서의 '이야기(story)'와 동일한 개념으로 해석할 수 있다. 즉 서사에서의 스토리(story)와 스토리텔링(storytelling)에서의 이야기(story)는

---

54 김광욱, 앞의 글, 257쪽.
55 서사(narrative, 敍事)는 일반적으로 서사(敍事)는 어떤 사실이 있는 그대로 기록하는 글의 양식을 말한다. 서사는 인간 행위와 관련되는 일련의 사건들에 대한 언어적 재현 양식이라고 할 수 있다. (한국현대문학대사전, 2004.2.25)
56 김광욱, 앞의 글, 257~258쪽.

서로 다른 개념이다. 이러한 이유로 기존 서사학(Narratology)과 스토리텔링(storytelling)을 비교할 때 '서사(narrative)=이야기(story)'로 해석하는 것이 타당할 것으로 보인다.

이야기를 다양한 형태로 향유하는 것은 시대를 초월한 보편적 현상이다. 말, 글, 영상 및 디지털은 각각 이야기를 주고받는 행위가 다르다. 이야기를 만들고 소통하는 것은 인간의 삶을 윤택하게 하는 수단이다. 인간의 삶이 다양하고 생각 또한 다양한 만큼 이야기의 형태와 영역도 다양하고 넓다는 것은 아래 [표6]에서도 알 수 있다.[57]

[표6] 이야기의 형태와 영역

구분	사실적 진실	허구적 상상
말로 된 이야기	경험담	신화, 전설, 민담
글로 된 이야기	일기, 편지	소설, 희곡, 시나리오
영상으로 된 이야기	다큐멘터리	드라마, 영화, 애니메이션
디지털로 된 이야기	블로그, 카페	인터넷 온라인 게임

위 [표6]에서 보는 바와 같이, 서로 특성을 달리하는 많은 종류의 이야기들이 존재한다. 사실을 전하는 이야기가 있지만 꾸며낸 이야기도 있고, 일시적으로 떠도는 이야기가 있지만 오랜 세월 대대로 이어지는 이야기도 있다.[58]

또한, 이야기를 주고받는 '이야기하기' 행위의 "형태별 속성도 다르다." 말, 글, 영상 및 디지털로 이야기하기의 특징을 정리해 보면 아

---

57 김광욱, 앞의 글, 251~255쪽.
58 김광욱, 앞의 글, 254쪽.

래 [표7]와 같다.

구분		지속성	입체성	양방향성	생동감
이야기 (Story)	①말	X	O	O	O
	②글	O	X	X	X
	③영상	O	O	X	△
	④디지털	O	O	O	△

즉 ①말은 화자와 청자가 대면하면서 이야기를 주고받는 기본적인 수단이다. 그러나 말은 일시적이어서 화자가 말하는 순간에 사라진다. 즉 지속성이 없다. 대신에 입체성과 양방향성 및 생동감이 뚜렷하다. ②글은 일시적 이야기를 지속적인 상태로 바꾸는 방법이다. 즉 글은 말과는 달리 이야기를 지속해서 보존할 수 있다는 장점이 있다. 반면에 글은 시각에만 의지하기 때문에 말과 비교하면 입체성과 양방향성 및 생동감이 떨어진다. 그러나 말은 동일 시간과 동일 공간에서만 가능하지만, 글은 언제 어디서나 되풀이해서 읽을 수 있으므로 이야기의 시·공간을 크게 넓혔다. ③영상은 지속성과 입체성을 보완한 형태이다. 반면에 글이나 영상은 화자가 청자에게 일방적으로 전하는 형태여서 말보다는 상호작용성이 떨어진다. 그래서 영상으로 된 이야기가 기술적 및 역사적 측면에서 새로운 형태의 이야기임에는 분명하지만, 말로 된 이야기 보다 앞선다고 단언할 수 없다.[60] 끝으로 ④디지털은 지속성, 입체성 및 양방향성을 모두 보완한 형태이

---

59 김광욱, 앞의 글, 253쪽.
60 김광욱, 앞의 글, 252~253쪽.

다. 컴퓨터나 스마트폰을 통해 이야기를 기록하므로 지속성을 획득하고, 말과 글 및 영상을 포괄할 수 있는 멀티미디어의 성격을 띠므로 입체성도 확보되고, 인터넷이라는 기술을 통해 화자와 청자 간에 양방향으로 주고받을 수 있다.[61] 하지만 생동감이라는 측면에서 보면 직접 대면하여 주고받는 말보다는 다소 떨어진다.

그렇다면 서사(narrative)와 스토리텔링(storytelling)은 어떻게 다른지 살펴보자. "서사가 전통적인 언술을 대상으로 내적 구조에 초점을 두었다면, 스토리텔링은 새로운 매체와 결합하면서 이야기하기(telling)의 양상이 어떻게 다른지에 초점을 두고 있다." 즉 스토리텔링은 서사의 새로운 양상으로 출현한 것이며, 이는 이야기의 외적인 요소들까지 포함하는 용어로 사용되어야 함에도 국내에서는 이 둘을 혼동하여 사용하고 있다.[62]

오늘날 우리나라에서 문화콘텐츠와 관련된 분야에서는 서사(敍事, narrative)를 언급할 때 거의 동일한 개념으로 '스토리텔링(storytelling)'을 사용하는 것을 볼 수 있다. 이는 담화(discourse)를 'telling'과 같은 개념으로 본 오류에서 비롯된 듯하다. 담화(discourse)는 서로 격이 없이 터놓고 이야기를 주고받는 구어적 '형식'을 뜻하며, 이야기하기(telling)는 말뿐만 아니라 글 또는 영상 등으로 상대방에게 전하고자 하는 내용(massage)을 이야기 방식으로 전달하는 '행위'를 말한다. 이는 서로 다른 개념이다. 이와 같은 이유로, 서사(narrative)는 스토리텔링(storytelling)이 아니라 '스토리텔링(storytelling)에서의 이야기(story)'로 해석하는 것이 더 타당할 것이다.

---

61 김광욱, 앞의 글, 251~253쪽.
62 김광욱, 앞의 글, 263쪽.

전술한 이야기의 형태와 영역 및 속성을 통해 서사 담화와 스토리 텔링의 차이를 구분해 보고자 한다. 서사와 담화는 서로 구분될 수 있으나 한편 분리될 수 없는 하나의 이야기다. 좁은 의미로 보면 서 사는 사실과 허구로 나뉠 수 있고, 담화는 서사를 말, 글, 영상 및 디 지털로 묘사 및 기술함을 뜻한다. 그러나 통상적으로 말하는 넓은 의 미의 서사는 서사 담화의 약칭으로 볼 수 있다. 이러한 관점에서 넓 은 의미의 서사(서사 담화)와 스토리텔링을 구분해 보면 아래 [표8]과 같다.

[표8] 서사담화와 스토리텔링의 구분

구분		담화(discourse)			
		말	글	영상	디지털
이야기 (story)	서사 (narrative) 사실적	경험담	일기, 편지	다큐멘터리	블로그, 게임
	서사 (narrative) 허구적	신화, 전설, 민담	소설, 희곡, 시나리오	드라마, 영화, 애니메이션	인터넷 유머, 온라인 게임
텔링(telling)		직접대화	일기	감상	간접대화

위 [표8]에서 색깔이 있는 부분이 서사 담화이며, 스토리텔링은 서 사 담화를 포함한 전체를 뜻한다. 오늘날 서사(narrative)가 아닌 스토리 텔링(storytelling)이 대중문화예술의 창작과 향유의 전면에 등장한 것도 이를 반증한다. 현재 국내외에서 문예창작의 분야뿐만 아니라 비즈니 스의 분야에서도 널리 주목받는 스토리텔링이라는 용어는 거의 디지

털 스토리텔링(digital storytelling)을 의미한다.

③ 디지털 스토리텔링

20세기 후반 컴퓨터와 인터넷으로 대변되는 과학기술의 발달은 인간의 생활양식뿐만 아니라 문화예술에 대한 가치 판단에도 큰 변화를 가져왔다는 것은 주지의 사실이다. 지난날 문자로 기술되어 인쇄매체를 통해 우리에게 전달되었던 문학 장르 속의 전통적 서사(narrative)는 오늘날 문자, 음성, 음향, 시각 등이 혼합된 디지털 미디어로 우리에게 다가왔다. 현대의 스토리텔링은 과거 전통적 서사와는 사뭇 다르다.[63] 즉 '사실이나 상상을 스토리로 전달하는 담화양식'으로서의 구술문화 시대에 존재했던 '옛날이야기'와 같은 일상적인 개념이 아니라, 디지털 문화의 출현과 함께 새롭게 등장한 디지털 스토리텔링(digital storytelling)을 의미한다.

디지털 스토리텔링(digital storytelling)이라는 새로운 용어는 1995년 미국 콜로라도에서 열린 '디지털 스토리텔링 페스티벌(Digital Storytelling Festival)'을 계기로 점차 알려지기 시작하였다. 인터넷 환경의 민주주의적 속성에 착안한 소수의 지식인이 이 페스티벌을 통해 '모든 사람이 자기 이야기로 작가가 되어 보자'라는 새로운 실험을 전개했으며[64] 이후 여러 분야로 널리 퍼트렸다.

이러한 디지털 스토리텔링(digital storytelling)은 '전통적 서사(narrative)'와

---

63 김기국, 「스토리텔링의 이론적 배경 연구」, 『춘계학술발표 자료집』, 한국프랑스학회, 2007, 151쪽.
64 이인화 외 7명, 『디지털 스토리텔링』, 황금가지, 2008, 12쪽.

대비하여 '현대적 스토리텔링(storytelling)'이라고도 한다. 전통적 서사에서의 '이야기하기'는 구술(具述) 혹은 문자를 활용하여 저자 또는 화자 한 사람이 다수의 청자(청중)에게 시작과 끝이 있는 선형적이고 종결적인 이야기를 일방적으로 전달하는 형식을 가진다. 이에 반해 현대적 스토리텔링은 디지털 매체를 통해 한 사람 이상의 저자 또는 화자와 다수의 청자(수용자)가 음향이나 시각 등이 혼재된 비선형적 이야기를 공유하거나 소통하는 형식이다.

하지만 전통적 서사와 현대적 스토리텔링이 갖는 차이점 속에서도 공통적인 요소가 있다. 바로 '이야기가 담론(discourse)으로 변화는 과정' 혹은 '이야기를 들려주는 행위'이다. 왜냐하면, 저자 또는 화자가 '이야기'를 어떻게 전개할 것인가에 대한 고민과 그 해법인 담론으로 변하는 과정은 민담, 설화, 그리고 영화, 게임 등에 공통으로 존재하기 때문이다. 이러한 공통적 구조로는 크게 3가지가 있다. 즉 ①시간순으로 연속된 이야기 그 자체인 스토리와 ②작가에 의해 변형되고 조직되어 만들어진 이야기인 플롯(plot)의 기능이 담겨 있다. 그리고 ③스토리가 플롯으로 변화된 담론과 더불어 이야기가 담론으로 변화하는 과정에서 필연적으로 파생되는 현재성, 현장성 및 상호작용성이 존재한다.[65]는 것이다.

디지털 스토리텔링은 "디지털 기술을 매체 환경 또는 표현 수단으로 수용하여 이루어지는 스토리텔링이다. 영화를 비롯한 미디어 영상물은 통상 6단계의 공정으로 만들어진다. ①기획개발(development) ②제작준비(pre-production) ③제작(production) ④후반작업(post-production) ⑤배급(distribution) 그리고 ⑥상영(exhibition)이다." 이러한 공정에서의

---

65 김기국, 앞의 글, 152쪽.

디지털 스토리텔링은 매체 환경 전체에 디지털 기술이 수용되거나, 최소한 이야기에서 담화까지의 창작과정에 표현수단으로써 디지털 기술이 수용된 경우를 말한다.[66]

또한, 디지털 스토리텔링을 포함한 디지털 콘텐츠에는 크게 3가지의 특징이 있다. 즉 ①선별적 접근 가능성 ②완전 복제 가능성 및 ③조작 가능성이다. 즉 선별적 접근 가능성은 검색어 등을 사용하여 즉시 검색해 볼 수 있다는 것이며, 완전 복제 가능성은 정보의 누락 없이 복제를 무한 반복할 수 있다는 뜻이며, 조작 가능성은 특별한 물리적 제약 없이 정보를 쉽게 조작과 변환을 할 수 있다는 의미이다.

아울러 디지털 스토리텔링은 디지털 미디어를 매체로 하기 때문에 갖는 3가지의 특성도 있다. 즉 ①상호 작용성 ②네트워크성 및 ③복합성이다. 즉 상호 작용성은 미디어와 사용자 또는 미디어와 미디어 사이에 여러 형태의 상호 작용이 가능하며, 네트워크 성은 유무선 연결망을 통해 연결된 전 지구적인 네트워크에 영향을 받고 있으며, 끝으로 문자, 사운드, 영상 등 여러 가지 형태의 정보가 복합되어 하나를 이루고 있는 특성이 있다.[67]

전술한 전통적 서사(narrative)와 현대적 스토리텔링(storytelling)의 차이와 공통 요소를 비교하면 아래 [표9] 와 같다.

---

66 이인화 외 7명, 앞의 책, 14쪽.
67 이인화 외 7명, 앞의 책, 16쪽.

[표9] 전통적 서사와 현대적 스토리텔링의 비교

용어	시대적	전통 서사	디지털 서사
	문명적	과거 스토리텔링	현재 스토리텔링
	혼합적	전통적 스토리텔링	디지털 스토리텔링
	일반적	서사(Narrative)	스토리텔링(Storytelling)
차이	전달	구술 또는 문자로 기술하여 구전 또는 인쇄매체로 전달	문자, 음성, 음향, 시각 등이 혼합된 디지털 미디어로 전달
	대화	저자(또는 화자) 한 사람이 다수의 독자(또는 청중)에게 전달	한 사람 이상의 저자 (또는 화자)가 다수의 독자 (또는 청중)와 소통
	특징	일방적, 선형적, 종결성	쌍방향, 비선형적, 개방성
공통요소		1. 스토리 : 시간적으로 연속된 이야기 그 자체 2. 플롯(Plot) : 저자(또는 화자)에 의해 변형되고 조직되어 원래의 시간을 초월하여 재구성된 이야기 3. 스토리가 플롯(Plot)으로 변화하는 과정에서 필연적으로 파생되는 이야기(story) 하기(telling)의 현재성, 현장성 및 상호작용성	

오늘날 이렇게 널리 주목받는 디지털 스토리텔링(digital storytelling)은 과연 언제부터 시작된 것이며, 그동안 어떠한 과정을 거쳐 오늘에 이르렀는지를 살펴보는 것도 스토리텔링을 전체적으로 더욱 정확히 이해하는 데 도움이 될 것이다.

4 스토리텔링의 역사

스토리텔링(storytelling)은 문자가 나타나기 이전에도 있었다.[68] 모든

---

68 폴 스미스(Paul Smith), 앞의 책, 21쪽.

나라에 존재했다고 볼 수 있다. 그리고 대중적으로 사용되었을 것이다. 문자가 발명되기 이전에는 사람들 간의 소통은 '말을 얼마나 기억하느냐'에 달려 있었다. 현장에서 듣고 바로 기록할 수가 없었기 때문이다. 그래서 노래의 리듬이나 시의 운율 또는 이야기의 구성이 사람들의 기억을 돕는 유용한 도구로 사용되었을 것[69]이라 추측된다.

이러한 스토리텔링은 모든 정보가 입에서 입으로 전해지던 구술소통의 시대부터 존재했다. 오랜 역사를 가진 스토리텔링은 기원전 20세기 바빌로니아에서 '길가메시 서사시'로 출발하여 오늘날까지 살아남았다. 그저 단순히 존속해온 것이 아니라 끊임없이 발전하는 과학기술과 대립하는 가운데 서로 경쟁 및 협력하면서 진화해 왔다. 이러한 가운데 스토리텔링 스스로도 적극적으로 혁신해 온 극복의 역사였다.[70]

기원전 11세기 이집트에서 '문자'라는 놀라운 표기수단이 발명되면서 스토리텔링은 구전에서 기록으로 변신하기 시작했다. 이 과정에서 기억을 위해 개발되고 활용되었던 다양한 운율, 리듬 등의 기교들은 쇠퇴하기 시작하였고, 문자로 이루어진 단어의 조직체계, 문장, 어휘, 상용구 등이 나타났다.[71]

15세기 중엽 기계로 활자를 배열하고 사본을 대량 생산하는 '인쇄'라는 과학기술이 나타났다. 이때 스토리텔링은 또 한 번 극적인 변모를 한다. 내부적으로는 읽기 쉬운 활자체, 문장부호, 교정기법 등의 기술을 수용했으며, 외부적으로는 저자, 출판인, 서점, 독자 등으로

---

69 폴 스미스(Paul Smith), 앞의 책, 22쪽.

70 이인화 외 7명, 앞의 책, 16쪽.

71 월터 J 옹(Walter J. Ong), 『구술문화와 문자문화』, 이기우, 임명진 역, 문예출판사, 1995, 160~171쪽을 인용한 이인화 외 7명, 『디지털 스토리텔링』, 황금가지, 2008, 16쪽을 재인용.

분화되고 전문화된 담화(discourse) 소비시스템 속에 스스로 재편했다.[72] 이러한 측면에서 우리는 과학기술의 발전에 대응하는 스토리텔링의 기량(skill)을 엿볼 수 있다. 통상 과학기술이 단순한 것에서 복잡한 것으로 진보하였듯이, 스토리텔링의 기량도 구전 시대의 형식적인 기교에서 좀 더 내용적인, 의미론적인 그리고 구문론적인 기교의 체계로 정교해지면서[73] 진화하였다.

이러한 스토리텔링의 진화는 여기서 멈추지 않았다. 19세기 말 전신과 영화의 발명을 시작으로 20세기 들어서는 전화, 라디오, 텔레비전, 컴퓨터 등 미디어 혁명이 일어나면서, 기량(skill)의 차원을 넘어선 기술(technology)들이 나타났다. 이러한 변화는 인간의 오감에 호소하는 '총체적 즉각성(spontaneity)'을 창출했다.[74] 19세기 말까지의 이야기 기술은 소설이라는 장르에 압축되었다. 소설은 활판 인쇄 문자라는 과학기술의 지배 아래 서사(narrative)라는 하나의 기술적 요소만으로 스토리텔링을 전개했다. 즉 철저하게 시간의 선형적인 연속성 위에 일어난 사건의 진술이었다.[75] 그러다 19세기 말 1컷의 그림만을 담은 시사풍자 만화(cartoon)에서 4컷 이상이 연결된 코믹스(comics)가 등장하면서 스토리텔링은 원리 면에서 한 걸음 더 진보했다.[76] 즉 이야기 만화의 약

---

72 E. L. Eisenstein, 「The printing Revolution in Early Modern Europe」, Cambridge Univ. Press, 1983, 30~40쪽을 인용한 이인화 외, 「디지털 스토리텔링」, 황금가지, 2008, 17쪽을 재인용.

73 이인화 외 7명, 앞의 책, 17쪽.

74 김정탁, 「라스웰과 맥루한을 넘어서 : 효과 미디어 패러다임에서 상지 교환 패러다임으로」, 「한국언론학보」, 43-5호, 한국언론학회, 1999, 133쪽을 인용한 이인화 외, 「디지털 스토리텔링」, 황금가지, 2008, 17쪽을 재인용.

75 이인화 외 7명, 앞의 책 18쪽

76 김용락·김미림, 「서사만화개론」, 범우사, 1999, 31쪽을 인용한 이인화 외 7명, 「디지털 스토리텔링」, 황금가지, 2008, 18쪽을 재인용.

어인 코믹스는 인쇄본 소설을 계승하면서 서사와 그림을 통해 '보여주기'와 '말하기'를 결합한 스토리텔링의 획기적인 장르였다.[77]

드디어 1895년, 연속으로 촬영한 필름의 화상을 스크린에 투영함으로써 동영상을 보여주는 영화가 등장했다. 스토리텔링이 또 한 번 결정적인 도약을 한 계기가 되었다. 당시 코믹스의 이동성과 연극의 활동성을 모두 갖춘 영화는 이야기 기술의 범위를 거의 무한대로 넓혔다. 이로써 영화는 고도로 복합적인 장르가 되었다.[78] 그러나 이러한 영화조차도 이야기를 향한 인간의 욕망을 충족하지 못했다. 이야기를 통해 자유의 영토를 꿈꾸는 인간의 상상력은 이야기의 수동적인 향유에 만족하지 않고 더욱 능동적인 창조를 갈망했다.[79]

20세기 후반 이러한 인간의 욕망을 현실화시킬 수 있는, 이전의 어떠한 기술로도 가능하지 못했던 상상력의 자유를 가능케 한 것이 바로 디지털 스토리텔링(digital storytelling)이다. 즉 기존의 서사와 그림과 동영상을 통합했던 전통적인 스토리텔링에서 컴퓨터와 인터넷 등의 통신기술을 이용한 상호 작용성을 통합시킨 것이다. 오랫동안 끊임없이 추구해 왔던 인간의 욕망이 탄생시킨 이야기의 양방향성, 이야기의 비선형성, 정보의 복합성을 모두 갖춘 디지털 스토리텔링(digital storytelling)이 혁명적인 인류의 가상적 공간을 만들어 낸 것이다.[80]

이상에서 살펴본 바와 같이 스토리텔링은 문자가 발명되기 이전인 선사시대부터 존재했으며, 문자가 발명된 이후인 역사시대를 거쳐,

---

77 이인화 외 7명, 앞의 책, 18쪽.
78 루이스 자네티(Louis Giannetti), 김진해 역, 『영화의 이해』, 현암사, 2000, 334쪽을 인용한 이인화 외 7명, 『디지털 스토리텔링』, 황금가지, 2008, 18쪽을 재인용.
79 이인화 외 7명, 앞의 책, 18쪽.
80 이인화 외 7명, 앞의 책, 19쪽.

오늘날 정보시대까지 항상 우리 인류의 역사와 함께해 왔던 것을 알 수 있다. 또한, 선사시대에서는 가장 대중적이었고, 역사시대와 정보시대를 거치는 동안은 과학기술의 발전과 서로 경쟁 또는 협력하면서 꾸준히 진보했음도 알 수 있다.

그러나 위기의 징조도 나타났다. 한편 정보시대에 본격적으로 접어들면서 스토리텔링의 존재감은 천천히 약해지기 시작했다. 그 자리에 더욱 편리하고 세련된 문자로 된 보고서, 메모, 매뉴얼 등으로 채워져 갔다. 그러던 중 1960~1970년대부터 다시 스토리텔링이 사람들의 관심을 끌기 시작하면서, 1973년 '전미 스토리텔링 페스티벌'이 개최돼 대중적 관심을 불러일으켰다. 스토리텔링이 비즈니스 영역까지 들어온 것은 1990년대 초반이다.[81] 이후 1995년 미국 콜로라도에서 열린 '디지털 스토리텔링 페스티벌(Digital Storytelling Festival)'을 계기로 오늘날 디지털 스토리텔링(digital storytelling)의 신호탄이 되어 지금에 이르게 되었다. 이야기의 힘이 정보를 누른 것이다.

⑤ 이야기와 정보의 차이

스토리텔링의 이야기(story)는 사건 그 자체에 대한 순수한 지식이 아니라 화자와 주인공이라는 인물을 통해 사건을 겪은 경험을 청자에게 전달한다. 이러한 측면에서 이야기(story)는 사건에 대한 단순한 정보와 구별된다. 이야기와 정보의 차이는 발머 벤야민(W. Benjamin)이 정리한 아래 [표10]에서 쉽게 구분할 수 있다.

---

81 폴 스미스(Paul Smith), 앞의 책, 22~23쪽.

[표10] 이야기(story)와 정보(information)의 차이[82]

Story (이야기)	먼 곳에서 일어난 흥미로운 이야기	듣는 이에게 기억되기를 의도함	오랜 시간 전달 내용의 생명력과 유용성을 유지	사건, 사물과 함께 체험한 사람의 흔적을 전달
Information (정보)	가까이서 일어나는 검증 가능한 이야기	듣는 이를 자극하기를 의도함	전달된 그 순간부터 내용의 유용성과 생명력 쇠퇴	사건과 사물의 순수한 실체를 전달

위 [표10]에서 제시된 4가지 속성의 설명에는 '좋은 이야기는 무엇인가'라는 판단의 기준이 함축되어 있다. 이를 좀 더 자세히 기술해 보면 다음과 같다. 즉 ①이야기는 먼 곳에서 일어나는 흥미로운 이야기이다. 이때 멀다는 말은 공간적으로 거리가 먼 원방성과 시간적으로 먼 원방성을 동시에 의미한다. 원방성이란 이야기를 듣는 사람들이 잘 알 수 없는 비일상성(非日常性)을 뜻한다. ②이야기는 듣는 이에게 기억되고자 하는 의도를 갖는다. 이야기는 어떤 경험을 기억하는 행위인 회상(recollection, 回想)의 성격을 띤다. 경험이 아니라 경험의 기억이 핵심하다. 스토리텔링이 의도하는 것은 지식의 기억이 아니라 감정의 기억이다. ④이야기는 오랫동안 전달 내용의 생명력과 유용성을 유지한다. 그러기 위해서는 내용이 진실하여야 한다. 스토리텔링은 인간이 공통으로 겪는 경험과 보편적인 감정을 응축시킨 것이다. ⑤이야기는 사건과 함께 체험한 사람의 흔적을 전달한다. 따라서 스토리텔링은 사건을 모방하고 변형함으로써 성립한다.[83]는 것이다.

---

82 이인화, 앞의 책, 15~16쪽.
83 이인화, 앞의 책, 15~24쪽.

144 | 지식재산 스토리텔링

위와 같이 이야기와 정보를 구별해 주는 4가지 속성을 살펴보았다. 이는 앞에서 이미 인용한 바 있는 "사람들은 정보 그 자체를 들을 때보다 '이야기'로 들을 때 20배 이상 더 잘 기억한다."와 "잘 다듬어진 '이야기'를 통해 배운 것은 정보의 나열이나 도표를 통해 배운 것보다 훨씬 더 정확하고 오래 기억된다."와 일맥상통한다. 이러한 이야기의 힘을 이용한 스토리텔링은 시대적으로 또는 기능적으로 다양하게 분류해 볼 수 있다.

6 스토리텔링 유형의 새로운 분류

전술한 스토리텔링의 역사에서 본 바와 같이, 선사시대(先史時代, prehistoric ages)에는 주로 말(구어, a spoken word)을 스토리텔링의 수단으로 삼아 일반적인 정보나 사건을 전달하는 구전(口傳, oral tradition)이었다면, 역사시대(歷史時代, era of history)에는 주로 문자(文字, words, letters or books)를 스토리텔링의 수단으로 삼았다. 그리고 오늘날 21세기 정보시대(情報時代, information era)에는 컴퓨터와 인터넷 미디어 등을 활용하여 한층 진보한 스토리텔링이 중요한 소통수단으로 자리 잡았다.

즉 스토리텔링은 이야기를 향한 끊임없는 인간의 욕망을 향해 달려왔음을 알 수 있다. 이야기를 통해 자유의 영토를 꿈꾸는 인간의 상상력은 과학기술의 발전과 함께 경쟁하면서 같이 진보해 왔다.

기존의 거의 모든 문헌 연구에서는 스토리텔링(storytelling)을 전통적 서사(narrative)와 현대적 스토리텔링(digital storytelling)으로 이분법적 구분을 하고 있다.

[표11] 종래의 스토리텔링 구분

용어	시대적	전통 서사	디지털 서사
	문명적	과거 스토리텔링	현재 스토리텔링
	혼합적	전통적 스토리텔링	디지털 스토리텔링
	일반적	서사(Narrative)	스토리텔링(Storytelling)

또한, 위 [표11]에서 보는 바와 같이 스토리텔링을 '전통 서사와 디지털 서사', '과거 스토리텔링과 현재 스토리텔링', '전통적 스토리텔링과 디지털 스토리텔링' 또는 '서사와 스토리텔링'으로 제각각 다양하게 표현하고 있다. 또한, 앞서 살펴본 바와 같이 서사(narrative)와 스토리텔링(storytelling)은 정확히 동일한 개념이 아님에도 불구하고 혼용하여 사용되고 있다.

스토리텔링은 인류 문명의 변천사와 더불어 시대적으로 변화했다고 볼 수 있다. 아래 [그림8]에서 보는 바와 같이, 언어문명은 지구에 호모사피엔스 인류가 출현한 이래로 약 10만 년 이상 지속하였다. 또한, 갑골문자를 비롯하여 인류가 글자로 소통하기 시작한 약 1만 년의 문자문명을 거쳤다. 이후 세계 최초의 금속활자인 직지와 구텐베르그 인쇄술이 발명된 이전인 흙과 목판에 활자를 새기는 기술이 출현한 이래로 약 1천 년간의 인쇄문명을 거치면서 스토리텔링은 큰 발전을 하였다.

최근에는 컴퓨터와 인터넷이 발명되어 다양한 콘텐츠와 매체들이 디지털과 융·복합됨으로써 스토리텔링은 또 한 번 큰 발전을 이루었다. 획기적으로 발전된 '디지털 스토리텔링'의 시대가 된 것이다. 스마트폰이 등장함으로써 언제 어디서나 어떤 정보든지 접근할 수 있는 '유비쿼터스(ubiquitous)' 시대로 향하고 있다. 미래에는 사람은 물론 사물 간에도 인터넷에 연결된다는 '사물인터넷(IoT, Internet of Thing)' 시대를 예고한다. 이러한 초연결문명은 앞으로 약 100년 동안은 지속될 것으로 예상하고 있다. 급변하는 시대적 환경과 과학기술의 발달에 따라 미래의 스토리텔링은 사람과 사물이 함께 소통하고 실세계와 가상세계의 경계가 사라지는 소위 '유비쿼터스 스토리텔링'으로 발전할 것으로 전망된다.

[그림8] 인간의 소통수단 역사

언어 문명 : 100,000년

문자 문명 : 10,000년

인쇄 문명 : 1,000년

초 연결 문명 : 100년

이제 앞서 살펴본 여러 가지 관점을 바탕으로 스토리텔링의 결과에서 비롯된 차이를 근거로 스토리텔링의 유형을 이분법적으로 구분하는 대신에, 시대적인 변화와 과학기술의 발달에 따른 스토리텔링 진화의 단계를 구분 짓는 몇 가지 요소들을 기반으로 스토리텔링의 유형을 논리적이고 체계적으로 구분하는 새로운 방법을 제시하고자 한다.

아래 [표12]에서 볼 수 있듯이 스토리텔링의 유형을 구분하기 위한 요소로 스토리·매체, 시간, 공간 및 연결방식의 4가지를 선택하여 적용하면, 스토리텔링의 유형을 모두 4가지로 새로이 구분할 수 있다. 즉 ①문자가 발명되기 이전인 선사시대에서의 말을 통한 구전소통(oral communication) 방식을 '스토리텔링 1.0'이라고 명명하고, ②문자가 발명되고 인쇄술이 개발된 역사시대에서의 필사소통(words communication) 방식을 '스토리텔링 2.0'이라 구분한다. 이 두 구분은 오프라인(offline) 방식으로 연결되는 특징을 갖는다. ③컴퓨터를 통해 연결하는 인터넷(internet)이 보편적 주류를 이루는 정보화 시대의 디지털 소통(digital communication) 방식을 '스토리텔링 3.0'이라고 명명하고, 마지막으로 ④스마트폰(smart phone)과 사물인터넷이 주도할 것으로 예상하는 유비쿼터스 소통(ubiquitous communication)을 '스토리텔링 4.0'으로 구분할 수 있다. 이 마지막 두 구분은 앞서 설명한 두 가지와는 달리 온라인(online)으로 연결되는 특징을 지닌다. 이러한 4가의 구분에 있어서, 스토리텔링 1.0은 '구전 스토리텔링', 스토리텔링 2.0은 '아나로그 스토리텔링', 스토리텔링 3.0은 '디지털 스토리텔링' 끝으로 스토리텔링 4.0은 '유비쿼터스 스토리텔링'으로 대응된다.

[표12] 스토리텔링 유형의 새로운 분류

구분	스토리텔링 1.0	스토리텔링 2.0	스토리텔링 3.0	스토리텔링 4.0
	구전 스토리텔링	아나로그 스토리텔링	디지털 스토리텔링	유비쿼터스 스토리텔링
스토리/매체	말	문자, 영상	디지털 매체	지능 매체
	직접 상호작용	상호작용 제한	다중 상호작용	몰입 상호작용
시간적인 특징	화자/청자 동일 시간	화자/청자 별도 시간	컴퓨터 접속 선택 시간	시간 제약 없음
공간적인 특징	화자/청자 동일 공간	화자/청자 별도 공간	컴퓨터 연결 선택 공간	공간 제약 없음
연결방식	직접 만남	간접 만남	인터넷연결	초연결
	offline		online	

앞서 소개한 '구전 스토리텔링'의 경우에는 화자와 청자가 동일 시간과 동일 공간에서 직접 만나서 말로 이야기를 나누어야 하는 시·공간의 제약이 따른다. 한편 '아날로그 스토리텔링'은 문자와 인쇄의 발명으로 화자와 청자 간에 동일한 시·공간의 제약은 어느 정도는 사라졌지만, 서적을 구입하기 위해 서점을 가거나 영화나 드라마를 보기 위하여 영화관이나 TV가 설치된 곳으로 직접 가야 하는 등의 공간적인 제약이 완전히 사라진 것은 아니다. 그러나 '디지털 스토리텔링'의 경우에는 컴퓨터와 인터넷이 설치된 곳이면 자신이 원하는 때에 인터넷에 접속하여 다중매체를 통해 타인과 이야기를 나눌 수 있어 공간적인 제약도 더 이상 없어졌다. 마지막으로 '유비쿼터스 스토리텔링'은 사람뿐만 아니라 사물까지도 사물인터넷을 통해 상호작용하여 언제 어디서나 어떤 이야기든지 나누는 시대가 도래할 것으로 예상된다.

이러한 스토리텔링은 각각의 활용 분야에 따라서도 그 유형을 달리 표현하기도 하는데, 어떻게 다른지 분야별 스토리텔링의 유형을 살펴본다.

분야별 스토리텔링의 유형은 크게 엔터테인먼트 스토리텔링, 인포메이션 스토리텔링, 비즈니스 스토리텔링, 기타 스토리텔링의 4가지로 구분할 수 있다. 즉 ①엔터테인먼트 스토리텔링은 서사성이 강하다. 동화, 만화, 드라마, 영화, 연극, 애니메이션, 게임, 캐릭터, 공연 등을 예로 들 수 있다. 흥미와 이야기성이 강조되며, 스토리텔링 중에서도 가장 활발히 진행되고 있다. ②인포메이션 스토리텔링은 정보성이 특징이다. 정보를 바탕으로 가공, 배치, 편집 및 디자인 과정을 거쳐 완성된다. 축제, 전시, 테마파크, 전시 등을 예로 들 수 있다.

사람들은 지식과 흥미를 동시에 추구하는 경향이 날이 갈수록 강해지기 때문에 이 유형도 엔터테인먼트 스토리텔링 못지않게 활성화될 전망이다. ③비즈니스 스토리텔링은 기업에서 주로 활용하는 유형이다. 상품, 디자인, 브랜드, 광고, 기업경영에 많이 활용되고 있다. 오늘날 '스토리텔링 마케팅'이라는 명칭으로 경제 또는 경영 분야에서 적극적으로 활용되고 있다. 각 기업은 기업의 이미지, 상품의 브랜드, 기업의 가치 등을 높이기 위하여 제품이나 기업에 얽힌 이야기를 만들어 제공함으로써 소비자들의 구매 욕구를 높이려 한다. 마지막으로 ④기타 스토리텔링은 일상생활이나 특정 분야에서 사용되는 유형으로 패션, 음식 등의 일상생활뿐만 아니라 정치, 선거, 행정, 교육, 종교, 스포츠, 관광, 법정 등과 같은 특정 분야에서도 활용경향이 증대되고 있다. 그러나 컨버전스(Convergence)나 유비쿼터스(Ubiquitous) 패러다임이 오늘날 디지털 문화의 중추가 되면서 이와 같은 스토리텔링의 유형은 서로 융합되어 그 구분이 모호해지고 있는 추세이다.[84]

그러나 이 책에서는 기업에서 주로 창출되고 활용되는 지식재산(IP) 기반의 스토리텔링에 관하여 집중적으로 검토하고자 한다. 이러한 측면에서 먼저 기업에서 주로 활용하고 있는 비즈니스 스토리텔링의 유형에 대하여 좀 더 자세히 살펴볼 필요가 있을 것이다.

---

84 정차숙, 앞의 글, 2013, 10쪽.

02

비즈니스 스토리텔링

비즈니스 스토리텔링(Business Storytelling)은 기업경영 및 마케팅 분야에서 주로 활용된다. 이는 단순히 사실이나 기술 그 자체보다는 스토리텔링 기술을 활용하여 보다 설득력이 강하고 효과적으로 정보를 전달하는 방법이 될 수 있기 때문이다.

특히 기업경영 측면에서는 갈등을 해결하고, 새로운 이슈를 제시하며, 기업이 직면한 도전을 해결하기 위하여 스토리텔링은 하나의 중요한 수단이 될 수 있다. 경영자는 직접적인 행동으로 해결하기 어려운 갈등을 다루기 위한 방법으로 스토리텔링을 활용할 수 있을 것이다. 기업에서 발굴한 다양한 이야기는 다른 사람들의 감성을 자극하고 과거의 역사와 미래의 비전을 연결함으로써 조직원들을 한 방향으로 모을 수 있기 때문이다. 이 과정에서 경영자는 다양한 문제나 이슈를 이야기에 담아낼 수 있다.

스토리텔링은 추리하는 과정에서도 다른 구성원들에게 확신을 줄 수 있다. 복잡한 상황에서 구체적인 논쟁이나 확률적인 해법으로 접근하는 것보다 스토리텔링을 활용하면, 경영자가 이야기를 통해 더 많은 맥락을 담아내고 그러한 추리과정에서도 다른 사람들에게 확신을 줄 수 있다. 이러한 사람 간 소통의 원리인 커뮤니케이션의 모델에 대해 살펴보자.

◼1 커뮤니케이션 모델

스토리텔링의 기본적인 목적은 사람과 사람 간의 소통이다. 커뮤니케이션 모델(model of communication)은 사람 간의 소통절차를 개념적으로 설명할 수 있다. 사람들은 서로 정보를 교류하고 또한 소통을 통해 서로 연결되어 있다. 이러한 정보의 교류(transaction) 과정에서는 일방적으로 정보를 보내는 송신자(sender)와 단순히 정보를 받는 수신자(receiver)가 각각 따로 구분되는 것이 아니라, 송신자이면서 동시에 수신자가 되는 양방향으로 소통하는 특성을 지닌다. 또한, 이 정보의 교류를 통해 소통에 참여하는 모두에게 영향을 미치므로 소통은 유동적(fluid)이며 동시적(simultaneous)인 특징을 지닌다.[85]

아래 [그림9]에서 보는 바와 같이 송신자가 정보를 송신하고 동시에 수신자의 반응(feedback)을 수신하는 개념을 나타내고 있다. 이렇게 교류하는 소통의 모델을 '교류 커뮤니케이션 모델(Transactional Model of Communication)'이라고 한다.[86] 대부분의 소통은 이러한 모델에 해당된다고 볼 수 있다.

---

85 WIKI, "Models of Communication"
     http://en.wikipedia.org/wiki/Models_of_communication), 2014.09.12. 방문.
86 WIKI, 앞의 글, 2014.09.12. 방문.

[그림9] 교류 커뮤니케이션 모델

최초로 등장한 커뮤니케이션 모델은 1949년에 벨(Bell Laboratories)에서 근무하던 샤논(Claude Elwood Shannon)과 위버(Warren Weaver)에 의해 만들어 졌다. 이는 전화기의 기능을 모방하여 고안되었으며 송신자(sender), 채 널(channel), 수신자(receiver)의 3가지로 이루어졌다.[87]

이 초기 모델에서 전화기에 해당하는 채널을 통해 송신자가 수신자 에게 보내는 정보(Information)를 추가하여 좀 더 개선된 '샤논-위버 커 뮤니케이션 모델(Shannon and Weaver Model of Communication)'이 개발되었다. 즉 정보발신자(information source), 송신기(transmitter), 채널(channel), 수신기 (receiver) 및 수신자(destination)의 5가지 요소로 새로운 모델로 구성되었 다. 여기서 ①정보발신자는 메시지를 생성하고 ②송신기에서는 메시 지를 전송신호로 변환하는 코딩(encoding)이 이루어지며 ③변환된 신호

87 WIKI, 앞의 글, 2014.09.12. 방문.

는 채널을 통해 전송되고 ④수신기에서는 수신된 신호로부터 최초의 메시지로 복원(reconstruction)하는 디코딩(decoding)을 거친 후 ⑤복원된 메시지는 수신자에게 전달된다.

1960년에 버로(David Berlo)는 앞에서 설명한 샤논-위버 모델을 좀 더 확장하여 더 명확하게 구분될 수 있는 새로운 모델을 개발하였다. 이 모델은 아래 [그림10]에 보는 바와 같이 4가지의 요소로 구성되었는데, 발신자(Source), 메시지(Message), 채널(Channel) 및 수신자(Receiver)로 되어있다. 이를 'SMCR 커뮤니케이션 모델'이라고 부른다. 이 SMCR 커뮤니케이션 모델은 기본적이고 핵심적인 송신자(Sender), 메시지(Message), 채널(Channel), 수신자(Receiver)의 4가지 요소를 모두 포함한다. 이는 메시지를 전송신호로 변환하는 코딩(encoding)과 반대로 전송신호를 메시지로 변환하는 디코딩(decoding)을 고려하고 있지만, 메시지를 전달하는 기능적인 측면 위주로 된 모델이라는 한계를 지니고 있다.[88]

---

88 WIKI, 앞의 글, 2014.09.12. 방문.

[그림10] SMCR 커뮤니케이션 모델

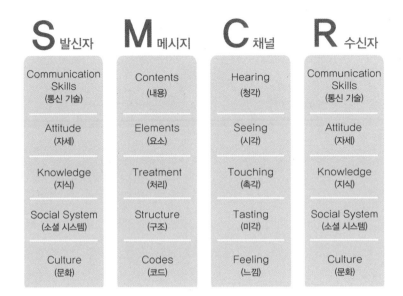

2005년 Kotler 등은 구성 요소 간의 상호작용을 나타내는 수신자의 반응(response)과 송신자에게 제공되는 피드백(feedback) 요소를 더 포함하고 소통을 방해하는 요소인 잡음(Noise)을 추가로 더 포함하여 아래 [그림 11]에서 볼 수 있듯이 개선된 커뮤니케이션 모델을 제안하였다.[89]

89 Elisabeth Hermansson, Jia Na, 「How does a company communicate through storytelling? A study of the storytelling technique used in two companies」, Kristianstad University, 2008, 15쪽.

[그림11] 9가지 요소로 구성된 커뮤니케이션 모델[90]

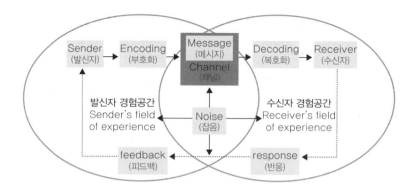

이 모델은 기본적으로 발신자(송신자)와 수신자가 분리된 상황에서, 위 [그림11]에서의 왼쪽 타원형으로 표시된 발신자(송신자)의 경험공간과 오른쪽 타원형으로 표시된 수신자의 경험공간이 겹치는 공통공간에 있는 메시지 채널(Message Channel)에서 서로 소통이 될 수 있음을 보여준다. 즉 발신자가 어떠한 내용을 수신자에게 전달할 때, 발신자의 내용 중에서 수신자의 경험 공간 안에 있는 내용(massage)만 전달되고, 반대로 전달받은 내용(massage)에 대한 수신자의 반응은 발신자의 경험 공간 안에 있는 반응(response)만 발신자에게 피드백(feedback)된다는 것이다. 또한, 내용(massage)의 전달을 방해하는 잡음(Noise)은 공통 공간뿐만 아니라 발신자의 경험 공간 및 수신자의 경험 공간을 포함하여 소통에 영향을 끼칠 수 있다.[91] 이를 좀 더 쉽게 표현하면, 화자가 전달하고자 하는 내용은 청자가 공감하는 부분만 전달될 수 있고, 청자의 반응(response)도 화자가 공감하는 부분만 받아들여진다(feedback)는 뜻이

90 Elisabeth Hermansson, Jia Na(2008), 앞의 글, 15쪽. 재구성
91 Elisabeth Hermansson, Jia Na(2008), 앞의 글, 15쪽.

다. 이는 스토리텔링에 있어서 커뮤니케이션의 상호 작용을 보여주는 좋은 모델이다.

② 커뮤니케이션 스토리텔링

소통의 수단으로 스토리텔링을 활용하는 목적 중의 하나는 상대방을 설득하기 위함이다. 화자가 전달하고자 하는 내용을 상대방(청자 또는 청중)에게 쉽게 이해시키면서 정서적인 공감까지 유도하여 설득을 이끌어 내는 것이다. 이것을 '커뮤니케이션 스토리텔링'이라 한다. 오늘날 커뮤니케이션을 위해 스토리텔링을 활용하는 사례가 늘어나고 있다. 기업의 경우에도 제품의 기능이나 효과를 그대로 설명하기보다는 제품의 개발과정에 관련된 이야기, 창업자와 관련된 이야기, 고객들의 이야기 등을 통해 제품을 홍보함으로써, 고객들에게 보다 친밀하게 다가가기 위함이다. 이러한 상품이나 서비스의 홍보나 마케팅뿐만 아니라, 기업 내부의 직원들 간에도 가치와 비전을 공유하고 공감하기 위하여 커뮤니케이션 스토리텔링을 활용하고 있다.[92]

이렇듯 다양한 분야에서 커뮤니케이션 기법으로 활용되는 스토리텔링이 갖는 장점은 무엇일까? 첫째, 인간의 인지 구조의 특성으로 볼 때, 스토리텔링을 통해 전해지는 이야기의 흐름 속에서 정보를 쉽게 이해할 수 있고, 또한 다른 사건이나 사물과 연상을 하게 함으로써 인간의 기억에 오래 남도록 한다는 점이다. 둘째, 인간은 이야기 속에 등장하는 주인공과 공감하면서 유대감을 많이 형성할수록 메시

---

92 송주헌, 「스토리텔링으로 구성원의 마음을 움직일 수 있다」, LG Business Insight, Weekly 포커스, 2011.12.7, 16쪽

지를 보다 친밀하게 받아들인다. 스토리텔링은 인간의 감성에 호소하여 상대방을 쉽게 몰입시킬 수 있는 장점이 있다.[93] 이러한 장점을 가진 스토리텔링은 기업의 마케팅에 더 많이 활용되고 있다.

인간의 의사소통의 발달 과정을 진화 발생학적 관점에서 보면, 커뮤니케이션은 인지적 접촉의 한 형태라고 볼 수 있다. 인지적 접촉이란 의사소통을 할 때 생물학적으로 동일하거나 유사한 코드를 사용하고 유사한 방식으로 정보를 처리한다는 것을 뜻한다.[94] 인지기반에 맞춘 스토리텔링은 화자의 입장에서 강제적으로 기억하게 하는 것이 아니라 청자 입장에서 스스로 기억할 수 있도록 하는 것이다.

이러한 인지과학 기반의 커뮤니케이션 스토리텔링은 은유를 매개체로 한다. 은유(metaphor)란 표면적인 유사성을 발견하는 것이 아니라, 의미상 또는 내면적 정서 등에서 유사성을 인정하게 하여 청자의 사고를 확장시키는 수단이다. 이러한 은유 전달 과정은 화자와 청자 간의 이해를 북돋우고, 이를 통해 개념과 관조, 사고와 경험, 그리고 알려진 것과 새로운 것들 간의 간격을 연결하여 적은 인지적 노력으로 의미의 공명을 이루고 나아가 의미 공감대를 형성케 한다.[95]

최근 인지과학과 뇌 연구에 대한 결과들, 특히 뇌파에 대한 연구 결과는 언어 기호라는 매개 없이도 의사소통을 해결할 수 있는 가능성을 보여 준다. 이제까지는 인지적 접촉 수단으로 언어 기호를 사용했는데, 앞으로는 두뇌와 인지신경과학적 접근으로 우리의 생각 자체가 메시지이고 매체로 표현되어 전달될 수 있다는 의미다. 일

---

93 송주헌, 앞의 글, 16~21쪽

94 박은정, 「문화와 과학의 소통, 인지기반의 스토리텔링」, 『영미문화』, 제11권 1호, 한국영미문학학회, 2011, 115쪽.

95 박은정, 앞의 글, 115~120쪽.

명 미래의 커뮤니케이션의 형태로 불리는 '뉴로 커뮤니케이션(neuro-communication)'[96]이다.

간략하게 뉴로 커뮤니케이션을 소개하면 다음과 같다. "두뇌에 수용되는 모든 정보는 뇌세포인 뉴런의 작용에 의해 표현된다. 이것이 두뇌의 정보처리 이론적 과정이다. 뉴런에 의해서 이 정보들이 처리될 때, 먼저 전기적 상태로 처리되고 이후 화학적 상태로 바뀌어서 여러 뉴런으로 전달되고, 다시 전기적인 상태로 바뀌어서 최종적으로 처리된다. 이와 같은 과정으로 외부세계에서 수용된 모든 정보가 시시각각으로 처리되는데, 이 과정에서 일종의 파장인 뇌파가 발생한다. 이 같은 정보처리 결과로 생각할 수 있고 커뮤니케이션을 할 수 있다. 이러한 관점에서 보면, 모든 커뮤니케이션 활동은 뇌파로 표현될 수 있다고 볼 수 있다."[97]

그뿐만 아니라, 뇌파를 기계와 인터페이스를 갖게 하여 인간과 기계가 커뮤니케이션 하는 보다 새로운 스토리텔링의 시대가 열릴 것으로 예상한다. 앞에서 언급한 '스토리텔링 유형의 새로운 분류'에서 '스토리텔링 4.0'에 해당하는 '유비쿼터스 스토리텔링'을 분류한 의미가 바로 여기에 있는 것이다. "미래의 커뮤니케이션의 형태는 어떠한 텍스트나 이미지 또는 그림 등이 없어도 두뇌의 뇌파가 메시지를 매개하는 매개체가 될 것이며, 여기서 메시지는 언어나 문자 등과 같은 물리적 기호가 아니라 에너지 기호로 전달될 것이다. 이러한 에너지는 파장의 형태로 전달되므로 메시지의 이해는 주파수의 일치와 관계

---

96 박은정, 앞의 글, 115쪽.
97 박은정, 앞의 글, 116쪽.

스토리텔링 | 159

를 갖게 될 것이다."[98]

오늘날 커뮤니케이션 스토리텔링은 첨단 과학기술, 특히 인지과학의 발달과 함께 계속 발전 해 갈 것이며, 스토리텔링의 형태도 지금의 보편적인 모습과는 전혀 다른 모습으로 변모할 것이다. 왜 과학기술과 문화예술의 융합이 필요한가? 인간의 사고와 상상으로 새로운 기술을 발명하는 과학기술의 이성과 마음의 실체를 자극하는 문화예술의 감성은 서로 떨어져 존재하는 것이 아니라 함께 존재한다. 본래 서로 융합함으로써 상생하여 온 것이다. 이러한 측면에서 최근 주목받고 있는 새로운 융합과 학제 간의 연구는 당연해 보인다. 따라서 과거 문학 분야에서 주로 다루었던 스토리텔링이 최근 기업 분야의 마케팅에 융합되어 응용되는 추세는 인간 본연의 자연스러운 현상으로도 해석될 수 있을 것이다.

③ 마케팅 믹스

기업에서는 상품이나 서비스 등을 소비자에게 더욱 효과적으로 판매하기 위한 수단으로 마케팅을 한다. 이러한 마케팅 목표의 효과적인 달성을 위하여 마케팅 활동에서 사용되는 여러 가지 방법을 전체적으로 균형 잡히도록 조정 및 구성하는 일을 '마케팅믹스(marketing mix)'라고 한다. 즉 기업이 기대하는 마케팅 목표를 달성하기 위해 마케팅에 관한 각종 전략·전술을 종합적으로 실시하는 것을 뜻한다.

1964년 미국의 매카시(Jerome E. McCathy)는 상품을 위한 마케팅 믹스의 핵심적인 구성 요소를 4P라고 제시했다. 4P는 제품(product), 가격(price), 장소(place), 촉진(promotion)을 말한다. 이러한 요소들은 마케팅 경

---

98 박은정, 앞의 글, 117~118쪽.

영자가 통제할 수 있는 다양한 마케팅 수단들을 의미한다. 이러한 각각의 구성요소와 관련된 다양한 이야기를 발굴하여 스토리텔링으로 활용하면 마케팅에 도움이 될 수 있다. 1981년 붐스(Bernard H. Booms)와 비트너(Mary Jo Bitner)는 아래 [그림12]에 나타낸 것처럼 서비스 마케팅을 위한 마케팅 믹스의 구성요소로 기존의 4P 요소에 프로세스(process), 물리적 환경(physical environment), 사람(people)의 3P를 추가하여 7P로 확장하였다.[99]

[그림12] 마케팅 믹스(Marketing Mix) 구성요소

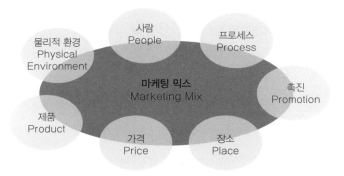

확대된 마케팅 믹스 7P의 구성요소를 보다 세분화해서 살펴보면 아래 [표13]과 같다.

99 Wikipedia, "Marketing Mix" http://en.wikipedia.org/wiki/Marketing_mix, 2014.08.27. 방문

[표13] 확대된 마케팅 믹스(7P)의 구성요소 세분화

제품	가격	장소 (유통)	촉진	프로세스	사람	물리적 환경
디자인 기술 편이성 유용성 문제해결 가치 품질 브랜드 보증	상류층 흡수 가격 시장진입가 원가가산가 원가우위가 특판가격	소매 도매 내수/수출 인터넷 개인판매 다중채널	광고 판촉 직판 추천 특가판매 선물 사용자시험	정책 표준화 제도적 장치 서비스 불만처리 응답시간	설립자 임직원 교육/훈련 자세/태도 조직문화 고객관리	설비 고객접점 인공물 고객의견 소문 제안접수 관리자시설

　이와 같이 기업들이 마케팅 측면에서 충성고객을 확대하기 위해 오늘날 스토리텔링을 활용하는 사례가 점점 늘어나고 있다. 이러한 마케팅에 활용하는 추세는 인간이 즐거움을 누리고자 하는 내면의 욕구를 반영한하고 있다고 볼 수 있다. 스토리텔링은 의미 전달이 분명하고, 기억하기 쉽고, 어떤 기업이라도 고객들과의 강한 감성적인 연대감을 형성하게 한다. 기업들이 소통을 잘하고 마케팅 목적을 달성하기 위해서는 아래 [그림12]에서 볼 수 있는 바와 같이 광고(advertising), 홍보(public relations), 판촉(sales promotion), 대인판매(personal selling), 직거래(direct marketing) 등의 다양한 마케팅 수단을 함께 동원한다. 이러한 기법을 소위 '마케팅 커뮤니케이션 믹스(marketing communication mix)' 또는 '마케팅 프로모션 믹스(marketing promotion mix)'라고 한다.

　오늘날 점점 더 복잡해지는 마케팅 커뮤니케이션 환경에서 메시지, 이미지, 포지셔닝(positioning), 정체성 등을 강화하기 위하여 다양한 소통채널과 촉진수단들을 통합하고 조정하고 있다. 이러한 통합 마케팅

커뮤니케이션을 활용하는 기업들이 점차 늘어나고 있다. 마케팅 환경에서 성공적인 마케팅을 위해 핵심적인 수단이기 때문이다.

[그림12] 마케팅 커뮤니케이션 믹스 구성요소

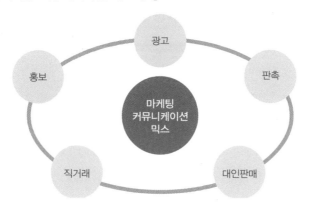

통상 제품이나 서비스에 관한 정보와 메시지는 다양한 소스와 미디어 채널을 통해 고객들에게 전달된다. 새로 전달되는 메시지는 이전의 경험을 통해 고객의 마음에 새겨진 메시지와 부합되어야 한다. 통합 마케팅 커뮤니케이션은 기업의 이미지를 고객이 지닌 메시지와 일치시킴으로써, 소통의 일관성을 유지할 뿐만 아니라 더 나은 효과를 창출한다. 이러한 기법은 기업과 제품이 고객들의 문제를 얼마나 잘 해결하는지를 분명하게 보여주고자 하는 마케팅 커뮤니케이션 전략이다.

이러한 통합 마케팅 커뮤니케이션은 크게 4가지 패러다임의 전환이 이루어짐으로써 가능해졌다고 볼 수 있다. 즉 ①전통적인 마케팅으로부터 상호작용이 가능한 디지털 마케팅으로의 전환 ②다중 매체로부터 특화된 매체로의 전환 ③낮은 수준의 마케팅 비용에서 높은 수준의 마케팅 비용으로의 전환 ④제한된 연결성으로부터 전 방위적인 연결성으로의 전환 등이 포함된다.

또한, 통합 마케팅 커뮤니케이션은 조직문화, 4P 마케팅믹스, 광고, 직판, 온라인 인터넷 마케팅, 모바일 마케팅, 영업 및 고객 서비스, 홍보, 판매촉진, 무역전시, 자선사업 등 다양한 측면에서 혼합되어 이루어진다. 이를 좀 더 자세히 기술하면, ①조직문화는 조직의 비전과 임무, 종업원과 파트너의 자세와 태도 및 기업 내의 소통 등이 포함된다. ②4P 마케팅 믹스는 앞에서 설명한 바와 같이 제품(product), 가격(price), 장소(place), 촉진(promotion)을 나타낸다. ③광고는 방송, 인쇄물, 인터넷, 라디오, TV 등의 매스 미디어 광고와 옥외 광고판, 도로 시설물, 경기장, 휴식 공간, 지하철, 택시, 환승장 등의 야외광고 및 모바일, 이메일, 배너, 검색엔진, 블로그(blog), 뉴스레터, 미디어 등의 온라인 광고 등이 포함된다. ④직판은 우편, 텔레마케팅, 카탈로그(catalogue), 쇼핑 채널, 인터넷, 이메일, 문자, 웹사이트, 온라인 표시, 쿠폰, 직판, 커뮤니티 마케팅, 모바일 마케팅 등을 포함한다. ⑤온라인 인터넷 마케팅은 검색엔진 최적화(Search Engine Optimization, SEO), 검색엔진 마케팅(Search Engine Marketing, SEM), 모바일 마케팅, 이메일 마케팅, 콘텐츠 마케팅, 소셜 미디어 마케팅 등을 포함한다. ⑥영업 및 고객 서비스는 판매장, 광고책자(brochure), 발표자료, 설치와 수리, 요금 청구 등을 포함한다. ⑦홍보는 특별 행사, 인터뷰, 학술대회 연설, 산업 수상, 기자회견, 표창장, 보도자료, 떠들썩한 선전, 사회참여, 자선단체 참여 및 행사 등을 포함한다. ⑧판매촉진은 경진대회, 쿠폰, 제품 샘플, 고급품, 경품, 환불, 특별행사 등을 포함한다. ⑨무역전시는 부스(booth)전시, 제품 데모 등이 있다. 마지막으로 ⑩자선사업은 기부, 자원봉사, 자선 활동 등이 있다.[100]

④ 스토리텔링 마케팅

미래학자 롤프 옌센은 "미래의 부를 창조하는 길은 더 이상 상품의 기능에서 나오지 않는다. 꿈과 감성이 지배하는 21세기, 소비자는 상상력을 자극하는 스토리가 담긴 제품을 구매한다. 감성을 자극하는 스토리텔링은 부를 창조하는 원동력이다." 라고 말했다.

스토리텔링 마케팅(storytelling marketing)은 제품의 특성을 객관적인 사실로 설명하는 것이 아니라, 소비자들의 마음을 움직일 수 있도록 감성적인 이야기로 풀어나가는 마케팅 커뮤니케이션 기법을 의미한다. 상품이나 서비스 자체의 기능, 성능, 품질, 가격 등에 대한 이성적인 사실이나 정보보다는 상품이나 서비스 또는 기업 내·외부 및 고객 등과 관련된 감성적인 이야기를 제공한다. 즉 소비자의 꿈과 감성을 만족하게 해 주는 이야기로, 상품이나 서비스를 전달함으로써 소비자의 몰입과 재미를 불러일으키는 마케팅을 의미한다.[101]

마케팅을 위한 스토리텔링은 주로 광고에서 활용하는 사례가 늘어나고 있다. 소비자들의 내면에 깊이 내재한 즐거움을 추구하려는 욕구를 반영하기 위함이다. 즐거움과 감동이 있는 이야기는 고객들과 강한 감성적인 연결고리를 만들어 주기 때문이다. 마케팅을 위한 스

---

100 Wikipedia, "Integrated Marketing Communication" http://en.wikipedia.org/wiki/Integrated_marketing_communications, 2014.08.30. 방문
101 곽진민·이은미, 「브랜드에 생명을 불어넣는 스토리텔링 마케팅」, KT경영연구소 Hot Issue, 2009, 1~7쪽을 인용한 정차숙, 앞의 글, 15쪽을 재인용.

토리텔링에서는 기업의 이미지, 제품과의 연관성 및 고객이 공감할 수 있는 가치를 발굴된 이야기에 분명하게 담아서 고객들에게 재미와 감동을 전해 주는 것이 중요하다.

마케팅을 위한 스토리는 ①브랜드의 콘셉트(concept) ②제품·서비스의 기능과 성능 및 ③목표고객 등을 고려하여 차별화된 가치를 잘 나타내는 것이 중요하다.

브랜드 콘셉트의 차별화는 물론 제품·서비스와 연관된 이야기는 아래 [그림13]에서 볼 수 있는 바와 같이 기업을 둘러싼 다양한 출처로부터 발굴될 수 있다. 즉 ①제품·서비스와 관련된 숨겨진 이야기 ②제품·서비스와 연관된 역사, 신화, 소설 등 ③제품·서비스 관련 사회적 이슈 ④제품·서비스의 선호에 영향을 주는 오피니언 리더의 견해 ⑤기업경영 과정에서 CEO와 직원들을 둘러싼 성공과 위기 ⑥고객의 체험담과 에피소드 등이 이에 해당한다.

아울러, 목표고객 층의 라이프 스타일과 경험을 고려한 마케팅 스토리는 ①쉽게 공감할 수 있고 ②전하고자 하는 메시지가 분명하고 ③고객들이 쉽게 기억하고 ④몰입이 가능한 이야기로 만들어야 한다. 기업이 제품의 특징만 부각시키는 경우에는 고객의 공감대 형성이 어렵고 심하면 반감을 일으킬 수 있다. 따라서 재미와 가치를 겸한 이야기를 통해 제품이나 서비스 및 브랜드를 알리는 것이 효과적이다. 이야기에 감동한 고객은 주변 사람들에게 또 전달하게 되는 구전효과를 볼 수 있다.

[그림13] 마케팅 스토리의 발굴

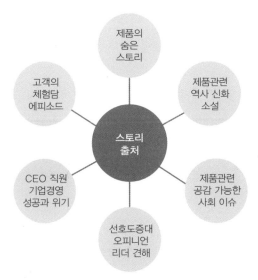

이러한 스토리텔링 마케팅의 유형은 아래 [그림14]에서 볼 수 있듯이 크게는 '사실 기반의 스토리텔링(real storytelling)', '수정·가공의 스토리텔링(storytelling twisting)' 및 '창작 스토리텔링(story making)'의 3가지로 구분할 수 있다. ①사실 기반의 스토리텔링에는 CEO와 기업 탄생 및 제품과 서비스 개발의 뒷이야기, 브랜드의 이름이 갖는 의미 등 기업과 관련된 여러 가지 사건들을 소재로 최대한 리얼리티를 반영한 스토리로 구성한 '에피소드(episode) 스토리텔링'과 소비자가 직접 체험한 이야기를 포함하여 제품과 관련된 체험과 경험담을 소재로 스토리를 구성한 '체험담(experiences) 스토리텔링'이 있다. ②수정·가공 스토리텔링은 사실이 아닌 재미있고 흥미로운 이야기를 그럴듯하게 만든 '루머(rumor) 스토리텔링', 기존의 인기 있는 이야기를 제품과 서비스의 콘셉트에 맞게 새로운 시각으로 가공하여 전달하는 '패러디(parody) 스토리텔링', 하나의 브랜드의 이야기로부터 다른 영역의 브랜드를 파생적으로 연상하도록 스토리를 만들어 전달하는 '파생(derivative) 스토리텔링' 등이 있다. ③창작 스토리텔링은 소비자가 바라는 꿈과 희망을 브랜드에 담아 동경하도록 스토리를 구성하는 드림(dream) 스토리텔링, 하나의 주제에 대해 일관된 콘셉트로 연속적이고 다양한 이야기로 전달하는 시리즈(series) 스토리텔링, 특정 기념일에 맞는 이야기를 개발하여 해당 기념일에 관련된 목표 고객 그룹이 공감하고 참여하게 하는 기념일(memorial day) 스토리텔링 등이 이에 속한다.[102]

[그림14] 스토리텔링 마케팅의 유형[103]

기식기반의 스토리텔링		
에피소드 스토리텔링	CEO.기업.제품 탄생의 뒷이야기 브랜드네임의 의미를 이야기 소재로 활용.최대한 리얼리티를 반영해야 효과가 큼	《애플》 CEO(스티브잡스)의 히스토리를 부각하여 독특하고 창조적인 브랜드 가치, 이미지 확립
체험담 스토리텔링	소비지가 직접 경험한 이야기를 다시 소비자에게 전달하여 제품과의 유대감 및 브랜드 경험 강화	《SK텔레콤 : 현대 생활백서》 개개인이 핸드폰을 통해 겪은 다양한 에피소드를 '내가 만들어가는 생활의 중심'이라는 테마로 경험담 공유

---

102 정차숙, 앞의 글, 16~18쪽.
103 Easter Report, 'Storytelling In Web' Easter Communication, 2008.6, 3쪽. 재구성

수정/가공 스토리텔링

루머 스토리텔링	리얼리티가 아닌 흥미롭고 재미있는 이야기를 그럴듯하게 만들어 관심을 갖게 함	《바나나는 원래 하얗다》 제품 탄생 및 브랜드 네임의 비화를 마켓팅 부서의 대화를 몰카 촬영하여 자연스럽게 전달
패러디 스토리텔링	기존에 사용했던 인기스토리를 제품의 컨셉에 맞게 새로운 시각으로 가공하여 전달. 친근하고 빨리 부각시킬 수 있는 장점	《롯데리아 : 크랩버거》 '노인과 바다' 소설의 중요 소재를 활용하여 원작 속의 상어를 커다란 게로 바꾸고 과장되고 유머스럽게 표현
디리버티브 스토리텔링	하나의 브랜드에서 스토리를 통해 다른 영역의 브랜드를 파생적으로 연상할 수 있도록 함	《페르소니》 '로미오와 줄리엣' 러브스토리를 주얼리제품과 소품을 통해 연상할 수 있도록 재해석하여 이야기 전개

창작스토리텔링

드림 스토리텔링	소비자가 동경하는 꿈과 희망을 브랜드에 담아 브랜드에 대한 동경으로 느끼게 함	《나이키》 승리에 대한 의지와 열정을 선수들의 멋진 모습과 플레이를 통해 동경심 자극
시리즈 스토리텔링	하나의 주제에 대해 일관된 컨셉으로 연속적이고 다양한 이야깃거리 전달	《박카스》 대학. 군대. 직장인들 일상생활에서 드링크제와 연관성을 부여하는 스토리로 브랜드 친근감 제고
기념일 스토리텔링	특정한 기념일에 맞는 이야기를 개발하여 관련 타켓 그룹이 공감하고 참여하게 함	《빼빼로》 빼빼로 모양과 같은 11월 11일을 '빼빼로 데이'로 지정하여 친구들끼리 선물로 빼빼로를 주고받는 의미 전달

스토리텔링의 구성

이야기를 만드는 정형화된 공식은 딱히 없다. 그럼에도 스토리텔링은 주어진 상황이나 청자에 따라 적절하게 다듬어야 하는 몇 가지 요소들이 있다. 아리스토텔레스로부터 안데르센에 이르기까지 문학의 역사를 보면 근본적인 공통요소를 발견할 수 있다. 이러한 요소들은 스토리를 전달하는 목적이나 상황에 따라 적절하게 다양한 방식으로 활용될 수 있을 것이다.

스토리텔링의 구성에 핵심이 되는 4가지 요소는 메시지, 갈등, 등장인물 그리고 플롯을 들 수 있다.

1 메시지

메시지는 스토리텔링의 전달 주제이며 핵심 내용이다. 이 메시지를 전달하기 위해 이야기하는 것이 바로 스토리텔링이다. 스토리텔링을 통해 이야기를 이해하고 메시지를 습득할 수 있다. 따라서 메시지를 좀 더 효과적으로 전달하기 위하여 이야기 속에 메시지를 집어넣는다.[104] 그러나 스토리에는 하나의 메시지만 담는 것이 바람직하다. 만약 더 많은 메시지를 담으려면 우선순위를 정해야 하는데, 이렇게 되면 스토리는 불분명해지고 메시지는 혼란스러워질 수 있다.[105]

2 갈등

갈등이란 조화와 균형을 깨뜨리는 역동적 변화로서 이야기에 긴장과 재미를 유발한다. 갈등이 없으면 따분하고 지루해질 수 있다. 인간은 무의식적으로 각자의 삶에서 조화와 균형을 찾는데, 이러한 조화와 균형이 무너지면 그것을 회복하기 위해 방안을 찾으려고 노력한다. 따라서 갈등을 통한 대립은 이야기에 호기심과 흥미를 제공하는 추진력이며 이야기의 핵심이라고 할 수 있다.[106] 즉 갈등은 좋은 이야기를 만들어 내는 데 필요한 동력이다. 갈등이 없으면 이야기다운 이야기는 존재하지 않는다고 해도 과언이 아니다. 인간은 갈등과 마주하게 되면 본능적으로 해결책을 찾으려고 하기 때문에 갈등이 행동을 만들어 내는 원동력이다.

이후 갈등이 모두 해소될 때까지 일련의 변화를 하게 된다. 사람들은 통상 조화와 균형이 깨어지면 그러한 깨짐에 대해 두려움을 갖게 된다. 이러한 두려움이라는 요소가 이야기의 갈등을 해결하기 위한 도전을 만든다. 그래서 좋은 이야기에는 항상 조화로움을 획득하거나, 균형을 지키거나 또는 회복하려는 투쟁이 있다. 이야기의 생명

---

104 정차숙, 앞의 글, 11쪽.
105 클라우스 포그 외 2명, 앞의 책, 43쪽.
106 정차숙, 앞의 글, 11~12쪽.

은 예측하기 힘든 혼돈과 예측 가능한 조화라는 두 극점 간의 긴장에 있다. 갈등이 커질수록 이야기의 드라마틱한 면은 커진다. 그러나 갈등이 어느 한계를 넘어 이야기가 혼란스러워지면 곤란하다. 이야기가 혼돈에 빠지면 상대방을 사로잡기 힘들다. 완전한 혼돈은 완전한 조화만큼이나 밋밋하다. 따라서 혼돈과 조화의 균형을 맞추어야 한다.[107] 스토리텔링은 바로 이러한 갈등과 해소라는 과정을 통해 화자의 메시지를 전달하는 행위이다.

③ 등장인물

등장인물은 갈등이 일련의 변화를 통해 생명력을 가지는 데 필요하다. 이야기는 대개 주인공 또는 영웅이 어떠한 목표를 추구하면서 시작된다. 주인공을 방해하는 적대세력이 존재하고 그로 인해 갈등이 생긴다. 성공적인 갈등을 만들기 위해서는 주인공과 서로 다른 의견을 가진 적대세력이 필요하다. 적대세력은 물리적인 또는 정신적인 것으로 다양하게 표현할 수 있다. 즉 적대세력은 반드시 넘어야 할 실재적인 장애물일 수도 있고, 아니면 두려움과 같은 정서적인 장애물일 수도 있다.[108] 이러한 적대세력은 주인공이 목표를 추구하는 여정을 방해하는 역할을 한다.

주인공은 방해하는 적대세력과 싸우면서 갈등을 해소하기 위한 투쟁을 지속함으로써 발전한다. 결국, 주인공은 목표를 달성함으로써 갈등을 해결하게 된다. 사람들은 항상 일상의 균형을 맞추려고 노력

---

107 클라우스 포그 외 2명, 앞의 책, 44~46쪽.
108 클라우스 포그 외 2명, 앞의 책, 51~52쪽.

하기 때문에 갈등에 직면한 주인공을 보면 동정한다. 때문에 슬픔, 기쁨, 절망, 희망과 같은 느낌을 받고 주인공의 행동 이면에 대한 동기를 이해하려고 노력한다. 등장인물의 유형은 영웅, 적대세력, 후원자, 조력자 또는 수혜자로 구분할 수 있다. 즉 ①목표를 달성하려는 주인공인 영웅 ②영웅의 목표를 달성하는 데 방해하는 적대세력 ③주인공에게 특별한 능력이나 기회를 제공하는 후원자 ④주인공의 목표달성을 돕는 조력자 그리고 ⑤영웅의 목표달성으로 인해 혜택을 받는 수혜자로 구분할 수 있다.[109] 각 등장인물은 정해진 역할을 수행하면서 이야기를 전개해 간다.

4 플롯

플롯은 이야기의 형상화를 위한 여러 요소를 유기적으로 배열하거나 서술하는 것이다. 메시지, 갈등 그리고 등장인물이 정해진 이후에는 이제 이야기를 어떻게 전개할지가 문제이다. 스토리텔링은 한 번에 하나의 이야기를 전달하는 것이 좋다. 스토리는 일반적으로 시작, 중간, 끝으로 세 부분으로 나누어진다. 먼저 시작단계에서 ①스토리의 배경이 만들어진다. 다음으로 ②중간단계에서 변화가 일어나면서 갈등이 생기고 다른 변수들이 만들어진다. 끝으로 ③갈등은 점점 고조되지만 결국은 해결이 되고 스토리는 결말을 맺는다.

한편 독일의 Freytag(1863)가 『희곡의 기교(Technique of the Drama)』에서 언급한 플롯의 5단계 구조는 발단, 전개, 절정, 하강, 대단원으로 구

---

109 클라우스 포그 외 2명, 앞의 책, 50~53쪽.

성된다.[110] 이를 앞에서 설명한 3단계 구조와 비교해 보면 '발단'은 '시작'에 해당하고, '전개·절정·하강'은 '중간'에 해당되며, '대단원'은 '끝'에 해당하는 것으로 볼 수 있다.

5단계 구조를 중심으로 각 단계에 관해 설명하면 아래와 같다. ①발단은 사건과 구성의 전개와 인물이 소개된다. 이 단계에서는 시간, 장소, 극적 분위기 등이 제시된다. 특히 복선이 깔린 사건이 촉발되어 앞으로 발생할 사건을 암시하며 갈등이 잉태되고 분규가 예상된다. ②전개는 사건이 더욱 복잡해지고 잉태된 갈등이 표출되고 분규가 발생하면서 긴장과 흥미를 더해준다. 이 단계에서는 사건이 절정에 다다르는 중심 부분이며 청자의 재미와 주의를 끌게 하는 지점이므로 합리적이고 자연스럽게 전개되어야 한다. ③절정은 발단에서 시작된 사건이 전개를 지나면서 여러 번의 위기를 거친 후 이르게 되는 단계이다. 이 지점에서는 심리적 갈등이나 투쟁의 의지 그리고 주인공과 적대세력 사이의 대결 양상이 최고조에 달한다. ④하강은 절정을 거친 이후에 대단원을 향해가는 단계이다. 즉 절정에서 최고조에 달한 극적인 긴장이 발전하여 갈등해결로 향한다. 특히 이 단계에서는 짧은 시간 내에 이루어지도록 해야 하며 감정의 정화도 가져올 수 있게 하여야 한다. 끝으로 ⑤대단원은 갈등과 투쟁이 모두 끝나고 긴장과 흥분이 완화되면서 이야기가 종결되는 단계이다.[111]

이와 같이 플롯은 메시지, 갈등, 등장인물이 정해지면 어떻게 사건과 이야기를 전개할 것인지를 정하여야 한다. 특히 어떻게 이야기를 시작할 것인가, 어떠한 갈등을 나타낼 것인가, 돌이킬 수 없는 지점

---

110 정차숙, 앞의 글, 13쪽.
111 정차숙, 앞의 글, 13~14쪽.

은 어딘가, 절정 부분은 어딘가, 어떻게 끝낼 것인가, 그리고 어떤 방식으로 이야기의 의미를 보여줄 것인가, 등을 질문해 보면 스토리의 좋은 플롯을 구성하는 데 도움이 될 것이다.[112]

---

112 클라우스 포그 외 2명, 앞의 책, 59쪽.

Chapter 04

지식재산 스토리텔링
IP Storytelling

지식재산 스토리텔링의 개요

앞서 제 1장에서 살펴본 바와 같이, 지식재산(intellectual property)은 '지식이 재산이다.'라는 개념으로, 과학기술의 발명과 문화예술의 창작을 의미한다. 특히 발명과 창작의 결과물이 법적으로 재산적 권리를 갖는다는 측면에서, 지식재산은 산업재산권과 저작권으로 나뉘고, 산업재산권은 특허, 실용신안, 디자인, 상표 등을 포함한다. 이 책에서는 이러한 지식재산 중에서 과학기술의 발명 중 가장 핵심적인 특허를 중심으로 한 지식재산과 스토리텔링의 융합을 자세히 알아보고자 한다.

스토리텔링(storytelling)은 이야기(story)와 이야기하기(telling)의 합성어로써 화자가 청자에게 전하려는 어떠한 내용이나 메시지(massage)를 '이야기로' 또는 '이야기 방식으로' 전달하는 것을 의미한다.

1 지식재산과 스토리텔링의 융합

지식재산과 스토리텔링의 융합은 발명특허가 속하는 과학기술과 문예창작이 속하는 문화예술이라는 양 끝단의 서로 다른 분야를 융합한다는 측면에서 매우 생소하고 어색한 느낌을 줄 수 있지만, 융합은 각 분야 간의 성격이나 간극이 멀수록 창의성과 창조성이 크다는 측면에서는 신선하고 새로운 느낌을 갖게 된다. 선행 연구를 검토해 보더라도 국내뿐만 아니라 해외에서도 이러한 융합을 시도한 흔적이 거의 없다는 측면도 이를 반증한다.

스토리텔링이 오늘날 여러 기업 등에서 제품이나 서비스의 마케팅과 융합한, 소위 스토리텔링 마케팅으로 활용되고 있으며, 기업 내부에서뿐만 아니라 기업 외부에 있는 회사와 고객 등과의 커뮤니케이션에 스토리텔링이 활용되고 있는 실정이다. 이러한 측면에서 보면, 한 제품 속에도 수많은 발명특허가 내포되어 있는 지식재산(IP)과 스토리텔링(storytelling)의 결합은 전혀 새로운 것만은 아니라고도 할 수 있다.

그러나 지식재산 분야에 스토리텔링을 융합하려는 시도나 연구로는 국내뿐만 아니라 전 세계에서도 최초로 기록될 가능성이 높다. 이러한 역사적 측면에서도 의의가 있다고 판단된다.

2 지식재산 스토리텔링의 정의

지식재산 스토리텔링(IP Storytelling)은 지식재산(IP, Intellectual Property)과 스토리텔링(Storytelling)의 합성어다. 지식재산 분야에서 스토리텔링을 활용한다는 뜻이다. 한편, 지식재산에 내포된 스토리를 전달(telling)한

다는 측면에서 보면 지식재산 스토리(IP Story)와 텔링(telling)의 합성어로
도 볼 수 있다. 즉 지식재산 창출에서 사업화까지의 각 과정에서 존
재하는 스토리를 발굴하여 필요한 단계마다 목적에 따라 활용될 수
있다는 의미이다.

아래 [표14]에서 보는 바와 같이, 지식재산 스토리텔링(IP Storytelling)
을 ①지식재산(IP)과 스토리텔링(Storytelling)의 합성어로 보는 것은 지식
재산 분야에서의 스토리텔링의 활용(use)에 초점을 둔 개념이며 ②지
식재산 스토리(IP Story)와 이야기하기(Telling)의 합성어로 보는 것은 지
식재산 분야에서의 스토리텔링의 소스(source)에 초점을 둔 개념으로
구별할 수 있다. 이러한 이유로 지식재산 스토리텔링(IP Storytelling)은
스토리텔링의 소스(source)와 활용(use) 모두 포괄하는 개념이다.

[표14] 지식재산 스토리텔링(IP Storytelling)의 개념

구분	IP(Intellectual Property) + Storytelling	
IP Storytelling	IP	Storytelling
	IP Story	Telling

지식재산(IP) 스토리텔링[113]은 지식재산을 기반으로 스토리텔링을 융

---

113 지식재산 스토리텔링(IP Storytelling)은 지식재산(IP, Intellectual Property)과 스
토리텔링(Storytelling)의 합성어이다. 지식재산 분야에서 스토리텔링을 활용한다는 뜻
이다. 한편, 지식재산에 내포된 스토리를 전달한다는 측면에서 보면 지식재산 스토리
(IP Story)와 텔링(telling)의 합성어로도 볼 수 있다. 즉 지식재산 창출에서 사업화까지
의 각 과정에서 존재하는 스토리를 발굴하여 필요한 단계마다 목적에 따라 활용될 수 있
다는 의미이다. 지식재산 스토리텔링(IP Storytelling)을 ①지식재산(IP)과 스토리텔
링(Storytelling)의 합성어로 보는 것은 지식재산 분야에서의 스토리텔링의 활용(use)
에 초점을 둔 개념이며, ②지식재산 스토리(IP Story)와 이야기하기(Telling)의 합성어
로 보는 것은 지식재산 분야에서 스토리텔링의 소스(source)에 초점을 둔 개념으로 구
별할 수 있다. 이러한 이유로 지식재산 스토리텔링(IP Storytelling)은 스토리의 소스
(source)와 활용(use)을 모두 포괄하는 개념이다.

합한 것이다. 이러한 측면에서 지식재산과 스토리텔링의 융합의 관점에서 고려되어야 할 사항들이 있다.

미국 MIT 출신의 과학자이며 디자이너로 '학계의 스티브 잡스'로 불리는 존 마에다(John Maeda) 로드아일랜드 디자인스쿨(RISD, Rhode Island School of Design) 총장은 "과학기술은 문화예술의 옷을 입으면서 일반 대중들에게 친근하고 쉽게 다가가게 되며, 문화예술은 인간과 과학기술을 감성적으로 연결해 주는 역할을 한다. 따라서 20세기는 과학기술이 경제를 주도한 세기라면, 21세기는 문화예술이 이끄는 창조경제로서 새로운 비즈니스를 창출한다."[114]고 과학기술과 문화예술의 통섭을 말했다.

통섭(consilience)은 에드워드 윌슨(Edward Wilson)이 주장한 개념이다.[115] 최근 과학기술과 문화예술의 통섭과 융합은 눈부신 시너지를 창출하며 각계의 주목을 끌고 있다. 서로 다른 영역의 교류가 창의성의 근원이라 역설했던 미국 시카고 대학교 심리학과 교수 칙센트미하이(Mihaly Csikszentmihalyi)를 비롯한 많은 학자의 연구 결과는 과학기술과 문화예술의 융합이 얼마나 절실하고 필요한 것인지 설명해 준다. 무엇보다도 이질적인 영역의 만남과 융합을 통하여 창출될 수 있는 우연적인 효과는 물론 다양한 의도적인 융합을 통하여 창안되는 창의적

---

114 노유라, 「예술과 과학의 창조적 융합, World Trend」, 한국연구재단, 2013, 19쪽.
115 최연구, 앞의 글, 43쪽.
    통섭(consilience)은 사회생물학의 창시자 에드워드 윌슨(Edward Wilson)이 주창한 개념으로 '서로 다른 현상들로부터 도출되는 귀납들이 서로 일치하거나 정연한 일관성을 보이는 상태'를 뜻하는 말이다. 이화여자대학교 최재천 교수가 이를 '큰 줄기'라는 뜻의 통(統)과 '잡다'라는 뜻의 섭(攝)을 합쳐 통섭으로 옮겨 소개했다. 에드워드 윌슨은 개미 연구에서 시작된 그의 연구로 사회생물학을 탄생시켰고, 사회생물학에서 학문 간 연합 이론을 연장해 자연과학과 인문학, 나아가 사회과학과 문화예술까지 통합하려는 필요성을 느끼고 이를 이론화했다.

인 생각이 사회발전 또는 산업발전에도 꼭 필요하기 때문이다. 특히 산업 분야에서는 기업 발전의 새로운 동력이 될 과학기술과 문화예술의 융합을 위해 더욱 다양한 시도를 해야 할 것이다. 또한 정부는 이러한 창의적인 시도를 위한 법률 제정 및 개정으로 독려하고 지원해야 할 것이다. 특히 장기적인 저성장기에 접어든 경제적인 상황에서는 저비용으로 고효율의 창의성을 창출해 내는 방법론의 논의는 필수적이다.

본래 그리스 로마 시대에 과학기술과 문화예술은 같은 단어였던 'techne'다. 인간 본성을 신뢰하며 인간이 세상의 중심이라는 인본주의였다. 이후 신을 중심으로 하던 중세를 지나 다시 인본주의 사상을 부활시켜 찬란한 르네상스 시대를 열었다.[116] 르네상스 시대를 연 베네치아는 과학기술자와 문화예술인이 활발히 교류하였고 그 과정에서 창조적인 결과물을 내놓았다.[117]

당시 베네치아는 작은 국가로서 과학기술 분야의 탁월한 재능을 보유한 특급 인재들을 끌어들이기 위한 묘책으로 '특허제도'를 최초로 도입하여 중세의 암흑기를 끝내고 르네상스 시대를 열었다는 것은 앞서 살펴본 바와 같다.

이후 과학기술의 발달로 산업혁명을 거쳐 첨단기술의 시대로 접어들면서 과학기술과 문화예술은 점점 분리되어 오늘에 이르게 되었다. 과학기술이 고도로 발달하면서 이룩한 세상은 분명 인간에게 편리하고 풍요로운 생활을 제공해주었지만, 그 그림자도 짙다. 인간을 위한 과학기술이 아니라 과학기술을 위해 인간이 존재하는 것처럼 바뀌었

---

116 홍우정 외 2인, 앞의 책, 8~12쪽.
117 최연구, 앞의 글, 41쪽.

다. 비인간화가 사회의 전반을 물들이고 또한 형식적으로 보이는 겉모양과 양적으로 팽창하는 것만이 중요한 듯 강조되고, 진정한 본질적 가치들은 무시되거나 소홀히 다뤄지고 있다.

무엇보다도 사회를 발전시키는 가장 기본적인 원동력인 창조성이 죽어가고 있었다. 하지만 이후 인간이 꿈꾸는 것이 무엇인지에 대한 반문이 시작되면서, 과학기술 중심에서 인간 중심으로 되돌아가고 있다. 또한, 과학기술이 아닌 새로운 방법이 없는지 모색하게 되었다. 따라서 최근 르네상스 시대가 다시 재현됐다고 해도 지나친 과언이 아닐 정도로 과학기술 및 산업분야는 인간을 향해 다시 회귀하고 있다. 인간이 상상하여 창조하는 두 줄기인 과학기술과 문화예술은 인간의 감성과 표현이라는 큰 주제로 자유롭게 상호작용을 시도하고 있다.[118]

따라서 르네상스 시대의 특허제도에 뿌리를 둔 지식재산 분야와 인간의 감성을 자극하는 표현에 뿌리를 둔 스토리텔링 분야의 융합이 필요한 시대로 접어들었다. 특히 학문 영역에서는 협동연구를 지향하는 학제 간 연구가 활성화되고 있다. 문화예술 영역에서는 그 경계가 무너지고 컨버전스되는 현상이 두드러지고, 과학기술 영역에서는 디지털 컨버전스와 같은 융합된 기술이 트렌드다. 이제 통섭, 하이브리드(hybrid), 퓨전(fusion), 컨버전스(convergence) 등은 변화의 새로운 코드로서 융합은 글로벌 흐름(trend)이 되고 있다. 이러한 흐름을 반영하여 한국과학창의재단이 2009년부터 새롭게 추진한 융합사업 중의 하나가 '과학스토리텔링'이다. 과학과 이야기를 접목한 것이다.[119] 본 연구에서 과학기술 분야이 지식재산과 문화예술 분야의 스토리텔링을 융합

---

118 홍우정 외 2인, 앞의 책, 12~14쪽.
119 최연구, 앞의 글, 43쪽.

하려는 이유도 이 같은 흐름이라 할 수 있다.

이러한 이유로 지식재산과 스토리텔링의 융합은 과학기술의 지식재산과 문화예술의 스토리텔링을 결합하는 것이다. 서로 이질적인 두 분야를 결합한다는 측면에서 생소하고 어색한 느낌을 줄 수 있지만, 이질적인 기술이나 지식이 하나로 융합되면서 창조와 혁신이 일어날 확률은 높은 것이다.

즉 실증적인 연구에서 발견된 객관적 사실들에 비추어보면, 창의성은 여러 이질적인 분야 간의 새로운 융합이나 접목을 통하여 혹은 서로 다양한 이질적인 영역이 만나는 교차로에서 창출될 가능성이 훨씬 높다는 것이다. 요컨대 순종보다는 잡종에서, 전문성보다는 연계성에서 창의적인 산물이 더 많이 나온다. 이제는 사회 전반적으로 한 분야에서 특정 기술만을 특화해 갈고 닦아온 전문성보다는, 오히려 이런저런 다양한 경험과 지식을 갖춘 통섭을 요구하는 시대다.[120] 선행 연구를 검토해 보더라도 국내뿐만 아니라 해외에서도 이렇게 지식재산분야와 스토리텔링 분야를 융합한 사례가 없다. 학문적으로 또는 체계적으로 두 분야의 융합을 시도한 문헌이나 자료도 찾아볼 수 없다.

다만 비즈니스나 기업에서 스토리텔링을 제품이나 서비스에 활용하고 마케팅이나 홍보에 활용하고 있다. 스토리텔링을 기업의 광고나 마케팅 등에 활용하는 것은 국내 기업에서 많이 발견되고 있다. 또 기업은 기업 내부에서뿐만 아니라 기업 외부에 있는 회사와 고객 등과의 커뮤니케이션에도 스토리텔링이 활용되고 있다. 그러나 아직도 지식재산 분야에 스토리텔링을 융합한 연구나 학술적인 문헌은 찾지 못하였다. 이와 같이 최초로 시도되는 연구이기에 부족하고 어려

---

120 최연구, 앞의 글, 40쪽.

운 점도 많지만, 인접 학문 간의 융합보다는 이질성이 강한 학문 간의 융합에서 창의적인 결과가 나올 가능성이 높다는 측면에서 이 연구는 더 높은 가치가 기대된다고 하겠다.

그렇지만 지식재산과 스토리텔링은 그 중심이 되는 근본적인 속성이 다르며 또한 표현하는 방법과 방식이 서로 다르다. 둘 다 창의성이 요구되지만, 지식재산의 창의성과 스토리텔링의 창의성은 차이점이 있다. 지식재산은 창조의 과정에서 주관과 감정을 가능한 배제하려 하지만 스토리텔링은 주관과 감정을 명확하게 드러내는 경우가 많다. 스토리텔링의 창작자는 스토리가 다각적으로 해석될 수 있는 여지를 갖도록 창작해 내지만, 지식재산 발명가는 가능한 다양한 해석의 가능성을 줄이고 누구에게나 동일하게 이해되고 받아들일 방법으로 창조해 낸다. 하지만 지식재산의 발명에도 스토리텔링의 본질적 속성으로 간주되는 창의성과 자유로움이 중요하게 요구되고, 스토리텔링의 창작에도 지식재산의 속성으로 인식되는 논리성과 합리성이 필요하다. 그래서 지식재산과 스토리텔링은 상호 보완적인 작용을 할 수 있으며, 이로 인해 서로를 발전시키는 원동력이 될 수 있다고 판단된다.

이러한 측면에서 지식재산 스토리텔링은 '지식재산을 위한 스토리텔링'으로 볼 수도 있지만, 또한 한편으로는 '스토리텔링을 위한 지식재산'으로도 볼 수 있을 것이다. 그래서 양측 모두 상호의 필요성에 의해 각자의 경계를 허물고 시너지를 만들어낼 수 있을 것이다. 지식재산이 꾸준히 발전해 왔듯이 스토리텔링도 끊임없이 진화해 왔다. 지식재산의 발명기법을 이용히여 스토리텔링도 지금보다 더 창의석이고 진일보할 것이며, 스토리텔링을 활용하여 지식재산도 더 활성화될 것으로 보인다. 따라서 기업에서는 스토리텔링 분야를 후원하는 차원이 아니라 기업의 전략적인 관점에서 스토리텔링에 대한 투자를 늘릴 것이며, 스토리텔링의 분야에서도 기업의 보조 역할이 아니라 기업의 전략적인 동반자 역할을 하게 될 것이다.

이러한 이유로 지식재산 스토리텔링의 개념은 지식재산과 스토리텔링의 단순한 물리적인 결합이 아니라 상호작용과 통섭을 거쳐 화학적인 융합을 뜻한다. 이러한 화학적인 융합과 유기적인 협업은 추상적인 호의와 단기적인 합의에서 머무는 것이 아니라 공동의 목표를 위해 지속적인 결과물이 도출되어 끊임없이 재생산되는 하나의 새로운 분야로 해석함이 타당하다.

02

지식재산 스토리텔링의 특징

　지식재산 스토리텔링의 특징은 크게 두 가지로 크게 나뉜다.

　하나는 지식재산의 창출에서 사업화까지의 여러 단계에서, 단계마다 또는 전 단계에 걸쳐, 스토리텔링의 소스가 많이 존재할 수 있다는 '다중 출처' 또는 '멀티소스(Multi-Source)'라는 특징이다. 하나의 상품에도 적게는 10개 많게는 수백 개의 지식재산이 들어 있다. 이는 하나의 상품에도 수많은 이야기가 나올 수 있다는 의미이다. 아울러, 하나의 기업에는 적게는 수십 개, 많게는 수백 개의 상품을 갖고 있다. 따라서 기존의 기업 또는 상품에서 발굴하는 스토리텔링을 지식재산에까지 확대한다면 스토리의 소스는 무궁무진하다고 할 수 있다는 의미다.

　또 하나는 이렇게 발굴된 스토리텔링이 지식재산의 각 단계마다 다양하게 활용될 수 있다는 '다중활용' 또는 '멀티유즈(Multi-Use)'이라는 측면이다. 하나의 지식재산이 사업화되기까지는 연구개발, 지식재산 출원·등록, 자금 확보, 상품화 개발, 지식재산 소송 및 마케팅 등 여러 단계가 있는데, 이러한 각각의 단계별로 목적에 맞게 스토리텔링을 활용할 수 있다는 의미다.

아울러 오늘날 커뮤니케이션을 위해 스토리텔링을 활용하는 사례가 늘어나고 있는데, 이 부분까지 포함해서 지식재산 스토리텔링의 특성들을 자세히 살펴보면 다음과 같다.

▌1 지식재산 스토리텔링의 다중출처(MS, Multi-Source)

기존의 비즈니스 스토리텔링 마케팅에서 이야기 원천을 발굴하는 중요한 출처는 제품과 서비스와 관련된 숨겨진 이야기, 제품과 서비스와 연관된 역사, 신화, 소설, 제품과 서비스와 관련된 사회적 이슈, 제품과 서비스의 선호에 영향을 주는 오피니언 리더인 전문가의 견해, 기업조직의 문화와 기업경영 과정에서 CEO와 직원들을 둘러싼 성공과 위기담, 협력업체 및 고객의 체험담과 에피소드 등이 있다.

지식재산이 융합된 스토리텔링의 경우에는 지식재산의 연구개발에서 마케팅에 이르는 6단계의 각 세부 과정에서도 다양한 이야깃거리를 추가로 발굴할 수 있다. 일례로 가상세계와 관련하여 다양한 멀티미디어 콘텐츠를 고유하게 식별하는 식별ID 이포지션(ePosition) 특허기술의 경우, 지식재산 등록단계 중 특허출원 후 등록심사 과정에서 특허청 심사관에 의해 등록거절결정을 통보를 받았고, 기술설명회와 재심사 과정을 거친 후에도 동일한 심사관에 의해 최종 등록거절 결정 통보를 받았다. 이후 특허심판원에 제소하였고 기술설명회를 거친 후 심판장, 주심과 부심의 3명으로부터 등록 결정 심결을 받았다.

이 사례는 특허청 심사과정에서 플롯의 구성요소인 적대세력에 해당하는 역경을 이겨내고 특허를 등록한 성공 스토리로, 지식재산과 관련한 스토리텔링의 하나의 예에 불과하다.

이와 같이 지식재산 스토리텔링은 지식재산의 창출에서 사업화까지의 각 단계마다 스토리텔링의 소스가 다중적으로 많이 존재할 수 있다는 것이다. 일반적으로 지식재산(IP)의 창출에서 사업화까지의 각 단계를 살펴보면, 아래 [그림15]에서 보는 바와 같이 연구개발, IP 등록, 자금 확보, 상품개발, IP 소송, 및 마케팅 등 6단계로 구분된다.

[그림15] 지식재산 스토리텔링의 다중 출처(Multi-Source)

즉 ①연구개발 단계는 연구개발 동기, 연구개발 과정, 연구결과 발표 등이며 ②IP 등록단계는 출원단계, 심사단계, 등록단계, 심판단계, 소송단계 등이고 ③자금 확보단계는 창업자금, 과제수주, 투자유치, 이전협상 등이며 ④상품개발단계는 시제품, 상품화, 양산화, 거래처 등이다. ⑤IP 소송단계는 무효소송, 침해소송, 부정경쟁, 영업비밀, 손해배상 등의 소송이며, 끝으로 ⑥마케팅단계는 개인 고객,

기업고객, 단체고객, 정부고객 등을 대상으로 구분할 수 있다.

　이러한 지식재산의 각 단계마다 스토리텔링의 소스(sources)가 다양하게 그리고 다중적으로 많이 도출될 수 있다. 이러한 측면에서 지식재산 스토리텔링(IP Storytelling)은 다중 출처 또는 멀티소스(Multi-Sources)라는 특징을 갖고 있다.

② 지식재산 스토리텔링의 다중활용(MU, Multi-Use)

　지식재산(IP)을 중심으로 기업의 비즈니스 과정을 살펴보면, 지식재산 연구개발, 지식재산 등록, 자금 확보, 상품개발, 지식재산 소송, 및 마케팅 등 6단계로 구분할 수 있다. 비즈니스 과정에서는 이러한 각각의 단계별로 상호 소통하며 설득을 해야 할 대상자들이 제각각 달리 존재한다. 동일한 한 개의 특허와 관련하여 각각의 단계별로 목적에 맞게 각각의 대상자를 설득하는 수단으로 지식재산 스토리텔링을 활용하는 것이 바람직할 것이다. 따라서 지식재산 스토리텔링은 여러 단계별로 서로 다른 목적에 따라 각기 다른 스토리를 구성하여 활용할 수 있으므로 다중활용 또는 멀티유즈(Multi-Use)의 특징을 지닌다고 할 수 있다.

[그림16] 지식재산 스토리텔링의 다중활용(Multi-Use)

스토리 활용 (Story use)

위 [그림16]에서 보는 바와 같이, 지식재산(IP)의 창출에서 사업화까지의 각 단계에서 스토리텔링의 활용을 살펴보면, ①연구개발단계는 연구원들에 대한 비전제시와 연구독려 ②IP 등록단계는 출원서 작성, 의견 제출서, 심사관 설득, 심판관 설득, 재판부 설득 ③자금 확보단계는 기술설명, 과제설명, 투자설명, 이전협상 ④상품개발단계는 개발팀, 지원팀, 영업팀, 거래처 등을 설득 및 독려 ⑤IP 소송단계는 경영자, 침해자, 재판부, 거래처, 소비자 설득, 끝으로 ⑥마케팅단계는 카탈로그(catalog), 홈페이지, 언론보도, 매체광고 등에 활용될 수 있다. 지식재산의 각 단계마다 설득해야 할 대상이 다르고 목적이 달라질 수 있으므로 이야기의 구성이나 표현 등 스토리텔링의 활용이 다양하게 그리고 다중적으로 많이 도출될 수 있다. 이러한 측면에서 지식재산 스토리텔링(IP Storytelling)은 다중활용 또는 멀티유즈(Multi-Use)이라는 또 하나의 특징을 갖고 있다.

③ 지식재산 스토리텔링의 소통(Communication)

아울러, 지식재산(IP)의 창출에서 사업화까지의 각 단계를 통해 발굴된 지식재산과 관련된 이야기를 기존의 소통에 확대 적용할 수 있다.

[그림17] 지식재산 스토리텔링의 소통(Communication)

위 [그림17]에서 보는 바와 같이, ①기업 내부에 있는 경영자와 직원과의 소통 ②납품업체와의 소통 ③유통업체와의 소통 ④경쟁업체와의 소통 ⑤외부고객과의 소통 ⑥언론기관과의 소통 등에도 지식재산 기반의 스토리텔링이 활용될 수 있다. 그뿐만 아니라 지식재산기반의 스토리텔링을 활용하여 기존의 다양한 내부 또는 외부 고객들과 소통하는 과정에서 지식재산이 추가됨으로써 기존의 스토리텔링과 다른 이야깃거리가 나타날 수도 있다. 이러한 측면까지 고려하면 지식재산 스토리텔링 이야기의 발굴과 활용 가능성이 더욱더 다양함을 알 수 있다.

❹ 지식재산 스토리텔링의 통합모델(MSMU, Multi Source Multi Use)

앞서 살펴본 바와 같이 지식재산 스토리텔링의 다중 출처 또는 멀티소스(MS, Multi-Source)와 다중활용 또는 멀티유즈(MU, Multi Use) 및 소통(Communication)을 통합하면 [그림18]과 같이 나타낼 수 있고 멀티소스/멀티유즈 (MSMU, Multi-Source Multi Use)의 특징을 갖는다.

[그림18] 지식재산과 스토리텔링의 통합모델(MSMU)

MSMU (Multi Source Multi Use)

스토리텔링의 이야기 출처와 스토리텔링의 활용은 독립적이면서 종속적인 관계를 형성한다. 즉 연구개발, IP 등록, 자금 확보, 상품개발, IP 소송 및 마케팅에서의 각 세부 단계에서도 스토리텔링의 소스가 발굴될 수 있으며, 이렇게 발굴된 스토리텔링은 또한 각 세부 단계에서의 목적 및 용도에 따라 더욱 다양한 방면으로 활용될 수 있다.

지식재산 스토리텔링의 구성은 기본적으로 앞서 설명한 일반적인 스토리텔링의 구성과 동일하게 메시지, 갈등, 등장인물, 플롯으로 이루어질 수 있다. 그러나 기존의 기업 브랜드, 상품과 서비스에 지식재산이 융합됨으로써 지식재산 스토리텔링을 구성하는 각각의 요소들은 기존의 스토리텔링 구성 요소와 차별화되는 여러 가지 특징들이 나타날 가능성이 있다.

우선, 메시지는 누구를 대상으로 어떤 목적으로 지식재산 스토리텔링을 활용할 것인가에 따라 다를 수 있다. 일례로, 새로운 기술 발명을 위한 연구개발단계에서는 개발자들이 연구개발비 확보를 위해 기업 대표나 예산담당 관리자를 대상으로 설득하고자 하는 경우이다. 즉 개발하고자 하는 신기술을 활용하여 소비자들에게 어떤 유용하고 편리한 상품과 서비스를 제공해 줄 수 있고, 어느 정도 수익창출에 기여할 수 있을지 등 기업의 성장에 직간접적으로 도움이 되는 미래 비전을 나타내는 메시지를 스토리에 담아야 할 것이다.

한편, 지식재산 중 특허등록 단계인 경우에는 특허청 심사관을 대상으로 출원명세서에 기재된 청구범위, 도면, 명세서 등의 내용이 신규성, 진보성, 산업적 이용 가능성 등 특허법에서 규정하고 있는 특허등록 요건을 어떻게 만족하는지 설득할 수 있는 객관적인 메시지를 스토리에 담아야 할 것이다.

또한, 지식재산을 기반으로 자금을 확보하기 위한 투자유치 설명회에서는 투자자를 대상으로 언제 어느 정도의 수익률로 자금을 회수할 수 있는지를 판단할 수 있는 시장 가치를 나타내는 메시지를 설득력 있게 스토리에 담아야 한다.

아울러, 지식재산 침해에 따른 손해배상 소송의 경우 재판부를 대상으로 침해 여부에 대한 판결과 손해배상액 산정에서 침해자와 피침해자의 입장에서 유리한 판결을 얻어내기 위해 확보한 증거와 침해과정에서 나타나는 사건들을 바탕으로 법적, 사회적, 도덕적, 경제적, 과학기술적 등의 가치를 스토리에 담아내는 것이 중요하다.

마지막으로, 지식재산을 적용하여 개발한 새로운 상품과 서비스의 홍보 및 마케팅을 위한 스토리텔링에서는 기존의 상품이나 서비스에 지식재산 기술을 적용함으로써 사용 편이성, 저렴한 가격, 우수한 품질 등 고객들의 문제를 해결하는 사용자 중심의 혁신적인 가치를 나타내는 메시지를 스토리에 담아야 할 것이다.

지식재산 스토리텔링에서 나타날 수 있는 갈등 요소도 특허기술의 발명에서부터 사업화에 이르는 단계별로 다양하다. 일례로 새로운 기술의 발명 단계에서는 전공분야와 기술 수준이 서로 다른 개발자들이 융합하는 과정에서 상대방 기술에 대한 이해 부족에서 비롯된 대화와 소통의 단절, 부서 간의 주도권 다툼에 따른 알력 등이 갈등의 요소로 나타날 수 있다.

따라서 지식재산의 등록단계에서 종종 나타날 수 있는 갈등은 특허출원자와 특허청의 심사관 사이에 새로운 기술에 대한 이해의 부족에서 원인이 될 수 있다. 통상 특허심사 과정에서 출원자가 제출한 특허 출원명세서의 내용에 대해 심사관이 심사하고 그 등록 여부가 결정된다. 이 과정에서 심사관이 심사결과에 따라 특허등록을 거절하는 결정을 내리는 경우에, 출원자는 거절사유에 대한 의견을 문서로 제출하기도 하고, 때로는 기술설명회를 통해 직접 만나서 특허기술에 대해 상대방을 설득하기 위한 대화를 나누기도 한다. 21세기 첨단 과학기술의 발달과 응용 산업분야의 다변화에 따라, 최근에 개발되는 원천 특허기술의 경우 기술 수준이 점차 높아지고, 하나의 기술이 서로 다른 분야에 다양하게 융합되면서 활용되는 사례가 점차 늘어나는 경향을 띠고 있다. 현재의 특허 심사제도에서는 한 명의 심사관이 각각의 특허를 심사하도록 규정되어 있다. 일반적으로 한 명의 심사관이 특허로 출원한 첨단 기술과 다양한 응용분야까지 모든 분야에 걸쳐 전문적인 지식을 보유하기는 쉬운 일이 아니므로, 특허 심사과정에서 출원자와 심사관 사이의 갈등은 점차 늘어날 수밖에 없는 상황이다. 따라서 출원자의 입장에서 심사관을 설득함으로써 이러한 갈등을 해소하고 원만하게 특허를 등록하고자 하는 목적을 달성하기 위해서는 지식재산과 관련된 갈등의 특징을 잘 알고 스토리텔링을 활용하는 것이 바람직할 것이다. 이러한 측면에서 출원자와 심사관은 한편이 되어 발생된 갈등을 공략해야지 서로를 공격해서는 문제 해결이 어렵게 될 수 있다. 즉 출원자는 전문적인 지식을 심사관에게 더욱더 많이 그리고 좀 더 잘 이해할 수 있도록 협력해야 하고, 심사관은 법률적인 지식을 출원인에게 자세히 설명하고 안내해 줌으로써, 이러한 지식재산과 관련된 갈등을 해결하기 위하여 서로가 공동의 목표를 가진 협력자가 될 수 있도록 하여야 한다.

갈등을 야기하는 문제를 사이에 두고 서로가 대립하는 관계가 아니라, 갈등을 앞에 두고 서로 이해하려는 마음으로 함께 바라보면서 서로가 협력할 수 있도록, 즉 좋은 공감을 가질 수 있도록 하는 스토리텔링이 필요하다. 심사관의 공감을 얻기 위하여 출원자는 이 특허기술을 어떠한 목적으로 개발하게 되었고, 이 개발된 특허기술이 선행의 다른 기술과 어떻게 다르며, 또한 이 특허기술이 통상의 기술 분야에서 얼마만큼의 진보를 가져올 수 있는지를 한 편의 드라마와 같은 스토리를 엮어서 심사관에게 설득하는 것이 더욱 효과적일 수 있다.

또한, 특허 침해로 인해 벌어지는 손해배상 소송에서 특허 권리자와 침해자 및 재판부 사이에 나타날 수 있는 갈등은, 현행 특허법에서 규정하고 있는 제도적인 문제와 맞물려 다소 복잡한 양상을 띠고 있다. 통상 손해배상 소송에서는 특허 침해자가 권리자에게 배상해야 하는 특허침해 손해배상액을 재판부가 최종적으로 판결하게 된다. 이 과정에서 재판부는 손해배상액을 산정하기 위하여 특허 침해 제품의 생산 또는 판매 수량과 이익 등을 확인할 수 있는 증거자료를 확보하기 위해 침해자에게 문서제출 명령을 내릴 수 있다. 그러나 침해자가 영업비밀이라는 이유로 해당 문서 제출을 거부하는 경우, 우리나라의 현행 제도하에서는 재판관이 강제로 제출하게 하거나 제출거부에 따른 불이익을 침해자에게 줄 수 있는 제도적인 안전장치가 갖춰져 있지 않다. 이러한 제도적 장치가 잘 마련된 미국 등과 비교해 보면, 우리나라의 특허 침해에 따른 손해배상 소송에서는 침해자가 얻은 부당한 이익보다 권리자가 보상받을 수 있는 배상액이 턱없이 적은 사례가 발생하고 있다.

이러한 불합리한 제도적인 한계로 인한 갈등은 소송 당사자 간의 문제에 머물지 않고 '특허무용론'까지 제기되기도 하고, 사법부와 행정부는 물론 법을 제정하는 국회로까지 확산함으로써 범국가적인 문제로 인식되는 경우 설득 대상의 범위가 넓어지고 문제 해결의 난이도는 한층 더 어려워질 수 있다. 이러한 과정에서 관련법의 개정 등을 포함하여 갈등을 제도적으로 해소하는 다양한 방안을 찾고 실행하기 위해서는 국회의원을 비롯하여 정부 관련 부처의 지식재산 담당자를 설득하기 위해 지식재산과 관련된 갈등의 특징을 잘 알고 스토리텔링을 활용하는 것이 필요할 것이다.

이 경우에도, 앞서 기술한 바와 같이, 걸림돌이 되고 있는 법 또는 제도를 앞에 놓고 당사자들이 서로 머리를 맞대어 갈등을 해결하는 동반자적 관계를 맺을 수 있도록, 왜 법과 제도를 개선해야 하는지 그리고 그렇게 개선되면 국가발전에 얼마만큼의 도움이 되는지에 대하여 쉽게 공감할 수 있는 이야기 형식으로 설득하는 것이 더욱 효과적일 수 있다.

앞에서 설명한 바와 같이 일반적으로 스토리텔링의 등장인물 유형은 목표를 달성하려는 주인공인 영웅, 영웅이 목표를 달성하는 데 방해가 되는 적대세력, 영웅에게 특별한 능력이나 기회를 제공하는 후원자, 영웅의 목표달성을 돕는 조력자와 영웅의 목표달성으로 인해 혜택을 받게 되는 수혜자 등 5가지로 구분할 수 있다. 이러한 등장인물은 물리적인 또는 정신적인 것으로 다양하게 표현할 수 있다. 따라서 지식재산이 융합된 담화에서의 등장인물도 위에서 기술한 5가지 유형에 대비하여 설명할 수 있으며, 등장인물을 중심으로 지식재산과 관련된 이야기 소재를 발굴하여 다양한 지식재산 이야기를 구성할 수 있을 것이다.

첫째로, 지식재산 이야기의 영웅으로는 지식재산과 관련된 각각의 비즈니스 단계별로 다양한 이야기의 주인공이 존재한다. 연구개발단계에서 새로운 기술의 발명자, 특허 등록 과정에서 특허명세서를 전문적으로 작성하고 심사과정에서 심사관의 거절사유를 극복하는 자료 조사 및 의견 제시를 통해 특허등록에 이바지한 지식재산 전문가,

특허를 활용하여 투자 유치를 성공적으로 이끌어 낸 자금 담당자, 지식재산을 기반으로 혁신적인 신제품 또는 새로운 서비스의 개발자, 신제품 또는 서비스의 마케팅을 성공적으로 수행하여 막대한 매출 및 수익을 창출한 마케팅 전문가, 특출한 지도력과 혁신적인 운영을 통해 지식재산의 창출 보호 및 육성에 이바지하고 기업을 획기적으로 성장시킨 CEO 등이 다양한 목적에 따른 이야기의 주인공이 될 수가 있다. 또한, 사람뿐 아니라 기업이 성장하는데 획기적으로 기여한 특허기술 그 자체나 특허기술이 적용된 제품이나 서비스도 스토리의 주인공이 될 수도 있다.

둘째로, 지식재산 스토리텔링에서의 적대세력은 지식재산과 관련하여 반드시 넘어야 할 실제적인 장애물일 수도 있고, 아니면 두려움과 같은 정신적인 장애물일 수도 있다. 기술의 연구개발 과정에서 대다수 중소기업이 통상적으로 겪는 열악한 자금 사정, 부족한 개발인력, 낮은 보유기술 수준, 구성원들 간의 대화와 소통의 단절로 인한 비협조적인 자세, 미래지향적인 비전공유의 한계, 도전적인 기업가 정신의 부재, 고객을 무시하는 서비스 자세 등은 흔히 나타나는 내부의 적대세력에 속한다. 외부의 적대세력으로는 경쟁자, 지식재산 침해자, 적대감을 지닌 고객, 특허등록 과정에서 신기술에 대한 이해가 부족하고 자기중심적인 선입견이 강한 특허청 심사관 또는 특허심판원의 심판관, 비합리적인 판결을 내리는 재판관 등이 해당된다. 또한 특허 침해를 당한 경우 손해배상액이 턱없이 적은 우리나라의 특허법이 지닌 제도적인 문제점이나 한계 등도 적대세력이 될 수 있다.

셋째, 지식재산 스토리텔링에서의 후원자는 신기술 연구개발을 위한 정책자금을 지원하는 정부, 특허를 담보로 자금을 대출해주는 지식재산 금융제도, 지식재산 관련법을 제정 또는 개정하는 국회, 지식재산의 발굴, 보호, 육성 등 관련 정책을 적극적으로 시행하는 정부 등이 이에 해당될 수 있다. 또한, 지식재산 관련 교육기관과 기술이전을 제공하는 연구기관 등도 후원자에 속한다.

넷째, 지식재산 스토리텔링에서의 조력자는 특허 출원 및 등록을 지원하는 변리사, 각종 소송에 참여하는 변호사, 지식재산 관련 아이디어 제공 등의 자문을 담당한 컨설턴트, 지식재산을 기반으로 개발한 제품 또는 서비스 마케팅에 공동으로 참여하는 협력자 등이 이에 속한다.

마지막으로 지식재산 스토리텔링에서의 수혜자는 창업 초기 단계에서 지식재산의 우수성과 사업 성공 가능성을 남다르게 예견하고 투자한 엔젤(개인투자자) 또는 투자기관을 포함한 주주를 들 수 있다. 또한, 획기적으로 많은 수익을 창출한 특허기술의 발명자, 상품과 서비스 개발자 및 마케팅 담당자 등이 기여도에 따른 수익을 배분받는 경우 수혜자가 될 수 있다.

앞서 설명한 바와 같이 발단, 전개, 절정, 하강, 대단원의 5단계 구조를 갖는 스토리텔링의 플롯에 대하여 본 논문에서 중점적으로 다루고 있는 지식재산 그중에서도 특허를 중심으로 중요한 특징을 살펴보면 다음과 같다.

첫째, 발단의 단계에서는 특허 기술의 개발자 소개, 개발 시기 및 배경, 그 당시의 산업 여건과 시대적 환경, 다수의 국가에 출원한 특허기술이 지니고 있는 독특함과 미래의 기대가치, 앞으로의 사건을 암시하며 갈등이 잉태되어 분규가 예상되는 유도적인 사건의 촉발 등으로 이루어진다. 기존에 존재하지 않았던 혁신적인 특허기술인 경우에는 미래에 기대되는 가치가 높은 반면에 해당 특허기술이 대중적으로 요구되는 시장이 늦게 열리거나 유사한 경쟁기술의 조기 출현으로 기대치보다 수익이 못 미치는 등의 리스크가 높은 것이 보편적이다. 창업 초기에 혁신적인 기술을 발명하고 특허를 출원하여 등록한 기술 벤처 기업 중에는 이러한 특허기술에 대한 맹목적인 믿음과 기대로 철저한 시장 분석을 제대로 하지 않고 기업운영에 필요한 사전 지식이 부족한 상태에서 영업실적의 부진으로 자금의 어려움을 겪는 경우가 적지 않다. 전 직장에서 받은 퇴직금으로 창업하고 초기에 발명한 특허기술로 장밋빛 미래를 제시하여 주변의 지인들로부터 투자를 받는 사례 등은 비교적 가까운 미래의 갈등을 암시하는 유도적인 사건으로 볼 수 있다.

둘째, 전개는 특허기술을 기반으로 신제품을 개발하고 일정 규모의 제품 수량을 양산하여 시장에 출하하였으나 판매 부진으로 재고가 쌓이고 자금이 고갈되면서 때로 직원들의 급여가 연체되기도 한다. 준비가 부족한 상태에서 창업한 기업의 운영이 점점 더 어려운 상황으로 빠져들면서 직원, 주주, 고객들과의 관계가 더욱 복잡해지고 잉태된 갈등이 표출되고 분규가 발생하면서 긴장과 흥미를 더하게 된다. 이 단계는 사건이 절정에 다다르는 중심 부분이며 청자의 재미와 주의를 끌게 하는 지점이므로 보다 합리적이고 자연스럽게 전개되어야 한다.

셋째, 절정은 발단에서 시작된 사건이 전개를 지나면서 여러 번의 위기를 거친 후 이르게 되는 단계이다. 다수의 국가별 특허등록 유지비 지급이 여의치 않고 직원 급여를 수개월째 지급하지 못할 뿐 아니라 은행 대출금의 이자도 지급하기 어려운 상황이 반복적으로 벌어질 수 있다. 만약 기업의 생명 줄에 해당하는 특허의 등록 유지비를 지불하지 못하는 경우에는 특허가 무효화 되므로 급기야는 폐업 여부를 결정해야 할 정도에 이를 수도 있다. 게다가 창업 초기에 특허 기술에 기대하고 투자에 참여한 주주 중에는 투자한 돈을 회수하기 위해 협박을 하는 등 갖가지 수단을 동원하기도 한다. 이 지점에서는 심리적인 갈등이나 투쟁의 의지 그리고 주인공과 적대세력의 대결 양상이 최고조에 달한다.

넷째, 하강은 절정을 거친 이후에 대단원을 향해가는 단계이다. 즉 절정에서 어려움이 최고조에 달한 극적인 긴장 상황에서, 일례로 가까운 지인이 특허등록 유지비를 해결할 수 있도록 투자를 결정하고 자금문제가 부분적으로 풀리면서, 갈등 해결로 향하게 된다. 특히 이 단계에서는 짧은 시간 내에 이루어지도록 해야 한다. 또한, 감정의 정화도 가져올 수 있게 하여야 한다.

끝으로 대단원은 지인이 추가 투자를 하거나 또 다른 투자자가 기업의 운영을 맡기로 결정함으로써 자금 문제가 완전히 해소된다. 그동안의 실패 경험을 살려서 특허 기술을 적용하여 개발한 신제품의 기능을 사용자 중심으로 개선하는 것은 물론, 단순하면서도 감성적인 디자인을 가미하고 사용 편이성을 획기적으로 개선하는 등 고객이 원하는 새로운 가치를 제공하고 전략적인 마케팅으로 시장에서 큰 성공을 거둔다. 갈등과 투쟁이 모두 끝나고 긴장과 흥분이 완화되면서 이야기가 종결되는 단계이다.

사람들에게 진심에서 우러나오는 영혼의 전율을 전해주는 좋은 지식재산 스토리는 다음과 같은 특징을 가지는 것이 요구된다. ①스토리는 시작과 중간과 끝을 가져야 한다. ②스토리의 길이가 적당해야 한다. 스토리의 끝을 보기도 전에 시작을 잊을 만큼 길어서는 안 된다는 의미이다. ③하나의 스토리여야 한다. 이는 스토리의 구조적 통일성을 말한다. 즉 여러 스토리의 단순한 집합이 아니라 전체적인 하나의 스토리로 만들어야 한다는 뜻이다. ④스토리 속에 있는 행동의 일치를 보여야 한다. 각각의 사건은 필연적으로 아니면 적어도 개연적(蓋然的)으로 선행(先行)된 행동에서 결과로 이어져야 하며 후행(後行)될 행동의 원인이 되어야 한다. 이러한 연속적 결합은 전체를 파괴하거나 바꾸지 않고는 어느 부분도 제거하거나 변경시킬 수 없도록 행동의 일치를 보여야 한다는 의미이다. 스토리의 부분들을 구성하는 여러 돌발적인 사건들은 생명을 가진 유기체 일부만큼이나 전체에 필연적이기 때문이다. ⑤스토리 속의 사건대상을 왜곡시키지 않아야 한다. 지식재산 스토리의 작가는 사건대상을 비추어내는 거울이다. 대상을 똑같게 재생할 필요는 없지만 왜곡시키지도 않아야 한다는 뜻이다. 사건은 일어날 수 없는 특수적인 대상이 아니라 일어날 수 있는 보편적이어야 한다. 보편성은 연속적인 연결인 인과관계를 보여준다는 의미다. 즉 스토리는 통일성을 가짐으로써 보편적이 되며, 각 사건은 원인과 결과의 견고한 필연성으로 묶여있어야 한다.[121]

이러한 관점에서 지식재산 분야를 포함한 비즈니스 스토리텔링의 일반적인 방법론에 대해 살펴보고, 특히 지식재산 스토리텔링의 플롯을 구성함에 있어서 더욱 쉽게 활용할 수 있도록 실용적이면서 차별화된 방법론을 새롭게 제안하고자 한다.

---

121 해밀턴 파이프(Hamilton Fype), 앞의 책, 27~29쪽.

지식재산 스토리텔링의 방법론

앞서 살펴본 바와 같이, 지식재산 스토리텔링의 구성도 일반적인 스토리텔링의 구성과 동일하게 메시지, 갈등, 등장인물, 플롯으로 적용될 수 있음을 확인하였다. 아울러 기존의 기업 브랜드, 상품, 서비스 등에 지식재산이 새로이 융합됨으로써 지식재산 스토리텔링을 구성하는 각각의 요소들은 기존 스토리텔링의 구성 요소와 차별화되는 여러 가지 특징들이 있을 수 있다.

지식재산 스토리텔링은 일종의 비즈니스 스토리텔링으로 볼 수 있다. 이러한 관점에서 지식재산 스토리텔링에 쉽고 효율적으로 적용할 수 있는 바람직한 구성 모델을 정립하기 위하여, 먼저 비즈니스 스토리텔링에서 보편적으로 적용될 수 있는 일반적인 구성 모델을 살펴보는 것이 필요하다. 참고로 이 책에서 제시하는 지식재산 스토리텔링의 구성 모델은 지식재산 분야에서만 적용할 수 있는 절대적이라기보다는, 지식재산 분야의 종사자들이 좀 더 용이하게 이해할 수 있고 그들의 관점에서 용이하게 적용할 수 있도록 보다 체계적이고 단계적으로 스토리를 구성하는 방법론을 제시하는 데 초점을 둔 것이다.

▌1 스토리텔링의 10단계 모델

일반적인 비즈니스 스토리텔링의 구성을 앞서 기술한 사례를 중심으로 좀 더 자세히 살펴보면 아래 [그림19]에서 보는 바와 같이 10단계로 재구성해 볼 수 있다.

즉 ①기업의 경영자 또는 개발자에 해당하는 주인공인 영웅의 등장 ②정상적인 상황에서 전개되는 영웅의 일상적인 삶 ③외부 고객의 요구나 또는 기업 내부의 창의적인 제안에 따라 새로운 기술 또는 제품을 개발하고자 하는 계기 ④연구개발을 통한 신기술과 신제품에 대한 도전 ⑤도전을 가로막는 외부의 제도나 내부의 반발 세력 또는 방해하는 경쟁자 등의 악당 ⑥기술적인 어려움, 비협조적인 개발인력, 열악한 자금 등으로 겪는 역경 ⑦필요한 기술 또는 자금을 직접 제공하거나 간접적으로 도와주는 천사 ⑧이러한 천사의 도움으로 악당의 방해 또는 역경을 이겨내는 극복의 과정 ⑨역경을 극복하여 개발한 신기술 또는 신제품을 기반으로 마케팅 역량이 우수한 대기업과 개방혁신(Open Innovation) 전략으로 시장에서 거둔 성공, 그리고 ⑩연구개발과 마케팅의 성공으로 도움을 받은 천사에 대한 보은으로 결말을 짓는 일련의 구성을 생각해 볼 수 있다.

[그림19] 스토리텔링의 10단계 모델

이러한 구성단계로 이루어지는 스토리는 연구개발 단계에서뿐만 아니라, 앞서 기술한 바와 같이 IP 개발, IP 등록, IP 기반의 금융 또는 투자유치 등을 통한 자금 확보, IP 기반의 신제품개발, IP 무효소송 또는 침해소송, IP 기반의 신제품 마케팅 등의 각 단계에서도 나올 수 있는 이야기 모델이다. 더 세부적으로 살펴보면 각각의 단계에 있어서 필요한 제각각의 이야기도 지식재산 스토리텔링의 통합모델 [그림18]에서 제시하는 전 구성단계로 이루어지거나 몇 가지 필요한 단계를 선택하여 구성될 수 있는 이야기 모델이다.

예를 들면, IP 등록단계 중 심판단계에서 특허심판원의 심판관을 설득하기 위한 목적으로 위에서 설명한 10단계로 하나의 완성된 이야기를 구성해 볼 수 있다.

①영웅에 해당하는 주인공인 개발자 또는 개발자가 사물인터넷에 적용하기 위해 요구되는 사물 또는 데이터를 전 세계적으로 고유하게 식별하는 사물식별 ID 기술 ②개발자가 세계 최초로 발명한 신기술인 사물식별 ID를 특허로 출원하고 특허청 등록을 위해 심사를 받는 정상적인 특허법 절차에 따른 일상 ③출원한 사물식별 ID 기술에 대해 특허청의 심사관에 의해 심사 및 재심사를 거친 후 최종적으로 거절결정을 받음으로써 특허심판원에 이의를 제기하기 위해 거절 결정불복심판을 청구하는 계기 ④특허심판원에 제기한 거절 결정불복심판을 통해 특허청의 거절 결정을 극복하고 최종적으로 특허 등록 결정심결을 이루기 위한 도전 ⑤이러한 도전을 가로막는 악당에 해당하는 요소로 특허청 심사관의 부정적인 의견, 한 가지 사물식별 ID 기술이 적용 가능한 응용분야가 다양함에 불구하고 특정 분야의 전문가인 특허청 심사관이 한 명이기 때문에 출원 심사 대상 발명기술에 대한 이

해 부족 가능성[122] ⑥앞서 설명한 바와 같이 사물식별 ID 기술이 적용 가능한 사물인터넷 응용분야가 워낙 다양하므로 특허 청구항의 범위가 지나치게 방대해서 특허 청구 범위를 일정 범위로 제한하기 어려운 특징으로 인하여 부분적으로 제한하기보다는 전체적으로 특허 등록을 거절하는 특허심사관의 부정적인 심사의견. 최근 통계 데이터에 따르면 우리나라 특허 무효율이 미국, 일본 등 외국에 비해 상대적으로 높은 특징 등에 따라 특허청 심사관의 등록거절 결정을 반박하여 특허심판원의 심사관을 설득할 새로운 근거 자료 수집이나 완벽한 논리 개발을 준비하는 과정에서 어려움을 겪는 역경 ⑦사물식별 ID 기술을 발명하고 특허로 출원한 주인공의 지인 또는 주인공이 소속된 기업의 주주 중에서 특허 거절 결정을 반박할 자료수집이나 논리개발 또는 특허심판원의 심판절차 및 대응 전략 등에 관한 정보를 제공하는 등 직접 또는 간접적으로 도와주는 여러 명의 천사들 ⑧특허청 심사관이 1명인데 반해 특허심판원의 심판관 구성이 심판장, 주심과 부심의 3명으로 이루어진다는 사실에 따라 심사대상인 사물식별 ID 기술을 보다 효과적으로 설명할 수 있다는 점과 기술설명회를 통해 직접 심판관들을 대면하여 충분하게 설명할 기회도 잘 활용하는 것이 중요하다는 점을 천사의 도움으로 알게 되었고, 단편적인 지식을 보유한 것으로 판단되는 특허청 심사관의 거절 결정사유를 반박하는 논리를 잘 준비하여 특허심판원의 심판관을 설득함으로써 특허 거절 결

---

122 참고로 사물식별 ID가 적용 가능한 응용분야로는 유비쿼터스 위치기반서비스, 이 기종 서비스 간에 멀티미디어 콘텐츠를 상호 공유하는 개방형 SNS, 다수의 분산된 네트워크 게임 또는 가상세계 간에 경계를 넘어 아바타가 이동하여 활동하는 상호연동 서비스, 사용자가 개발한 멀티미디어 콘텐츠를 제한 없이 연계하는 eBook 서비스, uCity, uHealthcare, uHomecare 등의 유비쿼터스 센서 기반 시스템 등을 포함하여 사물인터넷 전 분야에 걸쳐 사물식별 ID가 적용 가능함

정사유를 극복 ⑨천사의 도움으로 필요한 정보를 다양하게 획득하고 대응전략을 철저하게 수립하는 등 충분한 준비와 반복적인 사전 연습을 거친 후 기술설명회를 통해 심판관을 설득함으로써 특허청 심사관의 특허거절결정 사유를 어렵사리 극복하고 최종적으로 특허등록 심결을 거쳐 특허등록 결정에 이르는 성공 ⑩특허심판원의 특허등록거절불복심판을 거쳐 특허등록에 성공한 후 도와준 천사에 대한 감사의 인사와 사업 성공을 통해 주주 천사들에 대한 보은 등으로 이야기를 만들어 볼 수 있다.

위와 같은 10단계 모델을 적용하면 일반적인 스토리뿐 아니라 어떤 스토리도 만들 수 있다. 누구나 쉽게 스토리텔링을 할 수 있는 방법을 제안 한 것이다. 특히 지식재산의 창출단계인 연구개발부터 마케팅까지 각각의 단계별로 또는 통합적으로 얼마든지 다양한 그리고 많은 이야기가 탄생할 수 있을 것이다. 하나의 지식재산이 처음 창출되어 마케팅까지 이어지는 수많은 단계에서 각각의 이야기가 만들어질 수 있으며, 또한 각 단계를 구성하는 세부 단계에서도 각각의 이야기가 또 만들어질 수 있다. 즉, 하나의 지식재산에서도 수많은 그리고 다양한 이야기가 나올 수 있다는 의미이다.

또한, 좀 더 넓은 의미인 상품을 기준으로 볼 때, 하나의 상품에도 적게는 10개, 많게는 수백 개 이상의 지식재산이 들어 있다. 이는 하나의 상품에도 수많은 이야기가 나올 수 있다는 의미이다. 아울러 기업의 관점에서 본다면, 하나의 기업에는 적게는 수십 개, 많게는 수백 개의 상품을 갖고 있다. 이러한 측면에서 보면, 기존의 기업 또는 상품에서 발굴하는 '스토리텔링의 10단계'를 지식재산을 기반으로 확대한다면 스토리의 소스는 무궁무진하다고 할 수 있다. 바로 이것이 지식재산 스토리텔링의 다중 출처 또는 멀티소스(MS, Multi-Source)를 의미한다. 즉 기존의 스토리텔링에서 기업 단계 또는 상품 단계에서의 스토리를 발굴하였다면, 지식재산 스토리텔링은 상품 속에 포함된 지식재산을 기반으로 다양하게 세부적으로 확대함으로써 더 많은 스토리를 발굴할 기회를 확장한 것이라 할 수 있다.

구글(Google)의 데이비드 드러먼드(David Drummond)[123] 부사장은 "한 개의 스마트폰에 약 250,000개의 특허가 포함되어 있다(One smart phone includes around 250,000 patents filed.)"라고 하며, "Antenna에는 7,800개, Display에는 14,000개, Modem에는 7,000개, Power에는 14,000개, Camera에는 4,800개, Device에는 6,300개, 소프트웨어는 20,000개 이상의 특허가 포함되어 있다."[124]고 밝힌 것도 이를 반증한다고 할 수 있다.

여기서 제시한 스토리텔링 방법론은 지식재산 분야에서만 적용할 수 있는 절대적인 방법론이 아니라, 지식재산 분야의 이성적이고 합리적인 사고에 익숙한 과학기술자들이 좀 더 용이하게 이해할 수 있고 그들의 관점에서 용이하게 적용할 수 있도록 보다 체계적이고 단계적인 방법론을 제시해 본 것이다. 향후 후속 연구자들에 의해 계승 발전시킬 수 있는 기초를 제공하고자 시범적 모델을 만드는 데 목적이 있다.

---

123 Google Chief vice president
124 김광준, "기업의 ADR 전략" 강의자료, 서울대학교 국제대학원 GNMP 과정, 2014. Oct, 15쪽.

② 지식재산 스토리텔링의 7단계 모델

통상 스토리의 구조는 시작, 중간 그리고 끝으로 3단계로 이루어진다. 영화 시나리오 작가라면 배경, 변화의 발단, 첫 번째 상황전환, 절정, 마지막 대결, 해결로 6단계로 구성할 수도 있다. 만약 인지 심리학자라면 심리적인 갈등과 해소, 내적 반응과 외적 반응 등을 포함하여 좀 더 복잡하게 이야기를 구성할 것이다. 이와 같이 스토리텔링의 구성 방법은 사람에 따라 달라질 수 있으며 하나의 정답이 있는 게 아니라는 뜻이다.[125] 그렇다면 지식재산 스토리텔링에서는 어떤 순서와 구조를 갖도록 이야기를 구성하는 것이 바람직한가를 살펴볼 필요가 있다.

특허를 중심으로 이루어지는 지식재산 스토리텔링은 지식재산 스토리텔링의 통합모델[그림18]에 나타난 여러 가지 단계별로 설득해야 할 상대방으로부터 신뢰를 얻는 것이 중요하므로 사실과 진실에 근거하여야 한다. 만약 지식재산의 스토리텔링이 사실과 진실에 근거하지 않고 허구적인 내용이 들어간다면 발명특허의 과학적인 정확성과 확실성을 무너뜨리는 위험을 초래할 수 있기 때문이다. 이러한 이유로 지식재산 스토리텔링의 이야기는 일반적인 기업이나 상품을 위한 스토리와는 달리 좀 더 객관적이고 이성적인 사실과 합리성에 근거한 이야기의 구조가 될 필요성이 있다.

지식재산 스토리텔링의 한 가지 사례로, IP 등록을 위한 심사단계에서 기술을 발명하여 특허 출원 후 특허청 심사과정에서 거절 사유를 통보받는 경우가 종종 발생하게 된다. 이를 극복하기 위해 나름대

---

125 폴 스미스(Paul Smith), 앞의 책, 100~101쪽.

로 의견을 제시하여 심사관을 설득하고 특허 등록 결정에 이르는 과정을 생각해 볼 수 있다. 더욱 더 구체적으로 사례를 들어 설명하자면, 특허로 출원한 발명 기술은 사물인터넷에서 유용한 사물식별 아이디에 관한 것으로 사물식별 아이디의 형식은 이메일 주소와 유사하나 @대신 #기호를 적용한 것이 다른 점이다. 미국특허청에서 본 발명 출원서에 기재된 사물식별 아이디가 이메일 주소와 유사하여 신규성에 위배되고, 이메일 주소의 구분기호인 @를 사물식별 아이디의 구분기호인 #으로 변경하는 기술은 통상의 기술자가 쉽게 할 수 있는 수준이어서 진보성에 위배되므로 거절사유가 있다는 1차 심사결과를 대리인을 통해 특허 출원자에게 통지하였다.

지식재산 스토리텔링의 구조를 세 부분으로 나눈다면 위에 설명한 내용은 형식적으로는 스토리의 시작에 해당하고 내용적으로는 배경 또는 맥락에 해당한다. 출원 기술에 대한 특허등록 거절사유와 관련하여 특허법에 규정된 신규성과 진보성 등을 판단하면서 중요한 요소 중 하나는 시간이다. 출원서에 기술된 발명 기술이 최초 출원일 기준으로 그 이전에 공지된 기술과 비교하여 등록 여부를 심사하기 때문에 심사 대상 기술이 언제(When) 최초로 출원되었는지가 매우 중요한 요소가 된다.

한편 신규성과 진보성 등을 포함하여 등록 여부에 대한 갖가지 판단 기준을 규정하는 특허법은 물론 지식재산 관련법은 나라마다 조금씩 다를 수가 있으므로 어디서(Where) 출원했는지 출원국가에 따라 등록 여부가 달라질 수 있다. 예를 들면, 중국에서는 대다수의 타 국가와 달리 국가적으로 인정하는 기관 또는 단체가 아닌 곳에서 특허 출원 전에 발표하거나 전시된 기술은 공지의 기술로 간주하여 신규성에 위배된다는 사유로 특허 등록이 거절된다.

특허 출원명세서는 발명자 또는 출원자의 기술적 법률적 전문성에 따라 질적 수준이 얼마든지 달라질 수 있다. 그뿐만 아니라 거절 사유를 극복하기 위한 의견도 작성하는 사람의 능력에 따라서 거절사유 극복 여부가 달라질 수 있을 것이다. 따라서 출원서 작성과 거절사유에 대한 의견 제시 등을 과연 누가(Who) 맡아서 하는지도 매우 중요한 요소 중 하나가 될 것이다. 이어서 특허등록 거절사유를 극복하기 위한 도전을 하게 된다. 특허등록을 위한 심사단계에서는 심사단계 거절사유에 대한 의견을 제시하고 거절사유를 극복하여 특허를 등록하는 것이 도전의 목표가 되겠지만, 앞의 지식재산 스토리텔링의 융합모델[그림14]에서 도시된 지식재산 6단계의 세부단계별로 도전하는 목표가 달라질 것이다. 따라서 각각의 단계별로 무엇을(What) 위해 도전할 것인지 원하는 목표를 분명히 파악하고 정립하는 것이 필요할 것이다.

특허 등록 거절사유를 극복하고 원하는 목표를 달성하기 위해서는 장애가 되는 요소들이 다양하게 존재할 수 있을 것이다. 이러한 장애 요인들을 중심으로 원하는 목표를 달성하는 것이 왜(Why) 어려운 것인지를 분석함으로써 이러한 장애를 이겨내기 위한 전략이 마련될 수 있을 것이다.

지금까지 지식재산 스토리텔링의 이야기를 구성하는 시작 부분에 대해 사례를 중심으로 살펴보았다. 시작 부분은 주로 배경 또는 맥락에 해당하며 언제(Where), 어디서(Where), 누가(Who) 무엇을(What), 왜(Why)의 5W를 적용하여 쉽고 효율적으로 구성될 수 있다는 것을 볼 수 있다.

이어서 지식재산 스토리텔링의 이야기를 구성하는 중간 부분에 대해 앞서 이야기의 시작 부분에서 사례로 제시한 특허등록 거절사유를 중심으로 살펴보고자 한다. 미국특허청에서 제시한 특허등록 거절사유는 본 발명 출원서에 기재된 사물식별 아이디의 형식이 특허로 출원하기 이전에 이미 보편적으로 널리 알려진 이메일 주소와 유사하여 신규성에 위배되고, 이메일 주소의 구분기호인 @를 사물식별 아이디의 구분기호인 #으로 변경하는 기술은 통상의 기술자가 쉽게 할 수 있는 수준이어서 진보성에 위배되므로 거절사유가 있다는 것이었다.

이야기의 중간 부분에서는 이러한 거절사유를 어떻게(How) 극복하는지 역경을 이겨내는 과정에서 나타날 수 있는 다양한 얘기를 담아낼 수 있을 것이다. 역경을 이겨내는 중간 부분은 앞의 지식재산 스토리텔링의 융합모델[그림14]에서 도시한 다양한 단계에 따라 스토리의 내용이 달라질 수 있다. 여기서는 앞서 설명한 IP 등록의 심사단계에서 제시한 사례를 중심으로 특허등록 거절사유에 대한 의견을 제시함으로써 역경을 이겨낸 이야기를 소개하면 다음과 같다.

앞서 소개한 사례에서 특허등록 거절사유는 사물식별 아이디 발명기술의 출원 이전에 널리 알려진 공지 기술인 이메일 주소와 대비하여 신규성과 진보성을 위배하고 있다는 두 가지다. 만일 사물식별 아이디 발명기술의 출원 전에 널리 알려진 이메일과 대비하여 진보성이 있다는 의견을 제시하여 심사관을 설득할 수 있다면 상기 두 가지 거절사유를 한꺼번에 극복할 수 있게 될 것이다. 특허법에 따라 진보성을 판단하는 방법은 출원발명을 공지발명과 비교하여 볼 때 구성의 곤란성, 목적의 특이성, 효과의 현저성이 있는지 세 가지를 종합적으로 고려하여 판단하는 것이 일반적이다.

우선, 사물인터넷 아이디의 구성은 이메일 주소의 구분기호인 @대신 #으로 대체한 것과 같은 형식으로 이루어지기 때문에 세 가지 조건 중 구성의 곤란성은 없을 것으로 판단된다. 다음으로 목적의 특이성에 대해 살펴보면, 이메일 주소는 사람과 사람 간에 정보를 주고받는 목적으로 활용되는 것임이 비해 사물식별 아이디는 센서, 장치, 시스템 등의 사물을 식별하는 목적 외에 사물이 생성하는 데이터를 식별하는 목적을 띠고 있다는 점이 특이성이 있다고 하겠다. 특히 사물식별 아이디를 위치기반서비스에 적용하는 경우, 일반적으로 상가나 건물의 위치정보와 센서 등 시설물의 설치 위치정보를 사물식별 아이디를 통해 검색하는 목적을 띠고 있는 데 반해서 이메일 주소를 이용하여 개인의 이메일 정보를 검색하는 목적은 전혀 없으므로 사물식별 아이디가 목적의 특이성을 가지고 있다. 마지막으로 효과의 현저성에 대해 살펴보면, 사물식별 아이디 출원 명세서에는 인터넷으로 분산된 다수의 데이터베이스 서버, 서비스 및 시스템 간의 상호 운용성을 해결할 수 있다는 점이 기술되어 있다. 시기적으로 사물인터넷 발명기술의 출원 후 5년이 지난 시기에 출판된 학술논문으로는 그 당시까지 인터넷으로 분산된 데이터베이스, 서비스 및 시스템 간에 상호연동 문제가 해결되지 않고 있다는 배경설명과 함께 상호연동 문제를 해결하기 위한 일련의 연구를 하여 그 결과를 논문으로 발표한다는 설명이 담겨 있다.

　따라서 이러한 학술논문이 사물식별 아이디 발명 기술이 현저한 효과를 갖고 있다는 점을 반증하는 근거자료가 된 셈이다. 따라서 이메일 주소에 대비하여 사물식별 아이디가 지니는 목적의 특이성과 효과의 현저성을 종합적으로 고려하여 진보성이 있다는 점을 거절사유를 극복할 수 있는 의견으로 제시하고 사물식별 아이디 관련 출원발명이 특허로 등록되어야 한다는 점을 주장한 것이다.

마지막으로 지식재산 스토리텔링의 이야기를 구성하는 끝 부분은 앞서 중간 부분에서 설명한 바와 같이 거절사유를 극복하기 위해 제시된 의견을 참조하여 특허청 심사관이 심사한 결과에 따라 특허 등록 여부가 어떻게 결정되었는지(Done) 결과 내용을 담게 된다.

지금까지 설명한 바와 같이 지식재산 스토리텔링을 위해 실용적으로 적용이 가능한 바람직한 구성은 아래 [그림20]에서 보는 바와 같이 기존에 널리 알려진 육하원칙(5W1H)에 역경을 이겨낸 결과(1D)를 추가함으로써 '지식재산 스토리텔링의 7단계(5W1H1D)'로 아래 그림으로 나타낼 수 있다. 일반적인 스토리텔링 10단계 모델보다 더 사실적인 요소를 강조 했다고 할 수 있다.

[그림20] 지식재산 스토리텔링의 7단계 모델(5W1H1D)

①언제(when) 일어난 일인가, 즉 때를 뜻한다. IP 등록의 심사단계인 경우를 예로 들면, 발명 기술이 언제 특허로 출원되었는지에 대한 사실적인 내용을 담고 있는 이야기는 청자에게 이 스토리가 사실인지 허구인지를 확인할 수 있게 한다.

② 어디서(where) 일어난 일인가, 즉 장소를 뜻한다. 새로운 발명 기술이 어느 나라 특허청에 출원되었는지에 따라 특허법이 다르므로 이후에 이어질 이야기의 내용이 달라질 수 있어서 청자의 관심을 끌 수 있다. 또한, 어디서 정확히 일어난 이야기인가는 청자에게 이 스토리가 사실인지를 파악할 수 있게 한다.

③ 누가(who) 주인공인가, 즉 영웅을 뜻한다. 출원 기술의 발명자가 누구인지 어떤 수준의 과학기술자인지에 따라 명세서에 기술된 청구항의 범위와 특허 기술의 가치가 달라질 수 있고, 이후 거절사유에 대한 의견의 수준이 달라질 수 있으므로 청중의 관심도가 달라질 수 있다. 또한, 영웅은 청자와 동일시될 수 있는 청자의 주변에서도 흔히 볼 수 있거나 예상 가능한 인물일수록 청자는 쉽게 공감하고 감정이입이 된다. 일례로 대다수를 차지하는 고용이 중소기업에 의해 더 많이 창출된다는 점을 고려하면 특허출원자가 대기업인 경우보다는 중소기업인 경우에 일반 국민들의 관심을 더 많이 끌 수 있을 것이다.

④ 영웅이 원하는 것이 무엇(what)인가, 즉 이루고자 하는 목표를 뜻한다. 스티브 잡스와 같이 새로운 스마트폰 세상을 만들려고 하는지, 빌 게이츠와 같이 모든 사람이 한 대의 컴퓨터를 갖게 하는 꿈을 이루려고 하는지, 벤처기업인이 대기업과 같은 골리앗을 상대로 이기려고 하는지, 한 발명자가 폭발사고가 없는 안전한 세상을 만들려고 하는지 등 지식재산 스토리텔링의 각 단계별 목표에 따라 이야기가 전제되는 방향이 달라질 수 있을 것이다.

⑤ 왜(why) 그 뜻을 이루지 못하는가, 즉 방해하는 악당을 뜻한다. 악당이 없는 스토리는 흥미와 호기심을 유발하지 못한다. 사람들은

악당을 싫어하지만, 악당이 없는 이야기는 좋아하지 않는다. 이러한 관점에서 특허 거절사유를 극복하기 어렵게 하는 장애가 높고 다양할수록 지식재산 스토리텔링의 이야기는 더 긴장되고 흥미롭게 전개될 수 있을 것이다.

⑥영웅이 어떻게(how) 악당과 겨루게 되는가, 즉 갈등과 고난을 헤쳐가는 과정을 뜻한다. 통상 영웅은 악당에 비해 약하고 용기를 내어 싸우지만 여러 번 실패한다. 갈등이 증폭되고 고난은 점점 심해진다. 이러한 부침이 클수록 이야기의 긴장감과 호기심은 절정으로 치닫는다. 지식재산 관련하여 출원 발명기술의 특허등록 가능성을 판단하는 특허청의 심사 또는 심판원의 심판, 특허무효소송이나 손해배상소송 등의 법원 판결에 대해 관련법이나 판례, 제도 등으로 엄격하게 기준이 정해져 있다. 따라서 지식재산 스토리텔링에서는 역경을 이기고 장애를 극복하는 과정이 각각의 단계별로 서로 다른 판단 기준이 적용되고 설득대상이 달라질 수 있으므로 앞서 설명한 이야기 원천의 발굴과 활용의 측면에서 멀티소스멀티유즈(MUMU)의 특징이 동일하게 적용될 수 있다.

⑦결과(done)로 어떤 일이 이루어졌나, 즉 이야기의 결론을 뜻한다. 대개는 우연히 천사를 만나거나 어떠한 실마리를 얻어 극적인 반전을 이루어 영웅이 악당을 무찌르고 뜻을 이룬다. 이루지 못하는 비극적인 결론이 날 수도 있다. 어떠한 결과가 되었든 청자가 배울 수 있는 깨달음이나 메시지가 있어야 한다. 스토리텔링의 궁극적인 목적이기 때문이다. 지식재산 스토리텔링의 경우는 IP 등록의 심사단계인 경우에는 거절사유를 극복하고 특허로 등록되거나 반대로 거절사유를 극복하지 못하고 결국 특허등록이 거절되는 결과로 나타날 수 있다. 또한, 앞서 설명한 지식재산의 다

양한 단계별로 제각각의 목표에 합당한 결과들이 도출될 수 있을 것이다.

이상으로 살펴본 바와 같이 지식재산 스토리텔링은 과학기술의 발명특허 등과 같은 가장 이성적인 지식재산 분야에서 일어난 일들을 문화예술의 창작과 같은 가장 감성적인 스토리텔링을 융합하기 위한 새로운 시도이다. 전달하고자하는 메시지를 감동적으로 전하기 위해서는 이 같은 스토리텔링의 7단계 모델을 적용하여 스토리를 구성할 수 있다. 그렇다고 허구를 넣어 감동을 이끌어 낸다면 지식재산권의 신뢰에 문제가 생길 수 있으므로 반드시 fact를 기반으로 구성해야 한다. 그렇기에 스토리텔링의 일반적인 모델인 10단계 모델보다 fact를 강조한 7단계 모델이 더 적합해 보인다.

이렇게 지식재산을 기반으로 하는 비즈니스 스토리텔링을 위한 바람직한 스토리를 보다 용이하고 효율적으로 구성하기 위하여 기존에 널리 알려진 육하원칙(5W1H)을 기본으로 하고, 여기에 이루어진 결과(1D)를 추가한 모델을 제안한다. 즉 제안하는 '지식재산 스토리텔링의 7단계'[126] 모델은 언제(when), 어디서(where), 누가(who), 무엇을(what), 왜(why), 어떻게(how), 이루어졌나(done)의 7단계로 이루어진다.

---

126 이 7단계 모델은 7이라는 숫자의 행운을 의미하기도 하지만, 지식재산이 스토리텔링과 융합하여 저 하늘에 빛나는 7색깔의 무지개와 같이 널리 그리고 높게 펼쳐진다는 의미를 담고자한다. 또한 본 연구에서는 '무지개(Rainbow)'모델이라 칭한다.

Chapter_**05**

지식재산 스토리텔링의
활용사례

지식재산 스토리텔링은 지식재산(IP)의 창출에서 사업화 단계까지 각 단계별로 설득대상과 전달하고자 하는 메시지를 달리하면서 다양하게 활용될 수 있다. 즉 지식재산 스토리텔링의 활용은, [그림15]에서 살펴본 바와 같이 연구개발, IP 등록, 자금 확보, 상품개발, IP 소송 및 마케팅 등 6단계로 구분할 수 있다. 따라서 지식재산 스토리텔링의 활용을 각 단계별로 살펴보면 아래와 같다.

첫째 연구개발 단계에서의 주요 설득 대상자들은 발명자들이다. 새로이 발명하고자 하는 특허 기술을 기획하는 과정에서 기업이 목표로 하는 제품 또는 서비스에 대한 개념과 요구조건들을 발명자들이 공감하고 목표로 하는 제품 또는 서비스를 개발하기 위해서 어떤 기술이 발명되어야 하는지 도출할 수 있도록 설득하는 것이 필요하다. 또한, 서로 다른 기술을 보유한 발명자들이 함께 목표기술을 개발하는 과정에서 상호 소통하며 원활하게 융합하기 위해서는 각자가 자신의 기술을 다른 발명자들에게 소개하는 설득 과정이 필요하게 된다. 따라서 지식재산 등록 과정에서도 대상자들을 설득하는 유용한 수단으로 스토리텔링이 활용될 수 있다.

둘째, 지식재산의 등록 단계에서는 출원·심사, 의견제출, 재심사까지의 세 단계는 모두 특허청 심사관을 대상으로 출원한 특허가 등록될 수 있도록 설득하는 과정이다. 또한, 특허청에서 등록거절 결정이 된 상황에서 특허심판원에 불복하는 경우에는 심판관(심판장, 주심, 부심) 3명을 대상으로 기술을 설명하고 등록할 수 있도록 설득하는 것이 요구된다. 이러한 과정에서 출원서 보정 또는 거절사유에 대한 의견서를 문서로 제출하거나 직접 기술을 설명하는 기회를 가질 수가 있는데 어느 경우든지 특허를 등록하기 위해 설득하는 것이 중요하다. 따라서 지식재산 등록 과정에서도 대상자들을 설득하는 유용한 수단으로 스토리텔링이 활용될 수 있다.

셋째, 지식재산을 활용한 자금확보단계에서는 설득 대상자별로 각기 다른 몇 가지 사례들을 생각해 볼 수 있다. 우선 ①기업을 창업한 초기에 정부의 담당 기관을 통해 선별적으로 지원하는 창업자금을 지원받기 위한 경우이다. 이때 제출하는 사업계획서에 보유하고 있는 특허기술을 제시함으로써 유리한 평가를 받을 수가 있을 것이다. 다음으로 ②과제를 수주하여 연구개발비를 확보할 수 있는데, 이 경우에는 제안서에 특허기술을 제시함으로써 유리한 평가를 받을 수가 있을 것이다. 또 다른 방법으로는 ③자금을 확보하기 위하여 투자유치를 받는 경우인데, 이 경우에도 또한 수익창출이 가능한 특허기술을 제시함으로써 투자자를 설득하는 데 보다 유리하다. 마지막으로 ④보유한 특허기술을 타 기업에 제공하고 로열티(Royalty)를 받는 방안이 있다. 이 경우에는 특허 사용권리를 특정 기업 한 곳에만 한정하여 제공하는 전용실시권과 다수의 기업을 대상으로 복수로 사용권리를 제공할 수 있는 통상실시권을 제공하는 경우로 구분할 수 있는데, 이는 각각의 경우에 있어서 로열티 금액이나 조건은 달라질 수 있다. 전용실시권은 특허청에 등록한 이후에 효력이 발생하지만, 통상 실시권은 당사자 간에 계약을 체결함과 동시에 효력이 발생하는 것이 다르다. 특허 실시권을 제공하는 방안 이외에 자금조달 방법으로 제삼자에 특허를 매도하는 방안도 있다. 특허 실시권을 제공하는 경우이든 매도하는 경우이든 간에 특허권자가 더 많은 로열티를 받기 위해서는 특허의 가치가 높다는 점을 계약 상대방에게 설득하는 수단으로 스토리텔링을 활용하는 것이 바람직하다.

넷째, 특허를 기반으로 한 상품을 개발하는 단계에서는 성공적인 상품기획을 위해 개발팀을 중심으로 영업팀, 지원팀, 협력업체는 물론 소비자도 참여하는 경우가 종종 있다. 이때 참여하는 모든 사람을 대상으로 특허 기술을 설명하여 성공적인 상품개발이 될 수 있도록 상호 원활한 소통을 위한 설득과정이 필요하다. 이 경우에 지식재산 스토리텔링은 중요한 커뮤니케이션 수단으로 유용하다.

다섯째, 지식재산 소송단계는 특허무효, 특허침해금지, 부정경쟁방지, 영업비밀보호, 손해배상청구 등 다양한 목적으로 이루어지는 소송을 포함한다. 이때 주로 담당 재판부를 대상으로 재판에서 승소판결을 위한 설득 수단으로 지식재산 스토리텔링을 유용하게 활용할 수 있다.

마지막으로, 지식재산 마케팅단계에서는 주로 고객을 대상으로 특허기술과 이를 적용한 제품 또는 서비스의 우수성을 알리는 유용한 수단으로 지식재산 스토리텔링을 활용할 수 있다.

새로운 기술을 발명하는 연구개발단계는 ①자연현상에 대해 새로운 이론과 학문을 정립하기 위하여 이루어지는 기초적인 연구를 하는 기초연구단계 ②기초연구의 결과로 얻어진 지식을 활용하여 실용적인 목표 아래 새로운 과학적인 지식을 터득하기 위한 독창적인 응용연구단계 ③기초응용적 연구와 실제적 경험으로부터 도출된 지식을 활용하여 새로운 재료나 장치를 만들어 내거나, 이미 생산 및 설치된 것을 구체적으로 개선하기 위한 체계적인 개발연구단계, 그리고 ④응용연구 및 실제 경험으로부터 창출된 지식을 활용하여 새로운 제품이나 장비를 만들거나, 새로운 공정이나 시스템 또는 서비스를 만들거나, 또는 이미 생산 및 설치된 것을 구체적으로 개선하기 위하여 행하는 원천연구단계 등 4가지가 있다.

번뜩이는 상상력과 창의력으로 순간적으로 떠오르는 발명특허도 존재하지만, 일반적으로는 위와 같은 체계적인 연구개발을 통하여 발명특허가 창출된다.

이러한 연구개발 과정에서, 연구자가 수행하는 연구나 실험 등의 모든 개발과정을 기록하는 연구노트가 있다. 주로 실험을 수행하기 위한 실험환경, 실험조건, 실험과정, 새로운 현상, 도출된 결과 등을 구체적으로 작성하게 된다. 이것은 과학의 발전과 함께 점차 그 중요성이 강조되는 연구윤리 면에서도 대단히 중요한 역할을 하게 된다. 연구노트[127]는 연구자가 발표한 연구결과를 과장이나 허위 또는 표절이 없이 연구자가 직접 수행하였는지를 증명할 수 있는 중요한 기록물이다. 연구에 관련된 특허를 출원 및 등록할 때나 또는 차후에 특허분쟁이 일어날 때 소송에서 법적인 근거로 유용하게 활용된다.

---

127 "연구노트" 위키백과, http://ko.wikipedia.org/wiki/%EC%97%B0%EA%B5%AC%EB%85%B8%ED%8A%B8, 2014.09.20., 방문.
이러한 연구노트는 '국가연구개발사업 연구노트 관리지침'과 'R&D 특허센터의 연구노트 작성전략'을 바탕으로 엄격히 배포되어 관리되고 있을 정도로 연구개발 단계의 필수적인 과정이다. 각 연구자는 연구노트를 연구기관 담당자에게 신청하고, 담당자는 연구자에게 연구노트를 배부하고, 연구노트 관리번호 및 기록자 정보 기재, 신청서 등을 보관하도록 되어 있다.

[그림21] 연구노트 관리 흐름도[128]

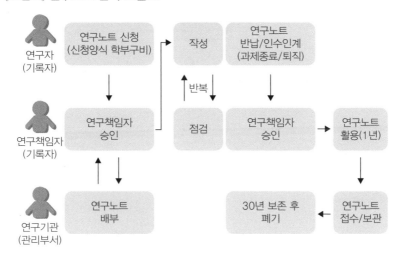

연구노트는 연구자가 발표한 결과를 어떠한 과장이나 허위 또는 표절이 없이 연구자가 직접 모두 수행하였는지 증명할 수 있는 기록물로서, 이후 연구에 관련된 특허를 출원·등록 또는 특허분쟁이 일어날 때 법적 근거로써 활용되듯이, 지식재산 스토리텔링의 사실 및 진실을 입증하기 위하여 '스토리텔링 연구노트'가 필요하다. 아니면 기존의 연구노트에 스토리텔링을 기록할 수 있는 별도의 항목을 추가하는 방법도 대안일 수 있다. 이러한 스토리텔링 연구노트는 스토리의 사실 및 진실을 입증하는 데 필요하기도 하지만, 한편 스토리의 소스(source)를 기록하여 자칫 잊어버릴 수 있는 좋은 이야기를 보존한다는 측면에서도 유용한 기록물이 될 것이다.

---

128 "연구노트 관리지침" UNIST, http://airc.unist.ac.kr/bbs/board.php?bo_table=bbs_06_03&wr_id=168, 2014.09.20., 방문.

01

외국의 지식재산 스토리텔링의 활용사례

1 스토리텔링 보도자료 사례

최근 국내외 언론에서는 소위 '디지털 스토리텔링 뉴스(Digital Storytelling News)', '멀티미디어 인터랙티브 뉴스(Multi-Media Interactive News)' 등의 바람이 거세게 불고 있다. 이러한 바람은 미국 뉴욕타임스의 인터랙티브(interactive) 뉴스팀이 2012년에 제작한 '스노폴(Snow Fall)'에서 비롯되었다. 이 기사는 멀티미디어 요소들을 능수능란하게 통합했다는 평가를 받고 2013년 4월 퓰리처상(the Pulitzer Prize) 특집기사 부문을 수상하면서 국내외에서 주목을 받았다. 퓰리처상 심사위원회는 선정 이유에서 이 점을 강조한 것으로 알려진다.[129]

디지털 스토리텔링 뉴스는 기존의 뉴스처럼 단순히 이야기를 나열

---

129 김위근, "오감 자극하는 '스토리텔링 뉴스' 펼쳐진다," 시사저널, 2014.04.09, http://www.sisapress.com/news/articleView.html?idxno=62350 2010.09.20. 방문.

하는 대신에 생생한 현장을 담은 영상과 인터뷰, 그래픽 등의 멀티미디어를 이야기가 전개되는 곳곳에 배치해 이야기를 뒷받침해 주는 방식으로 온라인 매체의 장점을 최대한 살린다. 최근에 국내에서도 신문사 10여 곳에서 디지털 스토리텔링을 적용하여 갖가지 기사들을 선보이고 있다. 국내 언론들의 이러한 변화는 해외에서 디지털 스토리텔링 기사로 큰 성공을 거둔 사례에 영향을 받은 것으로 판단되며 뉴욕타임스의 '스노폴'이 대표적인 이야기 방식의 기사로 들 수 있다.

　스노폴 기사의 이야깃거리는 미국 워싱턴 주의 캐스캐이드(Cascade) 산악 스키장에서 눈사태가 일어나면서 그 와중에 세 명의 스키어가 목숨을 잃은 사건이다. 이 사건을 다룬 뉴욕타임즈 기사에는 현장의 갖가지 영상, 사건 중에 이루어진 무선 교신 내역, 항공사진과 사진 위에 겹쳐 표시한 텍스트와 그래픽, 생존자들의 인터뷰 내용 등 관련 자료가 다양하게 연계되었다. 또한, 기자는 마치 사건을 그려내듯 이야기를 구성하였다. 기사가 게재된 지 6일 만에 약 290만 명의 독자가 방문할 정도로 반응은 폭발적이었다. 존 브랜치(John Branch) 기자는 이 기사 덕분에 퓰리처상 외에도 피버디상(Peabody Awards)을 수상하는 영광을 안았다.[130]

　디지털 스토리텔링에 기반을 둔 새로운 양방향으로 소통하는 인터랙티브(interactive) 광고도 가능하다. 예를 들면, 독자들이 광고 창에 자신의 생년월일을 입력하게 되면 그날에 기사화된 뉴욕타임스의 1면을 보여주는 식이다. 디지털 스토리텔링 기법의 광고는 '스노폴' 등의

130　최서희, "이야기로 전한다, 디지털 스토리텔링 뉴스"KBS(한국방송공사), 2014.04.13.
　　　http://news.kbs.co.kr/news/NewsView.do?SEARCH_NEWS_
　　　CODE=2844594&ref=A, 2014.09.20. 방문

성공으로 인하여 기업의 광고주들에게 크게 어필하게 되고 SNS를 통해 크게 입소문을 타면서 브랜드 호감도 상승으로 수익창출과 저널리즘의 두 마리 토끼를 다 잡는 새로운 가능성을 보여 주는 것이다.

특허를 기반으로 신제품이나 새로운 서비스를 개발하여 시장에 선보이는 경우에 통상 언론을 통해 광고나 홍보를 하거나 보도 자료를 뿌리기도 한다. 다소 어려운 특허 기술의 경우에도 앞서 설명한 디지털 스토리텔링 기법으로 이야기를 표출함으로써 독자들에게는 감동을 주거나 흥미를 유발할 수 있고 광고 또는 홍보 효과를 더 크게 볼 수 있다.

② 실리콘밸리 투자 사례

실리콘밸리의 한 투자 전문가가 전하는 사례를 통해, 그곳의 투자자들이 투자를 결심하는 배경에는 스토리가 중요한 핵심 요인으로 등장한다는 것을 알 수 있다. 실리콘밸리의 벤처캐피털인 안드리센 호로위츠(Andreessen Horowitz)의 공동창업자로 벤처캐피털리스트인 벤 호르위츠(Ben Horwitz)가 투자 상담을 위해 처음 만난 사업가 크리스천(Christian)으로부터 사업 모델에 대한 설명을 듣기도 전에 투자를 결심했다는 사례를 들고 있다.[131] 왜 투자를 그렇게 빨리 결심하게 되었는지를 설명하는 글은 다음과 같다.

---

131 조성문, 앞의 글, 2014.09.24. 방문.

"몇 달 전, 아닐 부스리가 자신이 가장 좋아하는 창업가 한 명을 만나보라고 제안했다. 나는 즉시 수락했고, 아닐은 실망하게 하지 않았다. 크리스천 게오르그라는 TIAN Software 창업자였는데, 회사를 OutlookSoft에 매각한 후 CTO로서 혁신적인 소프트웨어를 만들었으며, OutlookSoft는 최종적으로 SAP에 매수되었다. 크리스천은 완전한 공산주의였던 루마니아에서 자랐다. 그가 1989년에 미국에 처음 왔을 때 영어를 한마디도 못했으며, 자본주의에 대해서도 몰랐고, 주머니엔 27달러밖에 없었다. 공사장에서 일을 시작한 후에 리무진 운전기사가 되었다. 그 돈으로 학교에 다니고, 영어를 배운 후에 컴퓨터 공학을 공부했다. 결국, 자신의 회사를 만들었고, 하나의 인생에서 공산주의에서 기업의 창업가로서의 놀라운 여행을 마무리 지었다."

위에 직접 인용한 글에서 크리스천이 처음 만난 벤에게 들려준 건 다른 사람들이 감동하면서 듣게 하는 그의 인생 역전 스토리라는 것을 알 수 있다. 벤에게 자신의 이야기로 강렬한 인상을 남긴 크리스천은 벤으로부터 투자를 받은 이후 추가 투자에 성공하며 잘 성장하고 있다는 것이다. 일반적으로 투자자들이 가지는 관심분야는 물론 매출, 고객, 기술력 등이지만, 궁극적으로는 공감할 수 있는 스토리에 의해 투자자의 마음이 움직인다는 점이 중요하다는 것을 파악할 수 있다. 상대방의 마음을 얻기 위해서는 상대방이 쉽게 공감하고 감동을 느낄 수 있는 이야기를 들려주는 것이 중요하다.[132]

또 하나의 미국 투자 유치 사례로 소셜 네트워크 서비스(SNS) 빙글(Vingle)을 개발한 한국인 이야기가 있다. 주인공 호창성 씨와 문지원 씨 두 사람은 부부관계다. 이들이 빙글을 개발하기 전인 2007년 미

---

132 조성문, 앞의 글, 2014.09.24. 방문.

국 유학 당시에 동영상의 자막을 서비스하는 '비키'(viki)를 창업하여 2010년에 미국의 올스타 벤처 캐피털 및 투자자들로부터 500만 달러의 투자를 받은 바 있다고 알려졌다. 페이스북에서 수백만 명의 팬을 확보하는 등 성공 가도를 달리다가 라쿠텐이라는 일본의 전자상거래 업체에 2억 달러(2,100억 원)의 거액으로 매각해 화제를 뿌린 스타 창업가이기도 하다. 호창성, 문지원 공동대표가 성공적으로 투자를 받을 수 있었던 것은 페이스북 사용자의 가파른 증가와 성공적인 라이센스(Licence) 계약 등이 있지만, 무엇보다도 중요한 요인은 미국의 투자자들의 공감을 얻을 수 있는 스토리가 있었기 때문이라는 점을 들 수 있다.[133]

또 한 가지 투자회사가 투자를 염두에 둔 기업 CEO들을 어떻게 평가하는지에 대해서 살펴보면 역시 스토리텔링의 중요성을 빼놓을 수가 없다. 아래 인용문을 통해서 스토리가 곧 회사의 중요한 전략임을 알 수 있다.

"CEO가 정해놓은 컨텍스트(Context) 안에서 직원들이 움직인다. 이 컨텍스트는 사람들이 하는 일에 의미를 부여하고 관심을 하나로 맞추며 의사 결정을 이끌어내고 동기 부여를 제공한다. 잘 정리된 목표와 목적이 있으면 도움이 되지만, 그것들이 스토리를 제공하는 것은 아니다. 꼬집어 이야기하면, 목표와 목적은 스토리가 아니다. 회사의 스토리는 분기 또는 연간 목표를 넘어 '왜?' 라는 질문에 도달하게 한다. 왜 이 회사에 합류해야 하는가? 왜 여기서 일하면 재미있을까? 왜 당신의 제품을 사야 하는가? 왜 내가 당신의 회사에 투자해야 하는가? 왜 이 회사가 존재함으로써 세상이 더 나아지는가? 스토리가 없는 회사는 대개 전략이 없는 회사이다(A company without a story is a usually a company without a strategy)."[134]

---

133 조성문, 앞의 글, 2014.09.24. 방문.
134 조성문, 앞의 글, 2014.09.24. 방문.

창업하기로 한 후 처음에 아무리 창업자가 높은 비전과 큰 목표를 가지고 창업을 시작했다 하더라도 창업자의 비전이나 목표가 너무 장대하면 현실감이 오히려 떨어질 수도 있고, 또한 초기의 비전과 목표는 회사의 성장과 함께 계속 변하게 된다. 그러나 창업을 왜 했는지 또는 어떻게 이 회사를 만들었는가에 대한 창업스토리는 결코 변하지 않는다. 이러한 창업스토리는 계속 살아서 직원들에게, 투자자들에게, 또는 고객들에게 매체나 구전으로 퍼져나간다. 그리고 무엇보다도 중요한 점은, 그 사람들의 기억 속에 강하게 각인된다는 것이다.

궁극적으로 투자자의 마음을 움직이게 하는 것은 제품의 기술적 우수성이나 매출액 규모가 아니라 바로 감동적인 창업자나 기업의 스토리다. 이러한 스토리의 구성은 창업자가 왜, 무엇이 불편해서 창업하였는지 또는 그러한 제품을 개발하게 되었는지를 이야기하고, 그동안의 과정을 시간상으로 그리고 인과관계의 스토리형식으로 설명한다. 이러한 스토리의 내용이나 설득력에 따라서 투자하기로 마음을 먹기도 하고, 투자하기로 마음먹었다가 그만두기도 하고, 투자를 하지 않겠다고 하였다가 투자하기로 마음을 바꾸기도 한다. 투자자들이 통상 투자 결정을 내리기 전에 흔히 자주 쓰는 말이 "당신이 마음에 듭니다, 특히 그 스토리가 너무 좋았어요(I like you, and I loved your story)."라고들 한다.[135]

특히 중요한 점은 이야기는 개인적이어야 하고, 상대방의 마음이 동할 수 있는 설득력을 갖추어야 하며, 투자자에게 투자설명을 할 때는 스토리로 시작하는 것이 좋다는 것이다. 특히 제품 또는 상품을 홍보하는 이야기 중 가장 강력한 것은 자신의 스토리이다. 처음에 왜

---

135 조성문, 앞의 글, 2014.09.24. 방문.

자신의 회사를 창업하기로 했는지를 보여주는 스토리가 좋은 예이다. 미국에서 성공한 많은 기업은 대부분 이러한 감동적인 스토리를 가지고 있다. 넷플릭스(Netflix)라는 회사는 창업자가 블랙버스터에서 비디오를 빌렸다가 그동안의 연체료를 모두 지불하고 매우 화가 나서 창업한 회사이고, 에어비앤비(AirBnb)라는 회사는 두 명의 창업자가 어느 컨퍼런스(conference)에 참석했다가 방을 구하기가 힘들어 창업을 한 회사이다. 이러한 창업 스토리 중 가장 널리 알려진 이야기는 유튜브(You tube)를 창업한 스토리다. 이 이야기는 인터뷰나 기사 또는 책 등을 통해 그동안 끊임없이 반복되었고, 그 강력한 감동적인 이야기는 투자자, 직원, 심지어 고객들을 사로잡은 무기가 되었다.[136]

한국의 많은 회사가 미국에 진출하여 창업을 시도하지만, 대부분 투자자에게 투자 유치를 받거나 소비자들의 마음을 얻지 못하고 실패하는 경우가 많다. 그 이유 중 하나가 스토리가 없거나 부족해서 오는 경우이다. 성공률이 더 높이려면 사람들에게 쉽게 전달되고, 사람들이 그 스토리를 기억하고 다시 그 스토리를 다른 사람들에게 또다시 전달하거나 홍보할 수 있는 스토리가 있어야 한다. 자기만의 색깔을 보여주는 것이 스토리이며, 타인에게는 감동으로 기억되어 남는 것이고, 무엇보다도 그 상품이나 제품의 가치를 크게 높이는 효과를 낼 수 있다. 그렇기에 오직 나만이 가질 수 있는 강력한 스토리를 만들어야 한다. 그렇게 만들어진 강력한 스토리는 장소를 불문하고 계속해서 퍼져나갈 것이고, 많은 사람은 경계를 허물고 감동을 하여 각인될 것이다. 이것은 결국 제품을 그 무엇으로도 대체할 수 없는 브랜드를 만들어줄 수 중요한 무기가 될 것이다.

136 조성문, 앞의 글, 2014.09.24. 방문.

'Fact tells, but story sells'라는 말을 스토리텔링 입장에서 해석해보면 '사실(fact)'은 사람들에게 단지 정보를 제공하고 그칠 뿐이지만 '스토리(story)'는 제품을 팔 수 있는 행위, 즉 사람들의 지갑을 열게 한다는 것을 의미한다. 마케팅 컨설턴트인 다니엘 레비스가 쓴 글, '11 Reasons Why Facts Tell and Stories Sell'는 스토리가 왜 강력한 무기인지 잘 설명해주고 있다. 그는 왜 감동적인 스토리가 사람들의 새로운 제품이나 상품을 접했을 때 그들의 경계심을 허물고 구매를 결정하기 용이하게 도와주는지 11가지의 이유를 들어 설명하고 있다.[137] 그중 하나만 직접 인용해 본다.

> "구매자들은 평소에 방어 준비를 하고 마음을 닫은 채로 있다. 그들은 새로운 것에 대해 생각해야 하거나, 바가지를 쓰거나, 잘못된 구매 결정을 내려 사람들 앞에서 바보가 될까 봐 두려워한다. 그들은 어떻게 해서든 당신의 물건을 사지 않겠다고 싸우고 있다. 그러나 스토리를 전달하면 저항이 훨씬 줄어든다. 당신은 사람들에게 무엇을 생각하라고 이야기하는 것이 아니다. 당신은 단순히 그들이 처한 상황과 비슷한 조건에서 무슨 일이 일어났었는지를 보여준 후, 그들이 직접 결정을 내리도록 만든다."[138]

유명한 미국의 사업가 세스 고딘은 Purple Cow(보랏빛 소가 온다)의 저자이다. 그의 블로그에서 '위대한 스토리로 이야기하는 방법 (How to tell a great story)'이라는 제목의 글에서 많은 깨달음을 얻을 수 있는데, 중요한 한 부분을 인용해 보면 다음과 같다.

---

137 조성문, 앞의 글, 2014.09.24. 방문.
138 조성문, 앞의 글, 2014.09.24. 방문.

"무엇보다도, 위대한 스토리는 우리의 세계관과 일치한다. 최고의 스토리는 사람들에게 뭔가 새로운 것을 가르치려고 하지 않는다. 그 대신, 최고의 스토리는 청중들이 이미 믿고 있는 것을 이야기함으로써 그들이 똑똑하다고 느끼게 하며, 그들이 처음부터 옳았다는 것을 각인시켜줌으로써 안전하다고 느끼게 한다."

또한, 조나단 고트쉘 (Jonathan Gottshall)은 The Storytelling Animal(이야기하는 동물)의 저자로 'Why Storytelling is the Ultimate Weapon(왜 스토리텔링이 궁극적인 무기인가?)'라는 짧은 글에서, "사람들이 파워포인트 슬라이드나 스프레드시트에 의해 움직이는 것이 아니라, 다른 사람들에게 내 생각을 전달하는 가장 효과적인 방법은 Once upon a time(옛날 옛적에)으로 스토리를 시작하는 것"이라고 이야기 하고 있다.[139]

이와 같이 IP 투자단계에서도 스토리텔링의 중요성은 강력한 힘을 보여주고 또한 그 어떤 무기보다 효과가 큰 것을 볼 수 있다.

한국의 기업과 미국의 기업의 회사 홈페이지를 비교했을 때도 차이를 보이고 있다. 한국의 기업은 조직도로 소개하는 반면 미국의 기업 홈페이지는 회사 소개와 개인이 하는 일을 스토리텔링으로 소개하고 있다. 결국, 강조하고 싶은 것은 스토리텔링으로 회사 소개를 하고 있느냐, 아니냐의 차이를 볼 수 있다. 스토리를 전달하려는 노력이 개인 간뿐만 아니라 회사 간에도 많은 차이를 보인다는 것이다. 또 다른 측면에서 보면, 미국의 투자자들과 소비자들이 스토리를 중요하게 생각할 뿐 아니라 투자 결정과 구매 결정에 중요한 이유라고 생각

---

139 조성문, 앞의 글, 2014.09.24. 방문.

할 수도 있다.[140]

한국의 기업들이 투자를 받을 때 또는 홈페이지를 작성할 때 미국의 사례와 같이 스토리텔링을 활용한다면 지금보다는 훨씬 나은 결과를 가져올 수 있다. 특히 IP 투자단계에서 기술에 대한 단순한 정보보다는 감동적인 이야기를 전달함으로써 투자가 성공할 가능성을 높일 수 있다.

3 IP 프로젝트 회의 사례

통상 기업에서는 새로운 지식재산(IP)을 개발하기 위하여 사전에 개발팀과 영업팀 등이 'IP 프로젝트' 회의를 하는 경우가 종종 있다. 이러한 회의를 시작하기 전에 기업의 경영자가 개발팀이나 영업팀에게 앞으로 새로 개발할 IP의 명확한 목표 설정이 얼마나 중요한지를 강조하기 위한 설명을 할 때, 장황한 연설 대신에 활용해도 좋을 스토리텔링의 사례를 소개하고자 한다.

이 내용은 지식재산과 직접 관련 있는 분야의 스토리는 아니지만, 지식재산 관련 회의 때에도 충분히 활용해도 무방할 정도로 효과적이라 판단된다. 폴 스미스(Paul Smith)가 쓴 '스토리로 리드하라(Lead with a Story)'의 서론에 나오는 이야기이다. 실제 일어난 이야기라고 한다. 지식재산 스토리텔링의 활용 측면에서 가상적인 이야기 보다는 실제적인 이야기가 더 설득력이 있기에 각색 없이 그대로 옮긴다.

---

140 조성문, 앞의 글, 2014.09.24. 방문.

20년 전 미국의 어느 대학교에서 일어난 이야기다. 강의에 참석한 학생들은 교수로부터 희한한 과제를 받았다. 지방법원장을 위한 일이었다. 과제는 배심원단의 심의과정을 조사하고 나서 심의과장을 어떻게 효율적으로 만들 수 있는지 대책을 강구하는 것이었다. 젊고 이상이 높은 대학생들로 구성된 팀은 그런 숭고한 임무를 맡았다는 사실에 상당히 고무되었다.

　팀원들은 판사, 검사, 이전의 배심원뿐만 아니라 법원 공무원 등 총 20여 명을 인터뷰했다. 그들은 장차 컨설턴트가 되고자 하는 스마트한 팀이 할 수 있는 모든 질문을 다했다. 배심원단을 구성할 때 여성에 비해 남성이 얼마나 많은가? 배심원단의 인종 구성은 어떻게 결정되는가? 젊은 사람과 나이든 사람의 비율은 어떠한가? 배심원들에게 주어지는 지침이 때에 따라 차이가 나는가? 또는 배심원 회의실에서 허용되는 정도는 어떤 것들이 있는가? 공판은 얼마나 걸리는가? 심지어 팀원들은 배심원들이 얼마나 늦게 집으로 돌아가는지, 어떤 종류의 식사를 하는지도 조사했다.

　놀랍게도 이러한 것들은 그리 큰 문제가 아니었다. 조사를 마치고 보니, 정작 문제가 되는 것은 배심원 심의실에 있는 테이블 모양이었다. 직사각형 테이블이 놓인 심의실에서는, 비록 배심원 대표가 아닐지라도, 테이블 상좌에 앉은 배심원이 대화를 지배하려는 경향을 보였다. 이것은 공개적으로 의견을 공유하려는 배심원들을 방해했다. 그러나 원형이나 타원형 테이블이 놓인 심의실에서는 배심원들이 좀 더 평등주의자가 되려는 경향을 띠었고, 사실을 따지는 그들의 논쟁은 좀 더 철저하고 활기 띤 모습을 보여주었다. 대학생 조사팀은 배심원들이 둥근 테이블에 앉아야 가장 정확하고 공정한 판결을 내릴 수 있다고 결론을 내렸다.

조사팀은 이 사실을 발견한 것에 대해 두 가지 이유로 고무되었다. 첫째, 그들은 정말로 배심원 심의과정을 향상시킬 수 있는 해답을 찾은 것처럼 느꼈다. 둘째, 의외로 쉽게 변화될 수 있다는 것이었다. 만약 조사팀이 배심원들을 좀 더 지적이고, 개방적 사고를 가진, 교육 수준이 높은 사람으로 바꿔야 한다고 결론을 내렸다면 어땠을지 상상해 보면, 아마도 변화를 꾀하기가 어려웠을 것이기 때문이다.

지방법원장에게 그와 같은 결과를 보고했을 때 대학생들은 자신들이 이룩한 성과를 자랑스러워했다. 법원장도 같은 이유로 대학생들처럼 고무되었다. 그는 즉시 자신의 관할 지역에 있는 모든 법원에 명령했다.

> "즉시 배심원 심의실에 있는 원형이나 타원형 테이블을 모두 제거하라, 그 자리에 직사각형 테이블을 놓아라."

조사팀의 제안과는 반대로 원형이나 타원형의 테이블을 치우고 직사각형 테이블을 갖다 놓게 했다. 왜 그랬을까?

법원장의 목적은 배심원들의 심의과정이 활기를 띠지 못하게, 공정하지 못하게, 심지어는 정확하지 못하게 하려는 것이었다. 즉 배심원 심의과정이 좀 더 빠르게 진행되도록 하는 것이 그의 목적이었다. 그는 재판 심리가 연기되어 사건이 처리되지 못하는 것을 막고 싶었던 것이다.

이 스토리는 프로젝트를 착수하기 전에 정확한 그리고 명확한 목표를 공유하는 것이 얼마나 중요한지를 말해준다. 지식재산 분야에서도 새로운 발명을 검토하기 위하여 명확한 목표설정이 먼저 합의되어야 한다. 품질이 높은 상품을 연구하려는 개발팀과 경쟁자 보다 싼 제품을 판매하기를 원하는 영업팀은 서로 다른 목적을 갖고 있을 수 있기 때문이다. 기술이 아무리 좋아도 가격이 너무 높으면 팔릴 수 없고, 가격이 아무리 싸도 품질이 너무 낮으면 소비자로부터 외면 받을 수 있다.

모든 경우에 적용되는 것은 아니겠지만, 일반적으로는 새로운 기술을 개발하기 이전에 적정한 품질과 적당한 가격에 대한 조율이 필요하므로 서로의 목적이 다를 수 있는 두 팀 간의 회의를 시작하기 전에 활용할 수 있는 스토리텔링이다. 경영자가 회의 때마다 목표설정을 명확히 하고 회의를 시작하라는 어떠한 연설보다도 이러한 이야기를 전달함으로써 각 팀원에게 더 깊이 오래 각인시킬 수 있을 것이다. 이것이 스토리텔링의 힘이기 때문이다.

4 미국 기업의 홈페이지 사례

미국 회사들은 그리고 미국 사람들은 우리나라와 달리 스토리를 중요하게 여기고 또 스토리 전달에 유난히 신경을 많이 쓴다. 대표적으로 '바이오그래피(biography)'의 경우가 그 예로 한국과 미국의 대표적인 차이를 보여주고 있다. 이는 줄여서 '바이오'라고 하는데, 예를 들어 누군가를 소개할 때 한국은 학력과 약력을 쓰는 반면, 미국의 경우는 반드시 '스토리가 포함된 바이오'를 이야기한다. 스토리 없는 바이오는 거의 없다. 바이오가 워낙 중요하기 때문에 대부분 사람은 바이오를 가지고 있으며 끊임없이 가다듬는다. 이 바이오에는 출신 학교,

어느 회사의 직위 같은 정보가 아니라, 그 사람이 어떤 일을 했는지, 어떤 업적을 이루었는지 등에 대한 구체적인 정보와, 그 사람이 사는 곳, 또한 좋아하는 것, 때로는 취미가 무엇인지 등에 대한 정보가 담겨 있다. 그래서 누구나 자주 사용하는 바이오를 만들어서 가지고 있으며, 종종 업데이트한다. 이렇게 실린 바이오를 읽으면 그 사람에 대해 상상을 할 수 있다. 사실 어떤 학교를 나왔고, 어느 회사에 다니는지, 무슨 역할을 맡고 있는지 정도의 정보만으로는 그 사람에 대한 이미지를 상상하기 힘들다.

회사소개 홈페이지 경우, 한국과 미국의 이러한 차이를 더욱 극명하게 보여주고 있다. 미국 회사의 사이트를 방문하면 반드시 'Management(경영진)' 페이지가 있는데, 이곳을 보면 그 회사에 대해 대충 감을 잡을 수 있다. 스토리로 소개하고 있다. 어떤 경력을 가진 사람이 회사를 만들었고, 어떤 사람들이 경영진의 주요 멤버인지를 소개한다. 한편, 한국 회사 중에서는 경영진들을 잘 소개하는 페이지는 거의 찾아볼 수 없다. 회사 소개라기보다 'CEO 인사말'이라고 해서 인사말을 집어넣고 '조직도'라는 페이지를 두고 있다. 조직도는 회사의 경영진이 어떤 사람이고 무슨 이미지를 가졌는지 알 수가 없다. 사실 그런 것보다는 경영진들에 대해 상세히 소개하는 것이 훨씬 스토리텔링에 도움이 될 것이다. 특히, 회사의 성장에 따라 계속 바뀌게 되는 조직도는 군이 회사 소개에 넣을 필요가 없기 때문이다. 조직도는 스토리를 전달하는 데 거의 도움이 되지 못한다.[141]

한국의 한 중소기업이 소개한 회사 소개 페이지를 아래 [그림21]에

---

141 조성문, 앞의 글, 2014.09.24. 방문.

그대로 인용해보면 바로 느낄 수 있다. 이 조직도를 통해 이 회사는 무엇을 전달하려고 하는지 알 수가 없다. 경영진의 이름 정도 알 수 있고 심지어는 그 회사가 어떤 회사인지 또 CEO와 직원들이 어떤 일을 해왔고, 현재 어떤 일을 담당하고 있는지에 대한 이야기가 없다. 이 조직도를 봐서는 나머지 직원들은 CEO를 위해 존재하는 부속품인 것처럼 보이고 또 번호가 붙은 개발팀이 9개나 있는데, 그에 대한 정보 역시 부족하다. 외형적으로 보여주기의 정보 같다는 느낌마저 든다.

[그림21] 한국의 한 중소기업의 홈페이지[142]

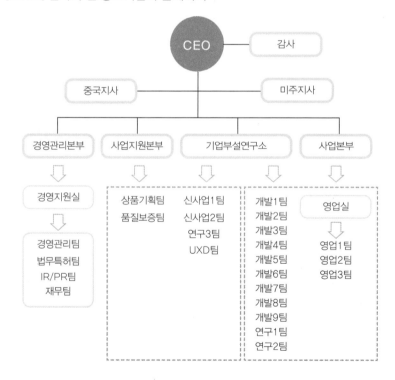

---

142 이러한 조직도는 스토리를 전달하지 못하기 때문에 별로 필요가 없는 내용이라고 생각한다. 차라리 각 본부의 장을 맡고 있는 사람들이 어떤 사람들인지 자세히 소개하는 편이 훨씬 좋을 것이다.

반면, 미국의 회사들은 경영진 소개 페이지가 따로 두고, 이 페이지를 상당히 중요하게 생각하고 정성을 들이는 것을 볼 수 있다. 구글(Google)의 경영진 소개 페이지를 보면 배울 점이 아주 많다. 스토리가 잘 반영되어 소개되었기에 많은 사람이 구글에 담긴 스토리를 잘 기억하고 있다. 그런 효과는 구글이 새로 개발하는 새로운 기술을 받아들이는 소비자에게 늘 성공적으로 전달된다.

아래 [그림22]는 샌프란시스코에 위치한 한 중소기업인 Climate.com의 Leadership 페이지인데, CEO를 비롯한 회사의 경영을 담당하는 사람들을 한 명씩 아주 자세히 소개해 놓았다.

[그림22] 미국의 한 중소기업의 홈페이지[143]

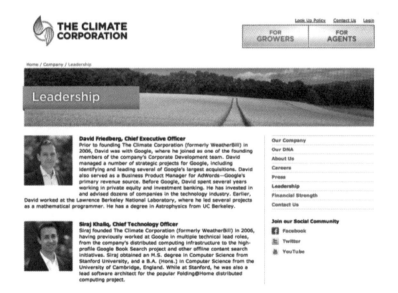

---

143 샌프란시스코의 Climate.com에서의 홈페이지인데, 경영진을 한 명 한 명 상세히 소개하고 있다.

이처럼 한국의 기업과 미국의 기업의 회사 홈페이지를 비교했는데, 결국 강조하고 싶은 것은 스토리텔링으로 회사 소개를 하고 있느냐, 아니냐의 차이를 볼 수 있다. 스토리를 전달하려는 노력이 개인뿐 아니라 회사 차원에서도 많은 차이를 보인다는 것이다. 또 다른 측면에서 보면, 미국의 투자자들과 소비자들이 스토리를 중요하게 생각할 뿐 아니라 투자 결정과 구매 결정에 중요한 이유라고 생각할 수도 있다.

한국의 기업들이 투자를 받을 때 또는 홈페이지를 작성할 때 미국의 사례와 같이 스토리텔링을 활용한다면 지금보다는 훨씬 좋은 결과를 가져올 수 있을 것으로 판단된다. 특히 IP 투자단계에서 기술에 대한 단순한 정보보다는 감동적인 이야기를 전달함으로써 투자의 성공 가능성을 높일 수 있을 것으로 보인다.

02

한국의 지식재산 스토리텔링의 활용사례

▌1 삼성과 애플의 소송 사례

지식재산 스토리텔링의 대표적인 소송사례로는 최근 '세기의 소송'이라 불릴 정도로 국내외 언론에도 대서특필된 바 있는 삼성과 애플의 특허소송을 들 수 있다.

소송의 개요를 살펴보면 다음과 같다. 삼성과 애플의 1차 소송은 애플이 2011년 4월 15일 삼성을 상대로 미국 캘리포니아 북부지원에 제기한 특허소송이다. 이 소송은 애플이 삼성을 상대로 삼성 제품인 갤럭시S 등 스마트폰과 갤럭시탭 제품이 애플의 특허권, 디자인권, 상표권 및 트레이드 드레스를 침해했다고 제기하면서 시작되었다. 같은 해 4월 27일 이의 반소로 삼성은 애플을 상대로 자신의 표준특허 등을 침해했다는 이유로 같은 법원에 소송을 제기하였다. 이후 2차 삼성과 애플의 소송은 2012년 2월 8일 애플이 같은 법원에 삼성을 상대로 자신의 또 다른 특허권을 침해했다고 추가로 제소하였다. 이의 반소로 삼성은 그 해 4월 18일 애플이 자신의 특허권을 침해하였다고 소송을 제기하였다.

처음 1차 소송은 2014년 3월 애플의 승리로 끝났다. 미국 캘리포니아 북부지원은 삼성의 23종 제품이 애플의 특허를 침해했다는 판결을 내렸다. 이 특허 침해의 결과로 삼성은 애플에 9억 2,900만 달러(약 1조 원)를 배상하라는 판결(1심)이다. 애플의 완승으로 끝났다. 이에 양측은 모두 항소하였다. 2014년 12월 미국 연방항소법원(CAFC, Court of Appeals for the Federal Circuit)에서 삼성과 애플 간 첫 항소심이 열렸는데, 삼성 측에서는 1차 판결을 파기해야 한다고 반론했고, 애플은 1심 판결이 정당하다고 주장하였다.

한편 2차 소송은 2014년 11월 미국 캘리포니아 북부지원에서 배심원들이 평결한 손해배상액을 모두 확정하는 판결을 내렸다. 이 판결에 앞서 2014년 5월 배심원단은 삼성의 제품이 애플의 특허 3건을 침해했다며 삼성이 애플에 1억 1,960만 달러(약 2,180억 원)를 배상하고, 애플의 제품 역시 삼성의 특허를 침해했다며 애플은 삼성에 대해 15만 8,000달러(약 1억 8,000만 원)를 배상하라고 평결한 바 있다. 2차 소송은 삼성이 1차 소송에 비하여 비교적 선방한 것이라 할 수 있다. 이번 2차 소송도 양측 모두 항소하였다. 이에 대한 항소심이 1차 소송과 동일하게 미국 연방항소법원(CAFC)에서 진행될 예정이다.[144]

위와 같이 미국 캘리포니아 북부지원에서 벌어진 삼성과 애플간의 특허소송에서 애플이 승소한 원인을 좀 더 살펴볼 필요가 있다. 배심

---

144 나지원, "삼성-애플 간 특허소송" 대한변협신문, 2014.12.22., http://news.koreanbar.or.kr/news/articleView.html?idxno=12012, 2014.12.23. 방문.

원들이 평결에서 삼성이 애플에 지불해야 할 약 1조 원에 달하는 천문학적인 손해배상 금액을 결정한 배경은 무엇일까?

스토리텔링의 관점에서 배심원 평결 과정에서 삼성과 애플이 각자 자신들에게 유리한 방향으로 배심원들을 설득하기 위해서 그들이 보유한 특허를 중심으로 양사의 접근방식이 어떻게 다른지에 대하여 좀 더 구체적으로 살펴보고자 한다.

먼저 삼성은 자신들의 특허기술을 중심으로 한 기술적 변론에 중점을 둔 것으로 파악된다. 특히 애플이 자신들의 3G 스마트폰을 만들기 위해서는 자신들의 특허를 사용해야만 한다는 논리로 기술적 정보(fact) 중심의 변론을 하였던 것으로 알려졌다.

반면에, 애플은 각각의 증거에 스토리텔링적인 요소를 적용하여, 기술 분야의 비전문가로 구성된 배심원들에게 삼성이 자신들의 디자인을 침해했다는 점을 비교적 이해하기 쉬우면서도 증거에 관련된 스토리를 만들어 제공함으로써 자신에게 유리한 상황으로 끌고 간 것으로 파악되었다.[145] 애플이 자신들에게 유리한 평결을 이끌어 내기 위해 배심원들에게 지식재산 스토리텔링을 전략적으로 특허침해소송에 활용한 것으로 보인다.

이와 같이 삼성과 애플 간 특허침해소송에서 상기 애플의 지식재산 스토리텔링을 적용한 실제 사례를 앞의 [그림20]의 스토리텔링의 7단계 구성 요소별로 구분하여 정리해 보면 다음과 같다.

①언제(When) : 애플이 처음 아이폰을 개발하여 출시한 때는 소송 당시로부터 5년 전으로 거슬러 올라간다.

---

145 야메군, "애플과 삼성 소송에서 본 스토리텔링의 중요성" 2012.09.09, 야메의 이상한 생각과 공감(http://www.yamestyle.com/m/post/170#), 2014.08.15 방문.

②어디서(Where) : 미국에서 삼성과 애플은 서로 치열한 경쟁을 하고 있었다. 삼성이 애플의 아이폰을 연구했다는 정황을 애플이 포착한 셈이다. 삼성 내부의 분석 자료에서도, 삼성이 애플의 아이폰과 기능적인 유사점을 가져가려고 했다는 것이 확인되었다.

③누가(Who) : 애플이 삼성전자를 상대로 특허침해 소송을 제기했다. 애플이 아이폰을 출시한 직후, 삼성은 애플의 아이폰을 연구했다. 삼성 내부의 분석 자료에서도, 삼성이 애플의 아이폰과 기능적인 유사점을 가져가려고 했다는 것이 확인되었다.

④무엇을(What) : 애플이 삼성전자가 자신들의 지식재산권을 침해했다며 손해배상을 요구하였다.

⑤왜(Why) : 애플이 아이폰을 발명하는 데 5년이나 걸린 데 반해, 삼성은 단 3개월 만에 이뤄낼 정도로 자신들의 디자인과 특허를 침해한 정황을 포착했기 때문이다.

⑥어떻게(How) : 애플은 삼성 내부의 분석 자료를 확보하여, 삼성이 애플의 아이폰을 연구한 정황증거와 삼성이 애플의 디자인과 기능 측면에서 유사하게 모방하여 갤럭시 폰을 개발했다는 정황증거를 제시하였다. 반면에 삼성은 애플이 침해했다고 주장하는 디자인 특허는 벌써 여타 휴대폰들에도 채용하고 있는 기술이라는 주장과 함께 오히려 애플이 자신의 통신특허를 침해하고 있다고 주장했다. 이와 같이 삼성은 정보(fact) 중심으로 애플의 디자인 특허가 무효라는 관점으로 반박했지만, 애플은 몇 년에 걸친 자신들의 아이폰 개발과정을 배심원들이 이해하기 쉽고 비교적 상세하게 스토리로 설명하였다.

⑦이루어진 결과(Done) : 배심원들은 삼성이 애플의 디자인과 특허

를 모방한 것이라는 정황증거를 바탕으로 애플의 주장에 공감하여 결국 삼성은 패하게 되었고 1조 원에 달하는 손해배상 평결을 내린 것이다.

지금까지 살펴본 바와 같이, 애플은 배심원들의 공감을 이끌어 내기 위하여 지식재산 스토리텔링을 통해 삼성이 자신들의 제품을 모방했다는 점을 강조하였다. 특히 애플이 아이폰을 출시한 후 불과 몇 개월 만에 삼성이 갤럭시 시리즈를 만들었다는 점과 더불어 이와 관련된 정황증거를 상세히 제시함으로써 이에 대해 삼성이 충분한 소명을 할 수 없게 만든 것이 주효했다.[146]

지금까지 살펴본 애플과 삼성 간의 특허소송에서 양사의 서로 다른 접근 방식은 중요한 시사점을 내포하고 있다. 지식재산 소송에 있어서 스토리텔링이 얼마나 중요하고 필요한지를 잘 보여 주는 좋은 사례이다. 특히 소송에서 재판부나 배심원들을 설득하기 위하여 자사 제품의 기술적 설명에만 국한한 정보적 전달보다는 그들의 입장에서 이해하기 쉽고 흥미로운 스토리를 제시함으로써 보다 설득력이 있다는 점에 주목할 필요가 있다.

앞으로는 글로벌 시장뿐 아니라 국내에서의 유사한 지식재산 소송이 빈번하게 일어날 것으로 예상한다. 따라서 지식재산 소송에서 재판부가 공감할 수 있는 지식재산 스토리텔링의 중요성과 활용성은 점차 더 확대될 것이다. 그뿐만 아니라 특허무효 심판 및 소송에서도 지식재산 스토리텔링에 대한 연구와 활용이 더욱 활발히 진행될 것으로 판단된다. 참고로 우리 기업들이 피소된 건수 현황을 살펴보면 아래 [표15]과 같다.

---

146 야메군, 앞의 글, 2014.08.15 방문.

[표15] 우리 기업별 피소 현황[147]

기업	삼성전자	LG전자	현대 자동차	하이닉스 반도체	펜텍	현대 중공업	기아 자동차
피소건수	68	49	10	8	7	3	2
기업	HyundaiIT	KT프리텔	레인콤	대우전자	코원	EMLSI	Fidelis
피소건수	2	2	2	1	1	1	1

우리 한국의 주요 피소 기업은 주로 대기업들로서 삼성전자가 68건으로 가장 많은 전체의 43%를 차지한다. 특히 NPEs(지식재산전문관리회사, Non-Practice Entities)로부터 가장 많은 소송을 당한 것이다. 그 다음으로 LG전자가 49건으로 전체의 31%인 것으로 나타났다.[148] 이를 그래프로 보면 아래 [그림23]과 같다.

[그림23] 우리 기업별 피소 비율[149]

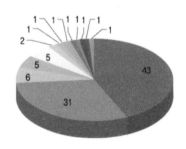

- 삼성전자 43%
- 현대 자동차 6%
- 펜텍 5%
- 기아자동차 5%
- KT프리텔 1%
- 대우전자 1%
- (EMLSI) 1%
- LG전자 31%
- 하이닉스반도체 1%
- 현대중공업 1%
- HyundaiIT 1%
- 레인콤 1%
- 코원 1%
- Fidelis 1%

이는 NPEs의 주요 타겟이 시장 규모가 매우 커서 그들이 취할 수 있는 로열티 규모가 대단히 크고 또한 특허침해 가능성이 매우 높은

---

147 특허경영연구원, "우리 기업과의 분쟁 현황 보고서"2011년 7월, 12쪽.
148 특허경영연구원, 위의 글, 12쪽.
149 특허경영연구원, 위의 글, 12쪽.

IT 분야에 집중되고 있다. 다음으로 현대자동차가 10건으로 전체의 6%에 해당한다. 이는 자동차 분야도 IT 부품이 상당히 많이 적용되고 있을 뿐만 아니라 특히 현대자동차의 미국 시장 점유율이 급증함에 따라 미국의 NPEs의 주요 공격 대상이 되고 있다. 기타로는 하이닉스 반도체가 8건, 팬택이 7건 그리고 현대중공업이 3건, 현대 IT, 기아자동차, 레인콤 및 KT 프리텔이 각각 2건, 코원, 대우전자, Fidelis 및 EMLSI 등이 각각 1건이다. 이들 모두 정보통신 분야와 관련이 있다. 미국 NPEs의 우리 기업들에 대한 특허공격은 대기업뿐 아니라 이제 중견 기업까지도 확산하고 있음을 보여 준다.[150]

특허괴물(Patent Troll)이라 불리는 미국 NPEs의 국내 기업들을 대상으로 하는 이러한 특허소송의 증가는 이제 시작에 불과하다. 이러한 NPEs들이 미국에만 수천 개에 달하는 것으로 파악되고 있다. 머지않아 이들이 국내 중견기업뿐만 아니라 중소 벤처기업까지 소송을 확대할 것으로 예상한다. 또한, 국내 대기업과 대기업, 대기업과 중소기업 또는 벤처기업, 중소기업과 중소기업, 벤처기업과 벤처기업 간의 특허분쟁도 점차 늘어가고 있는 추세이다.

이는 해외뿐만 아니라 국내의 지식재산 소송에서도 스토리텔링의 필요성과 중요성이 얼마나 증대될 것인지를 보여 주는 하나의 좋은 지표이다. 이제 기술적인 기존의 정보전달 방식에서 탈피하여 재판부를 좀 더 이해하기 쉽고 감동을 줄 수 있는 지식재산 기반의 스토리텔링에 대한 연구와 활용이 그 어느 때보다도 절실하고 중요해질 것으로 판단된다.

---

150 특허경영연구원, 위의 글, 13쪽.

2 린나이와 건국산업 특허소송 사례

IP 소송을 스토리텔링 기사로 작성한 사례를 또 하나 소개하자면 대덕밸리의 한 벤처기업의 경우를 들 수 있다. 이 기사도 지식재산의 한 단계인 IP 소송을 다룬 하나의 스토리텔링 사례라 할 수 있다.

'다윗 vs 골리앗 싸움 벌이는 대덕벤처'[151], 특허전쟁, '골리앗 대기업에 맞선 다윗의 반란'[152], 언론에서 주목한 바 있는 IP 소송을 다룬 신문기사의 제목이다. 대덕밸리에 소재한 중소 벤처기업(건국산업)과 동종 분야 세계 최대의 기업(린나이, Rinnai) 간의 특허소송에 관한 내용이다.

혁신적인 신기술을 발명하여 특허를 등록한 국내 작은 벤처기업이 거대한 글로벌 기업과 정부를 상대로 싸우는 IP 소송을 다윗과 골리앗의 이야기에 빗대어 보도한 것이다. 여기서 주인공(영웅)은 중소 벤처기업인 건국산업이다. 이 스토리에서의 악당은 특허를 침해한 글로벌 기업이나 특허청 같은 정부기관으로 볼 수 있으며, 주인공을 돕는 천사는 한 명의 변호사와 두 명의 교수이다. 지식재산 스토리텔링의 한 사례로서 또는 스토리텔링 기사로서 소개했다고 할 수 있다. 다음은 인터넷 신문 디트 뉴스에 실린 '다윗 Vs 골리앗 싸움 벌이는 대덕벤처' 기사다.

---

151 김기석, "'다윗 Vs 골리앗' 싸움 벌이는 대덕벤처" 디트뉴스, 2006.08.27., http://www.dtnews24.com/news/article.html?no=244185, 2014.09.22 방문.

152 이상지, "특허전쟁, 골리앗 대기업에 맞선 다윗의 반란" 대덕넷, 2007.09.20., http://www.hellodd.com/news/article.html?no=21640, 2014.09.22 방문.

"청와대 법무비서관 출신의 박범계 변호사와 특허청 출신의 한남대 신운 환·김관식 교수가 대기업과 특허소송 중인 대덕R&D특구 기업을 살리기 위 해 백기사를 자처하고 나섰다. 기업을 돕기 위해 변호사와 교수들로 구성된 드림팀이 결성된 것은 매우 이례적인 일이다.

이들이 도울 기업은 화재사고를 방지할 수 있는 가정용 가스레인지를 개발 한 건국산업(대표 박진하). 이 기업이 특허 등록한 기술은 가정용 가스레인지 를 켜놓은 채 깜박 잊고 잠이 들거나 외출했을 때 조리 용기가 과열돼 불이 나는 것을 방지하는 획기적인 기술이다. 건국산업은 이 기술을 지난 2003 년 8월에 특허 등록했으나, 특허청은 일본계 다국적기업인 린나이코리아가 이 특허에 이의를 제기하자 이듬해 2004년 9월에 특허를 취소하는 결정을 내렸다. 이에 불복한 건국산업이 다음 달 10월 특허심판원에 소송을 제기했 으나, 2006년 7월에 이마저 특허심판원에서 받아들여지지 않아 특허가 취 소될 위기에 처해있다. 건국산업은 8월 현재 특허분쟁의 고등법원격인 특허 법원에 소송을 제기한 상태이다."(이후 중략)

위의 사례로부터, 글로벌 기업인 린나이와 중소 벤처기업인 건국산 업의 IP 소송에 관련한 언론보도 내용도 앞의 [그림20]의 스토리텔링 의 7가지 구성요소(5W1H1D)를 어느 정도는 구비하고 있음을 알 수 있 다. 지식재산 스토리텔링을 활용하여 독자들의 공감을 얻기 위한 기사 가 작성된 것이다. 그러나 좀 더 자세히 살펴보면, 맥락(5W), 실행(1H) 및 이루어진 결과(1D)가 스토리텔링을 위해 가장 바람직한 이야기 구성 을 보여 주기에는 다소 부족한 점도 있다. 이 기사는 전문적인 기자가 아닌 일반인에 의해 작성된 기고문으로 글을 쓴 것으로 보이며 기사 작 성 당시에 기고자는 스토리텔링에 대한 충분한 지식을 갖추지 않은 것 으로 파악되었다. 지금까지 지식재산 소송 분야에서 스토리텔링을 적극적으로 활용하거나 연구한 사례는 찾아보기가 어렵지만 향후 이러한 활용이나 관련 연구는 점차 증대될 것으로 예상된다.

③ 사물인터넷 기술 소개 사례

앞으로 짧게는 30년 길게는 100년 동안 '사물인터넷(IoT, Internet of Things)시대'가 활짝 열릴 전망이다. 우리 주변에서 흔히 보이는 사물의 대부분이 인터넷으로 연결되어 서로 정보를 주고받는 세상이 곧 사물인터넷이다. 여기서 사물이란 사람, 사물, 공간, 데이터, 서비스 등 모든 것을 통칭하는 개념이다. 사물인터넷이란 서로 연결된 사물이 인간의 명시적 개입 없이도 정보가 생성, 수집, 공유, 활용될 수 있는 기술과 서비스 등을 통칭하는 개념이다. 따라서 단순히 사물이 연결만 된다고 해서 그것이 사물인터넷과 같은 개념은 아니다.

사물인터넷 구성 요소 기술은 크게 센서, 네트워크, 장치, 플랫폼, 보안으로 구분되고 활용분야도 거의 전 산업분야를 망라하기 때문에 전문가가 아니면 이해하기가 쉽지 않을 것이다. 더구나 일반인들은 사물인터넷이 무엇인지, 사물인터넷 시대는 어떠한 세상인지를 스스로 그려 보기가 쉽지 않은 것이 사실이다. 더구나 사물인터넷 분야에서 지식재산으로 발명된 신기술인 경우에는 더욱 설명하기가 어려워지기 십상이다.

이번에는 사물인터넷의 혁신 기술을 일반인들이 이해하기 쉽게 설명하기 위한 수단으로 지식재산 스토리텔링 방식으로 설명한 사례를 소개하고자 한다(이상지 2014).

새로운 사물인터넷 시대를 열 '이포지션(e-Position)' 기술을 먼저 기존의 방식대로 소개하고, 이후에 이러한 사물인터넷 기술을 스토리에 붙여서 소개하는 스토리텔링을 소개하고자 한다.

센서 중심이고 폐쇄적인 방식으로 운용되는 유비쿼터스 센서 네트워크(Ubiquitous Sensor Network, USN)나 사물통신(Machine-to-Machine, M2M)과 달리 사물인터넷은 작동기(actuator)를 원격으로 제어하는 기능을 포함하며 처리 기능이 보강된 지능형 마이크로 컴퓨팅 기기로 발전할 것이다. 서로 다른 영역/도메인의 사물 간에 협업이 이루어지고 다양한 플랫폼에 연결되는 등 개방형으로 운용된다. 무엇보다 사물이 인간의 도움 없이도 서로 정보를 주고받을 수 있다. 사물인터넷 발전에 기여하는 기술 요소들은 여러 가지가 있다. 요소 기술들의 특성에 따라 아래 [표16]에서 보는 바와 같이, 센싱 기술, 유무선 통신 및 네트워크 인프라 기술, 사물인터넷 서비스 인터페이스 기술, 보안 및 프라이버시 보호 기술, 분산 객체정보 식별 기술 등 5가지 핵심 기반 기술로 구분할 수 있다.

사물인터넷을 구성하는 요소는 5가지로 각각 서비스(Service), 플랫폼(Platform), 네트워크(Network), 디바이스(Device), 보안(Security)이며, 첫 글자를 따서 'SPNDSe'라고도 한다. 이 중 가장 중요한 것은 플랫폼이다. 사물인터넷의 플랫폼은 각종 센서, 모바일 디바이스, PC, 서버 등의 하드웨어와 다양한 공개 소프트웨어들을 구입하여 누구든지 쉽게 설치하여 운영할 수 있는 사용 편이성과 이종 데이터의 공유 및 서비스 간의 연동을 위한 상호운용성이 제공되어야 하고, 다양한 분야에서 필요로 하는 응용 서비스를 보다 쉽게 구현할 수 있는 환경을 지원하도록 개방형이어야 한다. 전 세계적으로 개방형 사물인터넷 플랫폼 개발에 많은 기업과 단체에서 경쟁적으로 참여하고 있으나 아직 공통적으로 적용이 가능한 플랫폼은 완성되지 않고 있는 실정이다.

공통적으로 적용이 가능한 사물인터넷 플랫폼 개발을 위해 반드시 해결해야 할 과제는 하드웨어, 소프트웨어 및 데이터의 상호운용성(Interoperability)이다. 하드웨어 상호운용성은 사물인터넷 연결을 위한 인터페이스의 표준화와 표준화된 통신 프로토콜, 도메인네임(Domain Name) 및 IP 주소 등으로 어느 정도 해결 가능하다. 소프트웨어 측면에서의 상호운용성은 운영체제(OS), 프로그램 언어, DBMS, 개방형 API, 소프트웨어 아키텍처 및 프레임워크 및 플랫폼 등의 개발 및 상용화를 통해 상당한 수준으로 해결할 수 있다. 하지만 사물인터넷을 통해 생성되는 방대한 데이터의 상호운용성은 초보 단계에 머물러 있다. 특히, 다양한 센서 등에서 생성되고 다수의 분산된 서버에 저장·관리되고 되는 방대한 데이터 속에서 응용 서비스를 위해 필요한 데이터를 어떤 체계적이고 논리적인 방식으로 쉽고 빠르게 획득하고 공유할 수 있을지는 아직 풀어야 할 과제다.

[표16] 사물인터넷 5가지 핵심 기반 기술[153]

핵심기술	설명
센싱	전통적인 온도, 습도, 열, 가스, 조도, 초음파 센서 등에서부터 원격 감지, 개구경합성레이다(SAR, Synthetic Aperture Radar), 위치센서, 모션센서, 영상센서 등 유형의 사물과 주위 환경으로부터 정보를 얻을 수 있는 물리적 센서를 포함한다. 물리적인 센서는 응용 특성을 좋게 하기 위해 표준화된 인터페이스와 정보처리능력을 내장한 스마트 센서로 발전하고 있으며, 또한 다중 센서를 통해 이미 센싱한 데이터로부터 특정 정보를 추출하는 가상 센싱 기능도 포함된다. 가상 센싱 기술은 기존의 독립적이고 개별적인 센서보다 한 차원 높은 다중 센서 기술을 사용하기 때문에 한층 더 지능적이고 고차원적인 정보를 추출할 수 있다.
유무선 통신 및 네트워크 인프라 기술	사물인터넷의 유무선 통신 및 네트워크 장치로는 기존의 근거리무선개인통신망(WPAN, Wireless Personal Area Networks), 피코캐스트(PiCoCast, Pico-Cell Broadcast) 근거리무선통신, 와이파이(WiFi, Wireless Fidelity), 3세대(3G)/4세대(4G)/LTE(Long Term Evolution), 블루투스(Bluetooth), 이더넷(Ethernet), 광대역통신망(BcN, Broadband Convergence Network), 위성통신, 마이크로웨이브(Microware), 시리얼(Serial) 통신, 전력선통신망(PLC, Power Line Communication) 등 사물인터넷의 주요 3대 요소인 인간과 사물 및 서비스를 연결시킬 수 있는 모든 유·무선 네트워크를 의미한다.
사물인터넷 서비스 인터페이스 기술	사물인터넷 서비스 인터페이스는 사물인터넷을 구성하는 사람, 사물, 서비스 간에 연동하는 역할을 담당한다. 네트워크 인터페이스 개념과 달리 사물인터넷 서비스 인터페이스는 정보를 센싱, 가공/추출/처리, 저장, 판단, 상황 인식, 인지, 인증/인가, 디스커버리, 객체 정형화, 온톨로지(Ontology) 기반의 시맨틱(Semantic), 오픈 센서 API, 가상화, 위치 확인, 프로세스 관리, 오픈 플랫폼 기술, 미들웨어 기술, 데이터 마이닝 기술, 웹 서비스 기술, 소셜네트워크 등 서비스 제공을 위해 데이터의 저장, 처리, 변환 등의 역할을 수행하는 인터페이스를 의미한다.

---

153 이상지, 위의 글, 17쪽.
아래 소개하는 지식재산 IP 소개는 과학기술 분야에서도 해당 전문가가 아니면 이해가 쉽지 않을 것이다. 하물며 문화예술 분야에서는 더욱 더 어려운 내용일 것이지만, 지식재산 스토리텔링과 제대로 비교하기 위하여 원문 그래도 수록한다.

보안 및 프라이버시 보호 기술	네트워크, 단말 및 센서, 대량의 데이터 등 사물인터넷 구성 요소에 대한 해킹 및 정보 유출을 방지하기 위한 기술로, 적용 분야별로 기능, 애플리케이션, 인터페이스 등이 상이하기 때문에 개별적으로 적합한 보안 기술 적용이 요구된다. 해킹이 일어날 경우 경제적, 산업적 피해 뿐만 아니라 인명적으로도 심각한 피해가 유발될 수 있다. 일례로, 차량에 지능형 센서, 통신 등 ICT기술 도입이 확대됨에 따라 소위 스마트 차량 및 교통시스템으로 진화하고 있으며, 안전성이나 서비스 품질 향상을 위해 각종 미래지향적 애플리케이션들이 등장하고 있다. 반면에 이러한 차량의 지능화 및 통신의 발전은 차량의 대부분의 기능을 악의적으로 원격 조종할 수 있다는 것을 의미하므로 차량 내부 또는 외부의 네트워크를 해킹하는 경우 브레이크나 회전 방향을 조종하거나 GPS 데이터를 위조하는 등 차량 및 교통시스템의 보안을 위협하는 새로운 요인을 제공할 수 있다. 또한 사물인터넷 환경에서는 개인 정보 유출 등 프라이버시 침해의 정도가 현재와 비교할 수 없을 정도로 증폭될 가능성이 있다. 예를 들어, 스마트 홈 기술의 일환으로 홈케어 로봇에 장착된 CCTV를 통해 집 구석구석을 볼 수 있는 기기가 해킹을 당하는 경우, 사생활 침해 및 나아가서는 범죄의 용도로 악용될 수 있을 것이다.
분산 식별 기술	이종 분산 시스템 및 서비스 간에 정보 공유를 위한 객체 식별기술을 들 수 있다. 기존의 인터넷 환경에서 서버, 개인 PC, 스마트폰, 단말기, 스위치 등의 기계를 범세계적으로 고유하게 식별하기 위한 방법으로 도메인네임(또는 URL 주소), 인터넷 프로토콜(IP) 주소, 전화번호 등이 적용되고, 인터넷을 통하여 사람 간에 각종 정보를 교환하기 위해 이메일 주소가 활용된다. 그러나 기존의 식별 기술은 스마트폰 등의 사용자 단말기를 이용하여 생성하거나 SNS를 통해 공유되는 다중매체 콘텐츠, 뉴스와 방송 콘텐츠, 의료정보, 교육정보, 각종 센서에 의해 생성되는 실시간 정보, 고정 시설물 또는 이동체의 위치정보, 각종 기계의 상태정보 및 제어정보, 제품의 생산정보, 물류유통정보, 판매정보 및 고객정보, 연구개발 기술정보, 지식재산권 관련 정보 등 다양한 데이터 그 자체를 고유하게 식별하는 것은 아니다. 사물인터넷을 통해 연결되는 사람, 사물, 서비스 간에 체계적이고 논리적으로 상호운용성(Interoperability)이 보장되면서 이종 데이터를 쉽고 효율적인 방법으로 상호 교환하고 공유하기 위한 분산 데이터 식별 기술이 요구된다.

기존의 과학기술이나 IP소개가 얼마나 어려운지 실제 한 사례를 들어본다. 사물인터넷 데이터의 상호운용성을 확보하기 위해 이메일 주소와 유사한 형식의 식별 아이디를 고려할 수 있다. 예를 들어, 이메일 주소 gildong@kaist.ac.kr에서 'kaist.ac.kr'은 범세계적으로 고유하게 정해지고 DNS에 등록 관리되는 이메일 서버의 도메인네임에 해당하고 'gildong'은 동일한 이메일서버 내에서 가입한 특정 사용자를 고유하게 식별하기 위해 사용자가 직접 지정하여 등록하는 식별자에 해당하며 '@'는 상기 두 가지를 구분하는 구분기호에 해당한다. 사물인터넷에서 생성되어 공유하고자 하는 사물데이터(일례로, 센서가 설치된 건물 내 위치정보 등)를 범세계적으로 고유하게 식별하는 사물데이터 식별 아이디는 이메일 주소와 유사한 형식으로 gildong#kaist.ac.kr과 같이 정할 수 있다. 여기서 구분기호 '#'은 사람을 식별하는 이메일 주소와 차별화하기 위해 '@'와 다르게 선택되었고 '#'외에 다른 특수기호를 사용해도 무방할 것이다. 위에서 예로 든 사물데이터 식별 아이디에서 'kaist.ac.kr'은 이메일 서버와 별도로 구축되는 사물데이터 서버를 고유하게 식별하기 위한 목적으로 활용될 수 있다. 또한, 사물데이터 식별 아이디의 'gildong'은 상기 사물데이터 서버 내에서 등록 저장되는 특정 사물데이터를 고유하게 식별하는 사물데이터 식별자에 해당한다.

사물데이터 식별 아이디는 물리적 데이터(Physical Data)가 아니라 해당 물리적 데이터에 접근하는 주소 역할을 할 수 있도록 임의로 고유한 특성을 지니도록 정한 논리적 아이디(Logical ID)로서 다양한 장점이 있다. 사물데이터 식별 아이디를 이용하여 서비스를 개발하는 경우 물리적 데이터에 접근하는 과정에서 미리 설정한 비밀번호를 확인하고 승인하는 절차를 추가로 삽입함으로써 기존의 DRM 등의 콘텐츠 보안 기능 외에 이중으로 보안을 강화하는 효과를 얻을 수 있다. 또한, 물리적 데이터 대신 사물데이터 식별 아이디를 이용하여 응용 프로그램을 개발하는 상황에서 물리적 데이터가 변경이 있을 경우 사물데이터 서버에서 물리적 데이터만 수정 갱신하고 사물데이터 식별 아이디는 동일하게 유지할 수 있으므로 프로그램 코드를 수정하지 않아도 되는 장점이 있다. 반면 기존의 URL 주소 등을 사물데이터 식별 아이디로 적용하는 경우, 물리적 데이터의 저장 서버가 바뀌는 상황 등으로 URL 주소를 변경해야 하는 경우 이를 적용한 다수의 응용 프로그램에서 URL 주소를 모두 수정해야 하는 번거로움이 따른다.

사물인터넷을 통해 생성되는 방대한 사물데이터는 제각각 사물데이터 식별 아이디를 지정하여 클라우드 가상서버에 분산 저장되고 응용소프트웨어를 통해 공유할 수 있다. 스마트폰 사용자가 지능형 빌딩 시스템(IBS, Intelligent Building System) 관리용 앱(App)을 이용하여 다수의 건물을 통합 관리하는 경우를 예로 들어 보자. 특정 빌딩의 온도, 습도, 조명, 출입관리 등을 위해 설치된 수많은 센서 중 특정 온도 센서의 고장으로 자동온도 조절 기능이 비정상적으로 작동하는 경우, 해당 빌딩 관리 시스템에서는 해당 빌딩의 수많은 센서별 사물데이터 식별 아이디를 이용하여 신속하게 클라우드 서버에 접속한 후 시간대별 센서 데이터를 획득할 수 있다. 획득된 데이터를 활용한 원인 분석을 거친 결과를 바탕으로 관리자 앱에 경고 신호와 함께 고장 난 온도센서 교체 수리 요청데이터를 보낼 것이다. 위와 같이 경고 신호를 통보받은 해당 빌딩 관리자는 고장 난 온도센서를 교체 수리하기 위해 스마트폰 앱이 제공하는 내비게이션 버튼을 눌러 편리하게 해당 빌딩을 찾아갈 수 있다. 해당 빌딩에 도착한 후에는 빌딩 내부의 해당 고장 난 센서가 설치된 장소를 찾아가야 하는데 이 경우에도 센서의 건물 내 위치정보를 별도로 입력하지 않고 실내 내비게이션 버튼을 눌러 편리하게 빌딩 내 길 안내를 받을 수 있다. 이러한 서비스를 위해 스마트폰 앱에서는 고장 난 온도 센서의 사물데이터 식별 아이디를 이용하여 클라우드에 서버로부터 저장된 온도센서가 설치된 빌딩의 위치정보와 해당 센서의 빌딩 내 위치정보를 쉽고 빠르게 획득한 후에 별도의 내비게이션 앱에 제공함으로써 서로 다른 앱 간에 사물데이터 식별 아이디를 이용한 연동 서비스가 가능해진다(이후 중략).

기술적으로는 완벽하게 설명했을지 모른다. 그러나 이 설명을 읽고 새로운 사물인터넷 기술인 '이포지션' 기술을 조금이라도 이해할 사람이 몇이나 될까? 대부분은 첫 문장을 읽는 순간부터 머리가 복잡하고 뻑뻑해져서 빨리 시간이 지나가기만을 바랄 것이다.

만약 이것을 스토리텔링 기법을 활용해서 설명한다면 어떨까? 이포지션 사물인터넷 기술을 오늘날 누구나 알고 있는 '세월호 참사'의 이야기 형식을 빌어서, 10년 후 현실화될 미래를 가정하여 만든 가상적 스토리다. 기존의 어렵고 난해한 첨단 IP 기술 소개에 비해, 스토리텔링을 활용할 경우에 얼마나 쉽게 이해될 수 있도록 표현되는지를 살펴보고자 한다. 지식재산 스토리텔링의 한 사례로서 소개한다.

2014년 4월 16일 '세월호' 침몰 사고가 발생한 지 꼭 10년째 되는 날이다. 2024년 4월 16일 아침이 밝았다. 머리가 희끗희끗한 한 중년의 신사가 당시 바닷속으로 영원히 사라진 막내딸의 영혼을 달래기 위해

외출을 준비하고 있다. 아침부터 서둘러 세월로 참사의 현장이었던 진도 앞바다를 다녀올 계획이다.

검은 양복을 입은 이 신사가 거실 벽면에 붙어있는 거울 앞에 섰다. 거울에 비친 자신의 모습을 보면서 "모자"라고 말했다. 이 말을 알아들은 거울이 여러 가지 스타일의 모자들을 거울 한 귀퉁이에 비춰 준다. 그가 평소에 즐겨 쓰는 헌팅캡, 밀리터리캡, 중절모 및 페도라까지. 잠시 생각에 잠긴 신사는 손가락으로 중절모를 가리킨다. 그러자 거울에 비친 신사는 어느새 중절모를 쓴 모습으로 바뀌었다. 그가 다시 "검은색"이라고 말하자 검은 중절모를 쓴 자신의 모습이 거울에 나타났다. 만족한 그가 고개를 끄떡였다. 그런데 이번에는 중절모가 집에 없다는 표시가 거울에 나타났다. 그는 며칠 전 중절모를 친척 집에 두고 온 기억을 떠올렸다.

이 신사는 다시 거울에 나타난 중절모를 손가락으로 터치했다. 그러자 옆에 있는 3차원 프린터가 작동한다. 빠른 속도로 검은 중절모를 만들어 낸다. 신사는 이 검은 중절모를 쓰고는 자신의 차고로 향했다. 차고에는 밤새 무선으로 충전된 전기자동차 스마트 카(Smart Car)가 대기하고 있었다. 그는 차에 타자마자 "인천항 여객터미널"이라고 말했다. 자동으로 시동이 걸리고 지능형 내비게이션이 무인주행 모드로 천천히 출발하기 시작하였다.

스마트 카는 인천항으로 가는 도로 상에서 차선감지장치와 충돌방지장치를 작동시키면서 앞뒤 좌우에서 달리고 있는 다른 차들과의 차간 거리를 유지한다. 추돌을 방지하고 필요에 따라 차선을 변경하기도 한다. 교차로에서는 신호등의 표시상태 정보를 근거리 무선통신망으로 전송받아서 자동으로 정지하거나 통과한다.

이 신사는 스마트 카가 인천항으로 스스로 가는 동안 차창을 통해 길가에 길게 늘어선 노란 유채꽃들을 바라본다. 그는 창문에 나타난 유채꽃 풍경을 손가락으로 둥근 네모 형태로 일정한 크기를 지정한 다음 창문을 꾹 누른다. 그러자 차에 장착된 카메라의 투시 각도가 변하면서 찰칵하는 소리가 난다. 촬영된 유채꽃 사진이 유리 창문에 나타났다. 신사는 손가락으로 창문에 나타난 메뉴 버튼을 선택한 다음 사진의 일부분을 잘라 내고 사진 위에 글씨를 쓴다. 편집을 끝낸 다음 저장 버튼을 누르고, 편집한 사진을 자신이 가입한 개방형 SNS 인 BBoSS (Big Bang of SNS)에 올린다. 그동안 SNS 친구로 알고 지냈던 지인들과 공유하기 위해서.

잠시 후 스마트 카의 유리창에 차량의 텔레매틱스 모니터 화면이 나타난다. 화면에 표시된 지도와 운행정보를 보면서 인천항까지 1시간 정도 남았다는 것을 표시한다. 신사는 문득 막내 생각이 났다. 그래서 나지막이 막내 이름을 부른다. 그러자 슬라이드로 편집된 막내의 사진과 동영상이 차례로 나타난다. 신사는 인천항까지 가는 1시간 동안 살아생전의 막내 모습을 보면서 눈시울을 적신다.

스마트 카가 인천항 여객터미널에 도착했다. 스마트 카는 바로 스마트 항만무선안내 서비스에 따라 승선대기 장소로 이동한다. 이곳에서 차량과 승객에 대한 밴드 타입의 스마트 승선권을 발급받은 후 승선절차에 따라 승선한다. 사물인터넷이 갖춰진 소위 선박 4.0급의 '네월호' 승선 절차는 항공기 탑승 수준이다. 승객은 물론 함께 탑승하는 차량까지 포함하여 미리 전산으로 발급받는다. 스마트 승선권에 장착된 무선식별 RFID(Radio Frequency IDentification)에 의해 자동으로 확인절차를 거친 후에 승선한다.

선박에 선적되는 화물과 차량은 항해 중에 긴급한 회전 또는 파도 등에 의해 선박이 한쪽으로 기우는 경우에도 정해진 위치에 안전하게 고정될 수 있게 되어 있다. 선박의 중심이 지나치게 한쪽으로 쏠리는 것을 예방하기 위함이다. 따라서 화물과 차량의 고정 상태를 자동으로 실시간 확인하고, 만약 이상이 있는 경우에는 책임자에게 상황을 알리고 경고 신호를 전송함으로써 사고를 미연에 방지하는 위한 안전 시스템이다. 때문에 화물과 차량 별로 정해진 적재 위치에 설치된 다수의 하중 센서를 이용하여 최초 적재 위치로부터 어느 정도 이동했는지를 자동으로 감지할 수 있다.

또한, 적재 화물 및 차량을 고정하는 벨트가 적절한 장력으로 체결되어 조이고 있는지 자동으로 감지한다. 이를 위해 벨트의 걸쇠에 장력 센서가 설치되어 있다. 아울러 이러한 센서들은 선박 내의 사물인터넷과 연결되어 통신기능을 갖추고 있어서, 화물 및 차량의 적재관리 시스템에 데이터를 저장하고 실시간 감시, 경고 및 사후 분석까지 가능하다.

신사가 손목에 찬 선박용 스마트 승선권은 밴드 형태다. 간단한 디스플레이가 내장되어 있고 건전지는 선박 내에서 자동으로 무선충전이 가능하다. 이 승선권은 사물인터넷이 구축된 스마트 선박 내에서 어디든지 연결되어 상호 소통이 가능하다. 시설물의 위치 정보나 행사 정보 또는 안전상 필요한 정보도 제공한다. 또한 이 승선권은 휘는 디스플레이로 되어 있어서 정보를 소통할 뿐만 아니라 착용하기에도 편리하다. 스마트 자동항행 시스템은 출항 시는 물론 운항 중에도 선장 또는 기관사 등 사람의 판단착오 또는 조작실수 등으로 발생할 수 있는 위험요소를 미리 자동으로 예방 및 제어하는 기능을 보유하고 있다. 이런 첨단장치를 갖춘 네월호에 사고가 났다. 스마트 자동 항행 시스템이 구비되지 않은 다른 선박의 실수로 추돌사고가 발생했다. 네월호는 10년 전 세월호 참사와 같이 침몰하기 시작하였다.

이번에는 네월호의 안전관리시스템의 중앙 컴퓨터에서 즉시 해경에 구조를 요청하고, 승객이 손목에 차고 있는 스마트 승선권과 사물인터넷 통신을 통해 승객 각자의 현재 위치를 실시간으로 전송한다. 승객들을 구출하기 위해 개인별로 손목에 차고 있는 스마트 승선권의 디스플레이와 음성 서비스를 통해 가까운 구명정이 있는 곳까지 안전한 이동 경로를 알리는 맞춤 서비스를 제공한다. 안전관리시스템 중앙 컴퓨터는 사물인터넷 통신망을 통해 네월호에 장착된 각각의 스마트 구명정과 소통하여 미리 정해진 매뉴얼에 따라 승객들을 구출할 준비를 하도록 요청한다.

구조 요청 즉시 각각의 구명정별로 구출대상 승객들의 명단과 각각의 승객들의 위치정보를 실시간으로 스마트 구명정에 알려 준다. 또한 승객이 휴대한 스마트 승선권은 방수 기능으로 수중에서도 지속적으로 작동을 한다. 선박 내 층별로 모든 공간에 설치된 사물인터넷의 근거리 통신망과 스마트 승선권이 무선으로 연결되어, 승객들 각각의 위치를 쉽고 빠르게 시시각각으로 확인할 수 있다. 승객들의 탐색 및 구출 작업이 신속하게 이루어지고 있다.

이 중년의 신사도 타고 있는 네월호에 사고가 났다는 사실을 손목에 차고 있는 스마트 선승권을 통해 전달받았다. 그는 즉시 자신의 스마트폰으로 사고 발생 당시의 상황을 동영상으로 촬영하기 시작한다. 이 동영상은 선박의 사물인터넷과 광대역 위성통신망으로 개방형 SNS인 BBOS를 통해 즉시 실시간으로 생중계되었다. 이 영상은 국내는 물론 전 세계의 이목을 집중하게 하였다. 그는 구조 안내에 따라 구명정으로 이동하면서도 계속해서 상황을 촬영하였다. 사고 발생부터 안전하게 구조되는 과정까지 생생하게 본 가족들은 걱정 속에서도 조금은 안도할 수 있었다.

한편 네월호 구조과정에서는 승객들이 착용하고 있는 스마트 건강센서를 통해 승객들의 체온, 맥박, 혈압 등의 데이터가 선박의 사물인터넷과 통신위성을 통해 병원으로 전송된다. 병원에서는 실시간으로 승객의 건강상태 데이터를 수신하면서 해당 승객들의 건강 상태를 원격으로 진단하고 있다. 만일의 상황에 대비하여 앰뷸런스를 사고 해역의 인근 항구로 급파한다. 위급한 일부 환자는 헬기로 신속하게 구조되어 대기 중인 앰뷸런스에 실려 응급처치를 받는다. 병원으로 이동 중에도 환자의 스마트 건강센서에서 감지되는 건강상태 데이터는 앰뷸런스에 설치된 사물인터넷을 통해 병원으로 전송된다. 이동 중인 앰뷸런스와 병원의 협력 진료가 빈틈없이 잘 이루어져서 승객들의 소중한 생명을 구할 수 있었다.

중년의 신사도 안전하게 구출되어 집으로 갈 수 있었다. 그가 집에 도착하자마자 스마트폰에 돈이 입금되었다는 메시지가 떴다. 입금내역을 확인하니 1,000만 원이었다. 사고 당시 스마트폰으로 찍은 동영상이 BBOS를 통해 전달된 저작권료였다. 바로 지식재산의 대가였다.[154]

이 내용은 앞서 소개한 이상지(2014)의 '사물인터넷 시대, 데이터 공유 플랫폼에 길이 있다'에 소개된 스토리텔링 사례이다. 마치 한 편의 영화를 보는 것처럼 이미지 전달이 확실하게 되고 어려운 사물인터넷

---

154 이상지, 앞의 글, 15~16쪽.

에 관한 기술도 쉽게 이해가 된다. 지식재산 스토리텔링 기법을 적용하여 일반인들이 이해하기 어려운 과학기술을 이야기를 통해 쉽게 전달한 또 하나의 사례라 할 수 있다.

위의 사례에서 살펴본 바와 같이, 사물인터넷과 같은 첨단 과학기술 그 자체를 설명하기보다는 과학기술이 접목된 가상의 스토리를 통해 기존의 첨단기술만으로 쉽게 전달하지 못한 난제를 풀 수 있는 가능성을 보여주고 있다. 이러한 스토리를 통해서 일반 사람들도 어려운 첨단 과학기술들을 쉽게 이해하고 공감할 수 있게 할 수 있다. 즉 지식재산 스토리텔링의 방식은 소수 전문 과학자들만 이해할 수 있는 첨단 IP 기술을 일반인도 쉽게 납득할 수 있는 새로운 방법이 된다는 것이다. 지식재산 스토리텔링의 활용은 첨단 IP 기술에만 국한되지 않고 기존의 과학기술 분야로도 확대될 수 있다. 어려운 기술을 설명하는 것보다 이 같은 스토리텔링으로 전달하니 '네월호'와 첨단 기술의 스토리로 감동까지 전달 받았음을 알 것이다.

책의 마무리

이 책을 쓰게 된 목적은 비즈니스 세계에서는 일상적으로 해야 하는 일이 크게 두 가지가 있는데 그중 하나는 상품, 서비스, 기술, 아이디어 또는 비전 등을 판매하는 것이고, 또 하나는 이야기한다는 것이다. 판매라는 행위는 자본주의 사회를 움직이는 동력이고, 이야기는 판매를 위해 인간의 마음을 움직이게 하는 요소이다.[155] 이러한 두 가지의 일은 비단 비즈니스에만 국한되지는 않는다. 누구나 무언가를 판매하고자 한다면 상대방이 그것을 사도록 설득해야만 한다. 미래학자 롤프 옌센(Rolf Jensen)은 감성을 자극하는 스토리텔링의 중요성을 강조했다. 지식재산 스토리텔링에도 그대로 적용될 수 있는 말이다.

스토리텔링은 이야기(story)와 텔링(telling)의 합성어로 '이야기하기(storytelling)'다. 이는 단순히 이야기 자체를 말하는 것이 아니라, 알리고자 하는 메시지를 재미있고 감동적인 '이야기로' 또는 '이야기 형식으로' 전달함으로써 상대방을 설득하는 행위를 뜻한다. 이러한 스토

---

155 리처드 맥스웰(Richard Maxwell)·로버트 딕먼(Robert Dickman), 전행선 역, 『5가지만 알면 나도 스토리텔링 전문가』, 지식노마드, 2012, 10쪽.

리텔링이라는 용어는 문화예술 분야의 콘텐츠와 더불어 자주 언급되는 21세기 핵심 키워드로 부상하고 있다. 스토리텔링의 활용이 점차 여러 분야로 확산되고 있다는 반증이다.

한편, 과학기술 분야를 중심으로 발명특허와 더불어 자주 등장하는 또 하나의 키워드는 지식재산(intellectual property)이다. 지식재산은 과학기술의 발명과 문화예술의 창작에 부여되는 법적 권리의 총칭이다. 이러한 지식재산에는 특허권, 실용신안권, 디자인권 및 상표권을 포함한 산업재산권과 문학, 영화, 음악, 드라마, 미술 등의 저작권을 포함한다.[156] 지식재산은 점차 국가나 기업의 생사를 결정짓는 중요한 자산이 되고 있다. 특히 시장에서의 승자가 되기 위한 기업들 간의 전쟁에서 지식재산은 강력한 무기로 활용되고 있다.[157]

따라서 오늘날 문화예술 분야를 중심으로 떠오르고 있는 핵심 키워드인 '스토리텔링'과 과학기술 분야를 중심으로 부상하고 있는 핵심 키워드인 '지식재산'을 상호 융합하여 국가경쟁력을 향상시키는 데 도움이 될 수 있는 새로운 방법과 활용 방안을 도출하고자 하였다. 이 책의 내용을 요약하면 다음과 같다.

먼저, 인류 문명의 변천사와 궤를 같이하는 시대적 환경과 과학기술의 발달로 스토리텔링이 진화하는 동인이 될 수 있는 몇 가지 특징적인 요소를 고려하여 논리적이고 체계적인 스토리텔링의 유형을 4가지로 구분하였다. ①문자가 발명되기 이전인 선사시대에서의 말을 통한 구전소통(oral communication) 방식을 '스토리텔링 1.0'으로 ②문자가 발명되고 인쇄술이 개발된 역사시대에서의 필사소통(words

---

156 김철호 외 2인, 앞의 책, 20쪽.
157 고정식, 『지식재산 경영의 미래』, 한국경제신문, 2011, 18~19쪽.

communication) 방식을 '스토리텔링 2.0'으로 ③가정이나 사무실에서 컴퓨터를 통해 연결하는 인터넷(internet)이 보편적 주류를 이루는 정보화 시대의 디지털소통(digital communication) 방식을 '스토리텔링 3.0'으로, 그리고 ④스마트폰(smart phone)과 사물인터넷이 주도할 것으로 예상되는 유비쿼터스 소통(ubiquitous communication)을 '스토리텔링 4.0'으로 구분하였다.

둘째, 문화예술 분야의 스토리텔링과 과학기술분야의 지식재산을 토대로 이질적인 두 분야를 융합하여, 지금까지 확립된 바 없는 새로운 장르인 지식재산 스토리텔링(IP Storytelling)의 개념을 정의하였다. 지식재산 스토리텔링은 지식재산(IP)과 스토리텔링(Storytelling)의 합성어로 지식재산 분야에서 스토리텔링을 활용한다는 개념이다. 한편, 지식재산에 내포된 스토리(story)를 전달(telling)한다는 측면에서 보면 지식재산 스토리(IP Story)와 텔링(telling)의 합성어로 볼 수 있다. 지식재산 창출에서 사업화까지의 각 과정에서 존재하는 스토리를 발굴하여 필요한 단계마다 목적에 따라 활용될 수 있다는 것이다. 따라서 지식재산 스토리텔링은 스토리텔링의 소스(source)와 활용(use)을 모두 포괄하는 개념이다.

셋째, 지식재산 스토리텔링(IP Storytelling)의 두 가지 특징을 살펴보았다. 하나는 지식재산의 창출에서 사업화까지의 여러 단계에서, 각 단계마다 또는 전 단계에 걸쳐, 스토리텔링의 원천 이야깃거리가 많이 존재할 수 있다는 다중 출처 또는 멀티소스(MS, Multi-Source)의 특징이고, 또 하나는 이렇게 발굴된 스토리텔링이 지식재산의 각 단계마다 다양하게 활용될 수 있다는 다중활용 또는 멀티유즈(MU, Multi-Use)이다. 이 두 가지 특징을 통합하여 다중 출처/다중활용 또는 멀티소스/

멀티유즈(MSMU, Multi-Source Multi Use)의 특징을 갖는 지식재산 스토리텔링을 위한 새로운 참조모델을 제안하였다. 이는 IP 개발, IP 등록, 자금 확보, 상품개발, IP 소송 등의 세부 단계에서도 스토리텔링의 소스가 발굴될 수 있으며, 또한 이렇게 발굴된 스토리텔링은 각 세부 단계에서의 목적과 용도에 따라 보다 다양하게 활용될 수 있다.

넷째, 일반적인 스토리텔링의 방법론으로 10단계 모델을 제시하였다. 이 모델의 10단계는 영웅, 일상, 계기, 도전, 악당, 역경, 천사, 극복, 성공, 보은이다. 연구개발을 하나의 예로 살펴보면, ①기업의 경영자 또는 개발자에 해당하는 주인공인 영웅 ②영웅의 일상적인 생활과 정상적인 상황 ③ 외부 고객의 요구나 또는 기업 내부의 필요성 등의 연구개발의 계기 ④연구개발에 대한 도전 ⑤도전을 가로막는 외부의 제도나 내부의 반발 세력 또는 방해하는 경쟁자 등의 악당 ⑥기술적인 어려움, 비협조적인 개발인력, 열악한 자금, 등으로 겪는 역경 ⑦필요한 기술 또는 자금을 도와주는 천사 ⑧이러한 도움으로 악당의 방해 또는 역경의 극복 ⑨천사의 도움으로 역경을 극복하여 연구개발 성공, 그리고 ⑩연구개발 성공 후 도움을 제공한 천사에 대한 보은으로 구성된다. 이 '스토리텔링의 10단계' 모델은 지식재산 스토리텔링에서 뿐만 아니라 거의 모든 분야에서 적용될 수 있는 일반적인 방법이다.

다섯째, '지식재산 스토리텔링 플롯 구성의 7단계(5W1H1D)' 모델을 새롭게 제안하였다. 지식재산 스토리텔링이 사실과 진실에 근거하지 않고 허구적인 내용이 들어간다면 발명특허의 과학적인 정확성과 확실성을 무너뜨리는 위험을 초래할 수 있기 때문에, 지식재산 스토리텔링에는 어떠한 과장이나 허구가 내포되어서는 안 될 것이다. 이러한 이유로 지식재산 스토리텔링의 이야기는 객관적이고 이성적인 사실과 합리성에 근거한 이야기의 구조가 되어야 한다. 따라서 특히 지식재산 분야에 주로 활용할 수 있는 새로운 '7단계'를 제시하였다. 이 모델은 언제(when), 어디서(where), 누가(who), 무엇을(what), 왜(why), 어떻게(how), 하였나(done)로 구성된다.

여섯째, 지식재산 스토리텔링의 활용 및 사례로 IP 개발단계, IP 투자단계, IP 소송단계, IP 소개단계 및 IP 회의단계 등으로 구분하여 살펴보았다. 즉 ①IP 개발단계에서는 연구개발 과정에서 일어난 실패, 어려움, 성공, 환희 등의 스토리를 기록하는 '스토리텔링 연구노트'를 제시하였다. 그리고 연구개발 성공결과를 언론에 보도할 때 활용할 수 있는 '스토리텔링 보도자료'의 필요성과 가능성을 제시하였다. ②IP 투자단계에서는 실리콘밸리에서 스토리텔링을 사용한 사례를 소개하였다. 특히 IP 투자단계에서 기술에 대한 단순한 정보보다는 감동적인 이야기를 전달함으로써 투자의 성공 가능성을 높일 수 있음을 제시하였다. ③IP 소송단계에서는 애플과 삼성의 사례를 통해 배심원(또는 재판부)을 설득하는데 스토리텔링이 효과적임을 확인하였다. 그리고 국내 벤처기업과 다국적 기업과의 특허분쟁 사례를 통해 IP 소송에 관련한 언론보도 역시 스토리텔링을 활용하여 독자들의 공감을 얻을 수 있음을 파악하였다. 끝으로 ④IP 소개단계에서는 미래의 성장 동력이 될 사물인터넷의 핵심기술이 될 '이포지션(e-Position) 기술'을 기존 방식으로의 소개와 스토리텔링 방식으로의 소개를 각각 비교하여 살펴보았다. 소수 전문 과학자들만 이해할 수 있는 어려운 첨단 IP 기술도 스토리텔링을 활용할 경우 일반인도 쉽게 납득할 수 있음을 확인하였다.

오늘날 21세기는 총성 없는 지식재산 전쟁의 시대다. 유형자산이 아니라 무형자산의 전쟁을 말한다. 미국의 상위 500대 기업의 전체 자산 중 무형자산의 비율은 이미 80%를 넘어섰다. 무형자산이란 토지, 건물, 기계, 상품 등 눈에 보이는 유형의 자산이 아니라 특허권, 상표권, 저작권 등 눈에 보이지 않는 무형의 자산을 의미한다. 가장 대표적이고 핵심적인 무형자산이 바로 지식재산이다. 이러한 지식재산의 창출 및 활용은 기업이나 국가든 선택이 아닌 필수이며 생존의 핵심이라 할 수 있다. 지식재산 전쟁에서 승리한 기업은 시장을 독점하게 되지만, 패배한 기업은 시장에서 퇴출될 수밖에 없기 때문이다. 바로 지식재산이 국가경쟁력을 결정하는 시대가 된 것이다.[158] 이러한 측면에서 지식재산 기반의 스토리텔링에 관한 본 연구는 기업에서 뿐만 아니라 국가적으로도 매우 중요한 의미를 갖는다고 볼 수 있다.

이 책을 세상에 내놓음으로 기대되는 효과는 다음과 같다.

첫째, 기업에서 스토리텔링의 이야기 소스를 발굴할 때 지금까지는 기업, 경영자, 소비자, 상품 등에서 찾아온 것이 일반적이었다. 따라서 스토리텔링을 위한 다양한 이야기의 소스를 발굴하는데 어느 정도의 한계가 있었다. 이러한 한계는 이야기 소스를 지식재산 단계까지 확대하면서 크게 극복할 수 있게 될 것이다. 통상 한 기업에서는 수 개에서 수백 개의 상품을 갖고 있다. 하나의 상품에도 적게는 수 개, 많게는 수 만개의 지식재산이 포함되어 있다. 하나의 지식재산이 상품으로 되기까지는 거쳐야 할 많은 단계들이 있다. 따라서 지식재산

---

158 박진하, 「특허권 보호 및 침해금지 강화를 위한 제도개선에 관한 연구」, KAIST 지식재산대학원 석사학위논문, 2013, 1쪽.

스토리텔링으로 인하여 이야기 소스가 현재보다는 비교할 수 없을 정도로 확대 및 확장될 것이다.

둘째, 이렇게 발굴된 스토리를 이용하여 각 단계별로 다양하게 활용할 수 있게 될 것이다. 그동안 좋은 발명을 개발하는데 성공했지만, 사업화에 성공하지 못하고 사라진 지식재산이 많이 있었다. 앞으로는 지식재산 스토리텔링을 지식재산의 언론홍보, IP 투자, IP 소송, 등에서 활용함으로써 지식재산이 성공할 수 있는 가능성이 높아질 것으로 예상한다.

셋째, 오늘날 거의 모든 국가에서 지식재산의 창출, 보호 및 육성을 위하여 많은 투자와 노력을 하고 있음은 주지의 사실이다. 기업 분야에서도 지식재산을 활성화시키기 위하여 스토리텔링에 관심이 높아질 것이며 이에 대한 투자도 증대될 것이다. 정부에서는 지식재산의 창출, 보호 및 육성을 위하여 스토리텔링을 위한 지원제도가 새로 마련될 것이며. 기업에서는 지식재산 스토리텔링 전문 인력을 채용하게 될 것이며, 대학에서는 이러한 관련 학과가 늘어날 것이다. 왜냐하면, 지식재산은 한 국가의 경쟁력을 좌우하는 핵심이기 때문이다.

넷째, 과학기술 분야와 문화예술 분야의 실제적인 융합이 이루질 것이다. 지금까지는 주로 과학기술 분야의 사람들이 문화예술 분야의 사람들이 만든 창작물을 감상하고, 문화예술 분야의 사람들은 과학기술 분야의 사람들이 발명한 기술을 이용하여 창작활동을 하여 왔다. 즉 두 분야의 사람들이 교류한 것이 아니라 두 분야에서 만든 결과물을 서로 이용한 것이다. 이제는 지식재산 스토리텔링이라는 공통적인 주제와 목적을 위해, 과학기술 분야의 사람들과 문화예술 분야의 사람들이 직접 머리를 맞대고 협력하고 공조하는 새로운 문화가 탄생할 것이다. 또한 두 분야의 서로 이질적인 사람들이 융합을 함으로써, 각각의 개별적 분야에서는 그동안 상상할 수 없었던 전혀 새로운 또는 매우 파격적인 아이디어를 찾을 수 있게 될 것이다. 아울러 서로 몰랐던 전문 분야를 상호 융합함으로써 각자 분야의 발전뿐만 아니라 함께 발전하는 새로운 융합분야도 나올 것이다. 창의력은 이질적인 간극이 클수록 높아지기 때문이다.

다섯째, 하나의 아이디어가 연구개발을 통해 발명되고, 특허로 등록되고, 각각의 사업화 단계를 거치는 과정에는 수많은 난관과 실망과 고통이 존재한다. 심지어 연구나 개발을 포기하고 싶을 정도의 큰 어려움도 있을 것이다. 에디슨이 백열전구의 필라멘트를 발명할 때 2339번의 실패를 겪고 2400번째 성공한 것은 널리 알려진 사례이다. 한편, 스토리텔링 측면에서 보는 이러한 난관, 실망, 고통 등이 클수록 훌륭한 이야기 소스가 된다. 이러한 측면에서 향후 지식재산 스토리텔링의 활용과 가치가 증대될수록, 기업이나 과학기술 분야의 연구자나 종사자들이 정신적인 또는 물질적인 난관, 실망, 고통 등을 겪게 될 경우에, 또 한편으로는 이러한 어려움이 위대한 스토리텔링의 훌륭한 소스가 된다는 희망을 갖게 될 것이다.

그러나 먼저 그동안 체계적으로 연구된 된 바 없는 새로운 시도라는 점에서 미숙하고 깊이 있는 연구를 못했다는 것도 밝힌다. 특히 상표, 디자인, 저작권 등으로 확대 또는 응용하는데 단초를 제공할 것으로 예상한다. 또한 지식재산의 창출에서 사업화 단계까지에 있어서, 저자들이 미처 다루지 못했거나 심층적으로 다루지 못한 부분은 앞으로 많은 후속 연구들을 통해 심화시키는데 기초가 될 것으로 믿는다. 아울러 지금까지 기업에서 활용되었던 상품이나 브랜드의 마케팅에도 스토리의 다양한 소스를 제공하는 데 도움이 될 것으로 보인다.

특히, 지식재산 스토리텔링을 활용하여 이론과 기술로 설명하던 발명특허를 재미있고 감동적인 스토리로 설명함으로써, 과학기술 분야 이외의 일반인들까지의 관심을 끌게 하는데 도움이 될 것이다. 또한 훌륭한 특허가 빛을 보지 못하는 사례를 줄이는 데 일조함으로써 과학기술 분야의 발전에 새로운 계기도 될 것이다. 이러한 측면에서 과학기술 분야에 종사하는 분들이 스토리텔링에 대한 관심을 갖게 되어 문화예술 분야의 사람들과 활발한 교류가 일어나는 계기가 될 것으로 보인다. 향후 지식재산 스토리텔링을 중심으로 한 과학기술인과 문화예술인의 접촉이 활성화될 경우 또 다른 새로운 융합 분야도 탄생할 수 있을 것이다.

이러한 측면에서 이 책은 완성 단계가 아니라 시작 단계에 불과하다. 앞으로 문화예술 분야에서도 지식재산 스토리텔링에 대한 연구가 활발히 진행된다면, 현재 국가의 절대적인 비율을 차지하고 있는 막대한 과학기술 연구개발 예산이 문화예술 분야로 유입될 것으로 보인다. 뿐만 아니라 문화예술 인력들이 과학기술 및 산업 분야로 진출하는 계기도 될 것이다.

이 책에서 다룬 내용의 문제점과 앞으로의 연구 방향은 다양할 수 있다. 지식재산 분야에서 보는 문제점과 연구 방향이, 스토리텔링 분야에서의 그것들과 차이가 있을 수 있다. 그러나 지식재산 스토리텔링의 목적은 모두 동일하다. 이러한 동일한 목적의 측면에서 향후 진행되어야 할 후속 연구 과제를 개략적으로 살펴보면 다음과 같다.

첫째, 지식재산 스토리텔링의 이야기 구성요소인 '진실성'에 대한 심층적인 연구가 필요할 것이다. 기업에서 그동안 스토리텔링을 광고나 홍보 등에 활용할 경우에 진실성보다는 흥미성에 주로 초점을 두었기 때문에, 소비자들이 지식재산 스토리텔링의 진실성을 믿을 수 있는 이야기 소스에 대한 체계적인 관리 및 검증을 위한 방법도 뒤따라야 할 것이다. 스토리에 대한 진실성이 확인되지 않으면 발명특허의 과학기술까지 의심하게 될 것이기 때문이다.

둘째, 지식재산 스토리텔링은 지식재산과의 '관련성'이 있어야 한다. 단순한 이야기나 잡담거리가 아니라 지식재산의 특성과 관련된 이야기여야 한다. 지식재산 스토리텔링은 스토리 그 자체를 전하는 것이 아니라, 지식재산을 이야기로 전하는 데 목적이 있기 때문이다.

셋째, 지식재산 스토리텔링의 스토리 구성은 '명확성'을 가져야 한다. 장황하거나 복잡한 이야기는 소비자에게 오히려 혼란을 줄 수 있기 때문이다. 소비자가 한 번 듣고 쉽게 이해하고 오래 기억할 수 있는 간결하고 분명한 구성이어야 한다. 이러한 측면에서 본 연구에서 제시한 '지식재산 스토리텔링의 7단계' 모델이 일반적인 '스토리텔링의 10단계'보다 좀 더 적합할 것으로 보인다. 이러한 연구는 좀 더 체계적이고 심층적으로 이루어져야할 것으로 보인다.

넷째, 지식재산 스토리텔링은 지식재산의 '가치성'을 포괄하여야 한다. 그저 소비자들이 흥미만 갖는 것만으로는 부족하다. 소비자들이 지식재산으로부터 자신들이 얻을 수 있는 실제적인 혜택이나 가치를 느낄 수 있어야 한다.

이와 같이 지식재산 스토리텔링은 단순히 지식재산과 스토리텔링의 결합만으로 쉽게 이루어지는 것이 아니라, 지식재산이 갖고 있는 진실성, 관련성, 명확성, 가치성 등을 스토리텔링에도 그대로 적용되

어야 하는 점을 고려해 볼 때, 향후 보다 심층적인 후속 연구가 뒤따
라야 할 것으로 보인다.

참고문헌

Ⅰ. 국내문헌

고정식, 「지식재산 경영의 미래」, 한국경제신문, 2011.
권영민, 「한국현대문학대사전」, 서울대학교출판부, 2004.
권욱현 외 6인, 「연구개발 단계별 개념 정립에 관한 연구, 기초연구에서 개발까지」, 한국과학기술한림원, 2010.
김철호 외 2인, 「지식재산전략」, 발명진흥회, 2011.
이병태, 「법률용어사전」, 법문북스, 2011.
이인화, 「스토리텔링의 진화론」, 해냄출판사, 2014.
이인화 외 7인, 「디지털 스토리텔링」, 황금가지, 2008.
임병웅, 「특허법」, 제8판, 한빛지적소유권센터, 2010. 한국문학평론가협회, 「문학비평용어사전」, 국학자료원, 2006.
특허경영연구원, "우리 기업과의 분쟁 현황 보고서", 2011.7.
홍우정 외 2인, 「2013 세상을 바꾸는 생각들」, 한국산업기술진흥원 지식융합팀, 2012.

Ⅱ. 국내논문

곽진민·이은미, 「브랜드에 생명을 불어넣는 스토리텔링 마케팅」, KT 경제경영연구소, 2009.
김광준, "기업의 ADR 전략", 강의자료, 서울대학교 국제대학원 GNMP 과정, 2014.10.
김광욱, 「스토리텔링의 개념」, 「겨레어문학」 제41집, 겨레어문학회, 2008.12.
김기국, 「스토리텔링의 이론적 배경 연구」, 「2007 춘계학술발회」, 한국프랑스학회, 2007.
노유라, 「예술과 과학의 창조적 융합, World Trend」, 한국연구재단, 2013.
박기수, 「해리포터, 스토리텔링 성공전략 분석」, 「한국콘텐츠진흥원포커스」, 10-03(통권 제3호), 한국콘텐츠진흥원, 2010. 7.
박진하, 「특허권 보호 및 침해금지 강화를 위한 제도개선에 관한 연구」, KAIST 지식재산대학원, 석사학위논문, 2012.
박은정, 「문화와 과학의 소통, 인지기반의 스토리텔링」, 「영미문화」, 제11권 1호, 한국영미문학회, 2011. 4. 30.
송주헌, 「스토리텔링 구성원의 마음을 음직일 수 있다」, LG Business Insight, Weekly 포커스, 2011. 12. 7.
이상지, 「사물인터넷 시대, '데이터 공유 플랫폼'에 길이 있다」, 「See Futures」 Vol. 03, KAIST 미래전략연구센터, 2014.
정차숙, 「스토리텔링 광고의 메시지 구성요소와 관여도가 광고 효과에 미치는 영향에 관한 연구」, 한양대학교 대학원, 박사학위논문, 2013.
최석봉, 「기술거래 및 사업화에 이르게 하는 지식재산 창출전략에 관한 연구」, 홍익대학교 대학원, 석사학위논문, 2014.
최연구, 「과학기술과 인문사회, 문화예술의 소통과 융합」, 「과학기술정책」, 한국과학창의재단, 2009. 여름.
최희경, 「특허침해소송에서 특허무효 판단」, 충남대학교 대학원, 석사학위논문, 2014.

Ⅲ. 해외문헌

Fog, Klaus. 외 2인. 황신운 역. 『스토리텔링의 기술』. 멘토르. 2013.
Fype, Hamilton. 김재홍 역. 『아리스토텔레스의 시학』. 고려대학교출판부. 2009.
Jensen, Rolf. 서정환 역.『드림 소사이어티(Dream Society)』. 2판. 리드리드출판. 2014.
Maxwell, Richard. · Dickman, Robert. 전행선 역. 『5가지만 알면 나도 스토리텔링 전문가』.
지식노마드. 2012.
Smith, Paul. 김용성 역.『스토리로 리드하라』. IGM세계경영연구원. 2013.

Ⅳ. 해외논문

Hermansson, Elisabeth. · Na, Jia. 「How does a company communicate through
storytelling? A study of the storytelling technique used in two companies」. Kristianstad
University, International Business and Economics Program, Bachelor Dissertation FE6131,
Fall 2008.

Ⅴ. 언론기사

김기석. "'다윗 Vs 골리앗' 싸움 벌이는 대덕벤처". 디트뉴스. 2006.08.27..
http://www.dtnews24.com/news/article.html?no=244185. 2014.09.22 방문.

김위근. "오감 자극하는 '스토리텔링 뉴스' 펼쳐진다.". 시사저널. 2014.04.09..
http://www.sisapress.com/news/articleView.html?idxno=62350. 2010.09.20. 방문.

나지원. "삼성–애플 간 특허소송". 대한변협신문. 2014.12.22..
http://news.koreanbar.or.kr/news/articleView.html?idxno=12012. 2014.12.23. 방문.

문정선. "'건국산업 살리자'…변호사 · 교수 '백기사' 자처". 대덕넷. 2006.09.13..
http://www.hellodd.com/news/article.html?no=17009. 2014.09.22 방문.

박진하. "대한민국 개조는 세계특허(IP)허브국가 건설로 이뤄야". NewDailyNews. 2014.6.6..
http://www.newdaily.co.kr/news/article.html?no=206760. 2014.09.13.방문.

이상지. "특허전쟁, 골리앗 대기업에 맞선 다윗의 반란". 대덕넷. 2007.09.20..
http://www.hellodd.com/news/article.html?no=21640. 2014.09.22 방문.

조성문. "조성문의 실리콘밸리 이야기, 스토리가 중요한 이유". 2012.11.12..
http://sungmooncho.com/2012/11/12/why-story-matters/. 2014.09.24. 방문.

최서희. "이야기로 전한다. 디지털 스토리텔링 뉴스". KBS(한국방송공사). 2014.04.13..
http://news.kbs.co.kr/news/NewsView.do?SEARCH_NEWS_CODE=2844594&ref=A.
2014.09.20. 방문.

Ⅵ. 국내 Website

야메의 이상한 생각과 공감, "애플과 삼성 소송에서 본 스토리텔링의 중요성", 2012.09.09. 방문. http://www.yamestyle.com/m/post/170#, 2014.08.15. 방문.

위키백과, "연구노트", http://ko.wikipedia.org/wiki/%EC%97%B0%EA%B5%AC%EB%85%B8%ED%8A%B8, 2014.09.20. 방문.

UNIST, "연구노트 관리 흐름도", http://airc.unist.ac.kr/bbs/board.php?bo_table=bbs_06_03&wr_id=168, 2014.09.20. 방문.

특허청, "디자인 출원 및 심사 흐름도", http://www.kipo.go.kr/kpo/user.tdf?a=user.html.HtmlApp&c=10004&catmenu=m04_01_06, 2014.9.10. 방문.

특허청, "특허 출원 및 심사 흐름도", http://www.kipo.go.kr/kpo/user.tdf?a=user.html.HtmlApp&c=10001&catmenu=m04_01_01, 2014.9.10. 방문.

한경 경제용어사전, "창조경제", http://terms.naver.com/entry.nhn?docId=2067325&cid=42107&categoryId=42107, 2014.10.11. 방문.

Ⅶ. 해외 Website

Frame of Reference, Figures and tables, ScienceDirect, http://www.sciencedirect.com/science/article/pii/S0169433208006053, 2014.09.23. 방문.

WIKI, "Integrated Marketing Communication", http://en.wikipedia.org/wiki/Integrated_marketing_communications, 2014.08.30. 방문.

WIKI, "Marketing Mix", http://en.wikipedia.org/wiki/Marketing_mix, 2014.08.27. 방문.

WIKI, "Models of Communication", http://en.wikipedia.org/wiki/Models_of_communication), 2014.09.12. 방문.

WIKI, "Models of Communication", http://en.wikipedia.org/wiki/Models_of_communication, 2014.08.20 방문.

Ⅷ. 이미지 출처 Website

때밀이 수건 http://www.instiz.net
삼각팬티 http://prod.danawa.com
클립 https://ko.wikipedia.org

십자드라이버 http://global.rakuten.com
한경희 스팀청소기 http://www.e-himart.co.kr
워터맨과 파커 http://ko.aliexpress.com
디즈니 이야기 http://corsair.egloos.com
WMS 게임 슬롯머신 이야기 http://korean.alibaba.com
아마존닷컴의 One - click 특허 이야기 http://sprocess.tistory.com
청색 발광 LED 특허 이야기 http://m.easykit.co.kr
애플의 아이팟 디자인 이야기 http://www.itworld.co.kr

지식재산 스토리텔링

초판 1쇄 2015년 8월 31일

지은이 이가희, 이상지, 박성필
발행인 김재홍
디자인 박상아, 이슬기
마케팅 이연실

발행처 도서출판 지식공감
등록번호 제396-2012-000018호
주소 경기도 고양시 일산동구 건달산로225번길 112
전화 02-3141-2700
팩스 02-322-3089
홈페이지 www.bookdaum.com

가격 25,000원
ISBN 979-11-5622-107-4 03320

CIP제어번호 CIP2015020386
이 도서의 국립중앙도서관 출판시 도서목록(CIP)은 e-CIP 홈페이지(http://www.nl.go.kr/ecip)에서 이용하실 수 있습니다.